大夏书系·教师专业发展

中小学科研管理指南

李 雯 主编

刘文娜 刘胡权 杨 晨 副主编

ZHONGXIAOXUE KEYAN
GUANLI ZHINAN

华东师范大学出版社
全国百佳图书出版单位
·上海·

图书在版编目（CIP）数据

中小学科研管理指南／李雯主编. —上海：华东师范大学出版社，2022
ISBN 978-7-5760-3348-9

Ⅰ.①中… Ⅱ.①李… Ⅲ.①中小学教育—科研管理—指南 Ⅳ.① G632.0-62

中国版本图书馆 CIP 数据核字（2022）第 197191 号

大夏书系·教师专业发展

中小学科研管理指南

主　　编　李　雯
副 主 编　刘文娜　刘胡权　杨　晨
责任编辑　任红瑚
责任校对　杨　坤
封面设计　淡晓库

出版发行　华东师范大学出版社
社　　址　上海市中山北路 3663 号　　邮编　200062
网　　址　www.ecnupress.com.cn
电　　话　021-60821666　　行政传真　021-62572105
客服电话　021-62865537
邮购电话　021-62869887　　地址　上海市中山北路 3663 号华东师范大学校内先锋路口
网　　店　http://hdsdcbs.tmall.com/

印 刷 者　北京季蜂印刷有限公司
开　　本　700×1000　16 开
印　　张　16
字　　数　230 千字
版　　次　2023 年 1 月第一版
印　　次　2023 年 5 月第二次
印　　数　3 001 - 4 000
书　　号　ISBN 978-7-5760-3348-9
定　　价　65.00 元

出 版 人　王　焰

（如发现本版图书有印订质量问题，请寄回本社市场部调换或电话 021-62865537 联系）

目 录
CONTENTS

序 言   001

第一章   中小学科研管理概述   001

　一、中小学科研管理的基本认识   001

　二、中小学科研管理的主要内容   005

　三、中小学科研管理的组织机构与具体岗位   015

　四、中小学科研管理的制度建设   019

　五、中小学科研管理的主要问题与常见误区   023

第二章   中小学科研发展规划   026

　一、中小学科研发展规划的内涵及意义   026

　二、中小学科研发展规划的制定原则   028

　三、中小学科研发展规划的制定过程   030

　四、中小学科研发展规划的文本撰写   043

　五、中小学科研发展规划的确定和发布及实践落实   045

　六、中小学科研发展规划制定及实施中的问题   048

第三章　　中小学课题申报与管理　　　　　　　　　　051

　　一、中小学课题申报的主要类别和基本情况　　　051

　　二、中小学课题申报的常规管理　　　　　　　060

　　三、中小学课题申报的主要策略　　　　　　　063

　　四、中小学课题的开题论证管理　　　　　　　073

　　五、中小学课题的研究过程管理　　　　　　　077

　　六、中小学课题的结题管理　　　　　　　　　082

第四章　　中小学科研活动的设计与组织实施　　　　089

　　一、中小学科研活动的主要类别　　　　　　　090

　　二、中小学科研活动的设计　　　　　　　　　093

　　三、中小学科研活动的组织与实施　　　　　　097

　　四、改善中小学科研活动的建议　　　　　　　100

第五章　　中小学科研成果的实践转化　　　　　　　103

　　一、中小学科研成果类型与实践价值　　　　　103

　　二、中小学科研成果实践转化的价值与意义　　105

　　三、中小学科研成果实践转化的基本思路　　　109

　　四、中小学科研成果的实践转化机制　　　　　114

　　五、中小学科研成果转化的实践过程与行动策略　117

第六章　中小学科研管理者的专业能力及其提升　　　123

　　一、中小学科研管理者的构成及其能力现状　　　123

　　二、中小学科研管理者能力提升的意义　　　126

　　三、中小学科研管理者的专业能力　　　128

　　四、中小学科研管理者专业能力提升的主要策略　　　142

第七章　中小学教师的科研能力及其提升　　　149

　　一、中小学教师科研能力现状分析　　　149

　　二、中小学教师科研能力提升的意义　　　151

　　三、影响科研能力提升的因素分析　　　152

　　四、中小学教师科研能力的构成与要点　　　154

　　五、中小学教师科研能力提升的实践策略　　　165

第八章　中小学科研资源管理　　　171

　　一、中小学科研资源的内涵和特点　　　171

　　二、中小学科研资源及其有效使用　　　173

　　三、中小学科研资源的整合与共享　　　180

　　四、中小学科研资源与教育教学资源的相互转化　　　187

附录1　北京市中小学科研管理现状与改进调查问卷　　191

附录2　北京市中小学科研管理现状与改进调研报告　　199
　　一、调研的基本情况　　199
　　二、调研结果的基本分析与差异分析　　201
　　三、调研的基本结论　　240
　　四、相关建议　　246

序　言

　　中小学科研是一种旨在探究和解决学校办学实践中的现实问题的探索性活动，学校必须对这种探索性活动进行正确的引导和不断的激励。中小学科研是一个有目标、有计划、有系统和有完整实施过程的科学性活动，学校必须对这种科学性活动的各个要素和实施进程进行规范的组织和有效的控制。中小学科研是以研究助力学校变革与发展、提升学校办学质量的创新性活动，学校必须对这种创新性活动的成果及其实践转化进行科学的指导和有力的推进。

　　从中小学办学实践的整体情况而言，相对于学校其他领域的工作，学校科研工作的开展存在诸多不足，亟待进一步改善；相对于学校其他领域工作的管理，学校科研管理的实施是薄弱环节，在一些学校甚至基本是空白领域，特别需要加强和优化。

　　中小学科研管理就是立足学校办学实践的现实情况和发展需要，依据中小学科研工作的内在规律和实践经验，通过决策、计划、组织、协调、控制和评价等职责履行，对学校科研工作的目标、任务、过程、成果及其实践转化等进行引导、规范和促进的活动。总而言之，中小学科研管理的核心是统领和推进学校科研工作的规范开展、顺利完成和取得实效。

　　本书立足于我国中小学科研工作及其管理的现实情况，遵循中小学开展教育科学活动的基本规律，系统梳理和建构中小学科研管理的整体框架和核心要点。本书包括八章内容：第一章为"中小学科研管理概述"，第二章为"中小学科研发展规划"，第三章为"中小学课题申报与管理"，第四章为

"中小学科研活动的设计与组织实施"，第五章为"中小学科研成果的实践转化"，第六章为"中小学科研管理者的专业能力及其提升"，第七章为"中小学教师的科研能力及其提升"，第八章为"中小学科研资源管理"。本书内容涵盖中小学科研管理的核心领域和关键要点，在内容设计与呈现上有两个突出特点：一是管理视角和技术视角兼顾，站在中小学校长和科研管理者的视角，既清晰呈现学校科研工作各个重要组成部分的内容、特点和规律，又系统分析如何基于科研工作的内容、特点和规律开展学校科研管理；二是说理和支招兼顾，既明确解析中小学科研管理是什么，又全面论述开展中小学科研管理的工作部署和实践经验。

本书的目标读者是中小学管理者，包括校长、副校长和中层干部，也包括中小学教研、培训部门的教育工作者。本书的价值定位是为中小学管理者提供科研管理的理性认识、工作思路和实践策略，为中小学科研管理实践的规范开展、专业推进和不断改善提供系统全面、切实有效的指导。

本书是北京教育学院 2017 年院级重点关注课题"北京市中小学科研管理现状及其改进（ZDGZ2017-24）"的成果之一，课题负责人为北京教育学院科研处处长李雯教授，主要参与人员为北京教育学院科研处长期从事科研管理的工作人员。第一章"中小学科研管理概述"和附录 2 "北京市中小学科研管理现状与改进调研报告"由李雯教授撰写，第二章"中小学科研发展规划"和第六章"中小学科研管理者的专业能力及其提升"由刘胡权副研究员撰写，第三章"中小学课题申报与管理"由杨晨老师撰写，第四章"中小学科研活动的设计与组织实施"由田彬彬老师撰写，第五章"中小学科研成果的实践转化"和第七章"中小学教师的科研能力及其提升"由张祥兰副研究员撰写，第八章"中小学科研资源管理"由刘文娜副处长撰写。全书由李雯教授负责整体设计、修改和统稿，由刘文娜副处长、刘胡权副研究员、杨晨老师负责编辑。

中小学科研管理是学校管理实践中的重要话题，需要不断研究和深度探索。由于研究时间和水平所限，本书呈现的内容尚有很多不足之处，恳请广大读者批评和指正。

李 雯

第一章　中小学科研管理概述

一、中小学科研管理的基本认识

（一）中小学科研管理的内涵

1. 中小学科研

科研是科学研究的简称。科研就是人们有目的、有计划、有系统地采用规范而科学的方法，系统收集和细致梳理相关信息，对特定学科的特定问题进行观测、分析和探究，最后得到关于特定问题的答案，发现特定学科的内在规律的认识活动。

教育科研是教育学科范围内的科学研究。就研究定位而言，教育科研包括基础研究和应用研究。基础研究聚焦教育学科的基本问题，是理论取向的研究，其产出是抽象的教育规律；应用研究聚焦教育学科的实践问题，是实践取向的研究，其产出是关于实践问题的具体答案。就涵盖范围而言，教育科研包括宏观、中观和微观等层面的研究。宏观层面是关于教育学科本身或者国际、国家层面的教育问题的研究，中观层面是关于教育学科特定领域或者特定区域层面的教育问题的研究，微观层面是关于教育学科特定专题或者特定学校层面的教育问题的研究。

教育科研聚焦的问题包括三个类别：一是需要解决的问题，英文中用 problem 来表述，与 solve 对应，其研究产出是解决问题的结论；二是需要回答的问题，英文中用 question 来表述，与 answer 对应，其研究产出是回答问题的结论；三是需要讨论或者验证的问题，英文中用 issue 来表述，与

discuss 对应，其产出是讨论和验证问题的结论。

中小学科研是指中小学的管理者和教师立足学校办学实践，围绕学校管理和教育教学中遇到的实际问题，通过科学方法探究和解决问题的创造性认识活动。中小学科研的内容定位主要是应用研究，是实践取向的研究，关注中小学和自己学校实践问题的探究和解决。中小学科研的涵盖范围主要在微观层面，关注中小学学段和自己学校办学实践的现状和优化。中小学科研聚焦的问题，既有需要解决的问题，也有需要回答的问题和需要讨论、验证的问题。

2. 中小学科研管理

中小学科研管理就是立足学校办学实践的现实情况和发展需要，依据中小学科研工作的内在规律和实践经验，通过决策、计划、组织、协调、控制和评价等职责履行，对学校科研工作的目标、任务、过程、成果及其实践转化等进行引导、规范和促进的活动。总而言之，中小学科研管理的核心是统领和推进学校科研工作的规范开展、顺利完成和取得实效。需要注意的是，中小学科研管理主要由学校不同层面的相关管理者来整体设计和具体实施，必须加强学校科研管理的团队建设和工作实效，同时，也要加强教师对科研工作的自我管理和自觉强化。

另外，在中小学科研管理实践中，学校的科研管理者具有双重身份，他们既是学校科研工作的管理者，又是自身教育实践的研究者。为此，中小学的科研管理者既要持续关注学校科研管理工作的规范运行和整体优化，为学校科研管理做出贡献，又要立足工作实践积极开展高品质的科研工作，以自身的榜样示范带动全体教师积极投身和有效开展科研工作，促进学校科研工作整体发展。

（二）中小学科研管理的价值

1. 中小学科研管理是学校科研工作规范、有效推进的重要保障

中小学科研工作的顺利开展和取得成效在很大程度上取决于规范、科学的学校科研管理。从横向因素的角度看，学校科研工作的开展需要各种条件

资源，也会受到不同层面相关因素的影响。学校科研管理就是把各种条件资源有机整合起来，整体把控不同相关因素的影响。从纵向进程的角度看，学校科研工作是一个有目的、有计划的系统性和连续性活动，其运行有一个从发生、发展到完成和产生实效的完整过程。学校科研管理就是对这个过程的各个阶段及其整体运行进行有效的监控、规范和指导，是学校科研工作顺利推进的重要保障。从科研工作成效的角度看，学校科研工作是科学性、探索性的认知活动，有明确的制度规范、工作标准和程序流程，学校科研管理工作就是用制度规范、工作标准和流程程序来规范和引领工作实践，是学校科研工作专业发展的重要保障。

2. 中小学科研管理是学校管理系统的有机组成部分

科研工作是学校办学实践的重要组成部分，与学校的教学、德育、课程开发、教师队伍建设等一样，各自有其对学校整体发展的价值和贡献。同时，科研工作与学校其他领域的工作和学校办学实践的整体构成密切相关。从学校管理事务的主要构成来看，科研管理与学校教学管理、德育管理、课程管理、教师管理等同等重要。完善的科研管理既是有效的学校管理系统的重要体现，也会促进学校管理系统的实践运行和不断改进。需要注意的是，相对于学校其他领域的工作，目前科研管理在很多学校是薄弱环节，甚至基本是空白领域，特别需要加强和改善。

3. 中小学科研管理是促进学校内涵式发展的切入点和助推器

随着我国基础教育改革与发展的深度推进，学校办学实践中面临的新情况、新问题不断涌现，迫切需要加强科研工作，科研工作在学校办学实践中的分量越来越重，学校科研管理也发挥着越来越重要的推进作用，主要体现在两个方面：一是助推学校教育教学改革。教育教学是学校最核心的工作，教育教学改革是学校教育改革最活跃的部分。在教育教学改革的过程中，科研管理能够引导广大教师积极投身聚焦教学实践的课题研究，以课题研究的实践探索和成果产出优化教育教学改革。二是提升教师专业发展。教师是学校最重要的办学资源，教师专业发展水平是决定学校办学质量的关键因素。科研能力是教师的综合素养的重要组成部分，是影响教师持续专业成长的重要因素。教师科研能力提升是学校科研管理工作的重点内容。

（三）中小学科研管理的定位

1. 坚持目标导向

坚持目标导向就是坚守学校科研管理的初心。学校科研管理要坚守两个目标：其一是学生培养，其二是学校发展。目标一明确了一所学校到底要把学生培养成什么样的人，是学校所有工作的基本导向和终极目标。在科研管理中坚守学生培养目标就是要切实围绕学生成长的现实情况和发展方向来科学谋划和有效推进学校科研工作，加强学校科研工作的针对性，提升学校科研管理对于学生成长的贡献度。目标二明确了一所学校到底要成为什么样的学校，要立足学校发展现状、围绕学生培养目标来确定学校发展目标。在科研管理中坚守学校发展目标就是要把学校科研工作与学校整体发展有机结合起来，以科学工作深入推进促进学校整体发展。

2. 坚持整合发展

坚持整合发展就是把学校科研工作当作一个整体去管理，同时把学校科研工作置于学校办学实践的全局中去管理。一方面，学校科研管理工作要加强整体设计，不仅要基于学生培养目标和学校发展目标明确科研工作的目标定位、主要内容、组织机构、岗位设置、制度建设和质量评价，而且要把这些要素紧密联系起来，形成学校科研管理的有机整体。另一方面，学校科研工作不能孤立地发展，而是要与学校教育教学、课程开发、教师队伍建设等协同推进，引导全体教职工把科研工作融入常规工作职责，聚焦办学实践中的各种真问题，通过科研工作攻坚克难，提升工作品质。

3. 注重实践问题解决

注重问题解决就是中小学科研工作要促进和服务于教育实践，特别是解决当前教育实践中的重点问题、难点问题、热点问题、基本问题等。中小学的科研工作与高等院校的科研工作有很大的不同。高等院校科研工作是"关于教育"的研究，主要是理论取向或者理论取向与实践取向并重的研究，重在描述和解释教育，侧重发现和验证教育规律。中小学科研工作是"为了教育"的研究，主要是实践取向的研究，重在研究实践问题，以此来改进和优化教育实践。注重问题解决是实现中小学科研工作既定价值的重要保证。

4. 促进教师全员参与

每个教师在教育教学实践和专业发展历程中都会遇到各种各样的问题，都需要通过教育科研来寻找解决问题的答案，并得到教育教学工作改进和个人专业成长的双重收获。中小学科研工作不是个别教师或者少数教师的事情，而是所有教师都应该去做的事情。教育家吕型伟先生指出："搞科研要有一定的群众性，不能为少数人垄断，或者说不能为少数人所专有，凡是有条件、有可能、有志于此的都应该也可以搞些科研。"[1]中小学科研管理要积极鼓励和大力支持不同学科、不同发展阶段的教师投身科研工作，让科研工作成为伴随所有教师职业生涯的基本组成部分，这样才能充分发挥学校科研工作的重要作用。

5. 强化科研能力建设

中小学科研工作是一项规范性和科学性都很强的工作，开展中小学科研工作必须具备一定的科研能力。现实情况是，学校管理者和教师的科研能力是短板，普遍需要提升，学校管理者的科研管理能力也存在很大的不足。所以，中小学科研管理一定要加强科研能力建设。中小学科研能力提升主要包括两个方面：一个是教师的科研能力，另一个是学校管理者的科研管理能力，这是提升科研工作质量的重要条件。

二、中小学科研管理的主要内容

（一）中小学科研发展规划

学校科研工作是一个包括不同维度与要素的系统，需要提前规划和整体规划。从科研工作的角度看，中小学科研发展规划是学校对特定时期内（一

---

① 吕型伟：《在上海市首届教育科研规划总结大会上的讲话》，《上海市教育局教育科研情况交流专辑》，上海市教育科学研究所，1982年。

般是三到五年）学校科研工作的战略规划，它体现了学校管理者对学校科研工作未来发展的系统思考、整体谋划和科学部署。从学校发展规划的角度看，中小学科研发展规划是学校发展规划的重要组成部分，也是在学校科研工作中落实学校发展规划的重要载体。中小学科研发展规划的价值在于在学校层面明确了学校科研工作以何种方式往何处去的战略方向和行动指南，能够强化学校管理者和教师对于科研工作的自主发展意识，能够整合各种科研资源，有理有据、有序有效地推进各项科研工作。

当前，越来越多的学校开始以学校科研发展规划引领学校科研工作。北京市中小学科研管理现状及其改进的调研结果表明：就学校科研发展规划本身而言，调研学校中"有完备科研规划"的占 45.8%，有"基本科研规划"的学校占 37.3%，"有大致科研规划"的学校占 12.3%，"没有科研规划"的学校仅占 2.8%，其他占 1.8%。就差异分析而言，市级示范中学"有完备三到五年科研规划"的比例明显大于普通中学，两者存在显著差异。就学校科研发展规划制定而言，调研学校中"校长和教师代表共同制定"的占 56.2%，"校长和少数教师共同制定"的占 19.6%，"校长、教师代表和校外专家共同制定"的占 10.8%，"校长自己制定"的仅占 1.3%，"校长邀请校外专家制定"的占 1.2%，9.2% 的调研对象表示"不知道情况"，其他占 1.7%。就差异分析而言，城区学校"校长和教师代表共同制定科研规划"的比例明显大于郊区学校，两者存着显著差异。[①]

中小学科研发展规划主要包括两个方面的工作：一个是科学制定学校科研发展规划，另一个是有效落实学校科研发展规划。

制定学校科研发展规划包括：一是对学校科研工作现状进行系统而细致的分析，摸清学校科研工作的家底儿，分析学校科研工作的优势与不足、成绩与问题，特别是要找到当前学校科研工作迫切需要解决的核心问题。二是明确学校科研发展的目标，包括整体目标和具体目标、长远目标和阶段目标。三是设计学校科研发展的重点领域，明确各个领域的主要任务，部署完

---

① 北京教育学院 2017 年院级重点关注科研课题"北京市中小学科研管理现状及其改进"的研究成果《北京市中小学科研管理现状与改进调研报告》（ZDGZ2017–24）

成任务的行动举措。四是设计学校科研发展的评价机制，包括科研发展的评价指标、评价主体、评价方式和评价结果运用等。五是建立学校科研工作发展的保障机制，包括资源供给与使用保障、组织与管理保障等。另外，还要注意学校科研发展规划文本呈现和文字表达的完整、规范和清楚明了。

落实学校发展规划包括：一是把科研发展规划转变或者细化为科研工作行动方案，就是根据学校科研发展规划制定规划期内每一年的科研工作计划和每一学期的科研工作计划。二是明确科研工作职责，包括校长、主管科研副校长、中层干部和全体教师的职责。三是着力激发、支持和监督各项科研任务的完成，要特别注意在工作实践过程中提升教师的科研能力和管理者的科研管理能力。四是建立科研工作开展反馈渠道，及时捕捉和了解来自实践中的反馈信息，必要时根据反馈信息调整后续行动方案。五是及时进行科研工作开展的阶段总结和整体总结，提炼经验，明确问题，并主动开展有针对性的完善和创新。

（二）中小学课题研究管理

中小学课题的类型主要为教育科研课题。教育科研课题的申报和开展都有非常明确的规范要求、专业标准和工作流程，与高校和科研院所相比，中小学在课题申报和开展方面都处于弱势，存在明显短板。中小学课题研究管理的价值在于通过严谨规范、具体明确的管理举措来引导中小学管理者和教师正规而专业地开展课题研究，在课题研究的实践过程中提升课题研究能力。同时，课题研究管理也是优化学校科研管理的重要方面。

就我国当前中小学办学实践而言，学校越来越重视课题管理工作，特别是课题申报和课题研究过程管理，但是学校在课题管理中普遍存在诸多不足，需要大力加强和改进。北京市中小学科研管理现状及其改进的调研结果表明：就课题申报指导而言，调研学校中"组织全体教师课题申请培训与指导活动"的占57.2%，"为准备申报课题的教师提供指导"的占35.8%，"不组织指导，教师自己申报"的占7.0%。关于课题研究过程管理所采取的举措，调研学校选择排在第一的是"组织课题开题活动"（82.3%），排在第二的是"组织课题结题活动或者结题研讨活动"（79.2%），其次是"组织课题中期检查活动"（66.3%）和"组织课题研究过程中的阶段研讨活动"（64.5%）。就学校课题管理存在的问题而言，调研对象认为学校在科研课题管理方面存在的最主要问题是"缺乏课题研究过程管理"和"课题管理系统性不强"，其次是"教师参与课题管理积极性不强""没有建立课题管理台账"和"缺乏课题经费管理经验"，再次是"课题成果管理不力"。就差异分析而言，不同学段、职位或工作岗位、不同区域学校和中学类型四个方面均没有显著差异。[①]

中小学课题研究管理主要按照课题研究实际开展的纵向进程来进行，主要包括课题申报管理、课题开题管理、课题研究过程、课题结题管理和课题成果管理等。做好课题研究管理包括以下要点：一是科研管理者一定要明确课题研究过程各个环节的要求、标准和流程，规范开展课题研究管理。二是科研管理者要按照课题研究过程各个环节的既定时间期限有效开展课题研究管理。三是科研管理者要注重在研究过程的各个环节加强培训指导和相互交流，把课题研究推进和科研能力提升有机结合起来。

（三）中小学科研活动的设计与组织实施

开展各种科研活动是中小学科研工作的常态，科研活动也是学校各项科研任务达成的常规载体，为此，学校科研管理要对科研活动进行科学设计和有效组织实施。学校的科研活动形式多样、丰富多彩，可以从不同维度加以分类。从活动内容角度讲，包括围绕课题申报和研究开展的课题研究活动、聚焦学校办学实践重要问题的专题研讨活动、旨在提升教师科研能力的科研能力建设活动。从活动形式角度讲，包括学术讲座、培训报告、专题研讨、案例分析、现场观摩等。从活动规模角度讲，包括全校范围的科研活动、年级或者学科范围的科研活动、项目团队科研活动和个体科研活动。高品质的科研活动设计与组织实施能够带给教师积极愉快的科研体验，激发教师的科研自主意识，提升教师的科研能力。

---

① 北京教育学院 2017 年院级重点关注科研课题"北京市中小学科研管理现状及其改进"的研究成果《北京市中小学科研管理现状与改进调研报告》（ZDGZ2017-24）。

就我国当前中小学办学实践而言，学校科研活动的类型还比较单一，不够丰富和多元。从活动内容看，具体工作事务推进的活动比较多，学术研究和问题研讨活动比较少；从活动形式看，报告和培训讲座较多，双向交流和研讨的活动比较少；从活动规模看，学校层面整体活动比较多，各个领域和各个部门自觉、自发学术活动比较少。

如何进行科研活动设计？其要点主要包括以下方面：一是设计活动主题，活动主题要明确而有意义。二是设计目标，活动目标清楚、明确、可达成。三是设计活动内容，活动内容丰富、专业和有价值。四是设计活动人员，包括活动的主讲、发言人员和活动的参与人员。五是设计活动时间、场地和氛围，要符合活动定位和需要。六是设计活动产出，包括设计活动时间和场地，以符合活动开展的需要。七是设计活动资料，资料要内容充分详实、形式简洁明了。

如何进行科研活动的组织实施？其要点主要包括以下方面：一是提前做好充分的活动准备。二是活动开启精彩而富有创意。三是稳健掌控和顺利推进活动过程的各个环节。四是做好活动结束时的总结提炼。

（四）中小学科研成果的实践转化

中小学科研成果是中小学的管理者和教师开展各种科研工作所取得的成果产出，这些成果的突出价值是实践价值，即促进学校实践问题的有效解决，进而服务于学校教育改革与发展。要发挥科研成果的实践价值，学校必须高度重视科研成果的实践转化，并采取有效措施促进科研成果的实践转化。为此，科研成果的实践转化是中小学科研管理的重要内容之一。中小学科研工作的价值集中体现在科研成果的实践转化上。没有科研成果的实践转化，中小学科研就失去了其根本意义和重要价值。

就我国当前中小学办学实践而言，学校对课题研究中的成果及其实践转化的意识正在被唤醒和激发，但还需要进一步发展。根据北京市中小学科研管理现状及其改进的调研结果：就课题研究成果质量而言，调研学校中认为课题研究成果质量"较好"的占44.6%，认为"很好"的占43.1%，认为"一般"的占11.9%，认为"较差"的仅占0.4%。就差异分析而言，教师和中层干部认为课题研究成果质量"很好"的比例显著高于校长和副校长，两者存在显著差异；市级示范中学的课题研究成果质量"很好"的比例显著高于普通中学，两者存在显著差异。就课题研究成果实践转化而言，调研学校中认为学校课题研究成果实践转化"较好"的占43.5%，认为"很好"的占39.2%，认为"一般"的占16%，认为"较差"的仅占1.3%。就差异分析而言，教师和中层干部两个群体中认为"很好"的比例显著高于校长和副校长群体，两者存在显著差异。①

中小学科研聚焦实践问题解决，科研成果是通过学术研究发现和获得了解决实践问题的理性认识，而科研成果的实践转化就是把解决实践问题的理性认识转变为办学实践中新的工作思路、工作举措和工作方法等，开展新的实践探索，再从新的实践探索中收获新的成效和发展。中小学科研成果有不同的类别和呈现方式，不同类型和呈现方式的科研成果各自有其特点和实践价值，其实践转化的载体、路径、方式和作用发挥也有不同。

促进学校科研成果的实践转化，其要点在于以下几个方面：一是细致分析不同类型和呈现方式的科研成果的特点和实践价值。二是深刻认识科研成果实践转化的重要意义。三是系统梳理科研成果实践转化的基本思路。四是建立健全科研成果实践转化的管理机制。五是积极探索科研成果实践转化的实践过程和行动策略。

（五）中小学教师科研能力提升

中小学教师科研能力是中小学教师参与和承担科研工作必须具备和掌握的综合素质，具体表现为具备一定的科研意识、科研知识和科研工作实践经验，掌握一定的科研规范、科研方法和科研技巧等。科研能力是中小学教师从事科研工作的基础，对于提升学校科研工作品质有重要作用。科研能力是中小学教师专业能力的重要组成部分，能够切实促进他们的专业发展。就中小学科研工作的实际情况而言，相对于教育教学能力，教师的科

---

① 北京教育学院 2017 年院级重点关注科研课题"北京市中小学科研管理现状及其改进"的研究成果《北京市中小学科研管理现状与改进调研报告》（ZDGZ2017-24）。

研能力是短板，整体水平偏低。教师科研能力提升是中小学科研管理的重要内容，也是提升学校科研工作品质、促进教师专业发展的重要路径和突破口。

就我国当前中小学办学实践而言，教师的科研能力整体上还存在诸多不足，普遍需要大力提升，学校也越来越重视教师的科研能力提升。根据北京市中小学科研管理现状及其改进的调研结果：调研对象认为教师最需要提升的科研能力是"课题设计能力"和"研究选题能力"，其次是"科研成果提炼和发表能力""科研研究推进能力""文献查阅、梳理和综述能力"，另外还有"科研成果实践转化能力"。就差异分析而言，不同学段、不同区域学校和不同类型中学均没有显著差异。就提升教师科研能力主要举措而言，调研学校中排在第一位的是"开展课题研讨"（82.5%），排在第二位的是"举办专家学术讲座"（74.7%），排在第三位的是"组织科研能力提升专题讲座"（72.8%），另外，"组织科研能力提升经验交流会（54.7%）""到优秀学校进行专题考察学习（45.6%）"和"进行科研课题的全过程指导（34.1%）"等相对比较少。就差异分析而言，不同学段、不同区域学校和不同类型中学均没有显著差异。[①]

中小学教师科研能力提升不是单项技能的培养，而是一个系统工程，需要综合施策；中小学教师科研能力的提升不可能一蹴而就，而是一个持续的过程，需要久久为功。中小学教师科研能力的提升不能只针对少数科研骨干，而是要面向全体教师。在中小学科研管理过程中，要始终高度重视教师科研能力提升，并采取不同层面的各种实践举措，其要点包括以下几个方面：一是清晰把握学校教师科研能力现状，特别是存在的共性问题和明显不足。二是深刻理解提升中小学教师科研能力的重要意义，特别是对于教师教育教学工作和职业生涯发展的重要意义。三是全面分析制约中小学教师科研能力的消极因素和促进中小学教师科研能力的积极因素。四是系统梳理中小学教师科研能力的基本要素，明确科研能力构成的内在结构。五是在科研管

---

① 北京教育学院 2017 年院级重点关注科研课题"北京市中小学科研管理现状及其改进"的研究成果《北京市中小学科研管理现状与改进调研报告》（ZDGZ2017-24）。

理实践中积极探索提升中小学教师科研能力的实践策略。

（六）中小学科研管理者的专业能力提升

中小学科研管理者主要包括两个层面的人员：一个是校级领导层面的校长和副校长，整体负责全校科研工作的管理，另一个是中层干部层面的部门主管，具体承担学校科研工作的管理。现在，中小学普遍越来越重视科研工作，越来越多的中小学在中层干部中设置了科研主任，一些中小学在校级领导中专门设置了主管科研工作的副校长，或者确定一位副校长主管科研工作。中小学科研管理者的专业能力是指中小学科研管理者整体负责和具体承担学校科研工作管理必须具备和掌握的综合素质，具体表现为能够明确学校科研工作的目标定位、制定学校科研工作的发展规划与工作计划、完成学校科研工作的各项任务、组织学校科研工作的各项活动、加强学校科研工作的能力建设、丰富学校科研工作的多重资源等。学校科研管理者的专业能力直接关系到学校科研管理的品质，也在很大程度上影响学校科研工作的品质。就学校科研管理实践而言，相对于教育教学管理者，学校科研管理者在科研管理理念、科研管理专业化程度和科研管理执行力等诸多方面都存在不足，亟待在工作实践中加以提升。

根据北京市中小学科研管理现状及其改进的调研结果：就科研管理制度而言，调研学校中科研制度建设"比较完备"的占44.1%，"非常完备"的学校占33.9%，"一般"的学校占21.3%，"不完备"的学校仅占0.5%，"没有"的占0.2%。就差异分析而言，不同学段、不同区域学校和不同中学类型学校科研制度建设情况都没有显著差异。就科研管理机制而言，调研对象认为学校在科研管理机制方面存在的最主要问题是"教师科研工作量无法计入工作量"，其次是"教师投身科研工作的积极性不高"，再次是"缺乏科研管理人员""科研管理制度不健全""评价导向不明确""缺乏科研经费"和"学校缺乏科研管理机构"等。就差异分析而言，不同学段、职位或工作岗位、不同区域学校和中学类型四个方面均没有显著差异。就评价导向而言，调研学校中把科研工作"作为教师评价重要指标"的占53.4%，"作为教师评价一般指标"的占40.1%，"不作为教师评价指标"的占6.2%，"其他"占0.3%。就差异分析而言，不同学段、不同区域学校和不同类型中学均没有显著差异。①

　　提升中小学科研管理者的专业能力，既要解决认识问题，认识到位，态度积极；又要解决行动问题，措施得当，方法有效。在中小学科研管理过程中，学校要切切实实把科研管理者的专业能力提升纳入学校的工作计划，科研管理者要高度重视自身科研管理专业能力的持续提升。提升中小学科研管理者的专业能力，其要点包括以下几个方面：一是清醒分析中小学科研管理者专业能力现状，特别是不足和问题。二是要深刻认识提升中小学科研管理者专业能力的重要意义，高度重视科研管理者专业能力提升。三是系统分析不同层面科研管理者的专业能力构成和影响因素。四是要加强专业队伍建设，在校级领导和中层干部中专门设置科研主管人员。五是积极探索中小学科研管理者专业能力提升的实践策略。

（七）中小学科研资源管理

　　中小学科研资源是学校开展科研工作所需要的人力、物力、财力、智力、时间、空间、信息等条件的总和。中小学科研资源涉及很多方面，其中核心资源包括人才、项目、资金、设施设备、成果等。科研资源是中小学开展科研工作的综合条件保障，其数量、品质及其使用直接影响学校科研工作的开展和成效。中小学科研资源管理的关键是合理配置、充分使用和积极扩充各种科研资源，最大限度地发挥资源在学校科研工作中的作用和效益，保障学校科研工作的顺利开展和取得成效。伴随着基础教育改革与发展的深度推进，中小学科研工作越来越得到重视，也越来越获得发展。在这个过程中，对很多学校来讲，科研资源短缺和不足的问题也很突出。加强和优化科研资源管理不仅能够充分发挥有限科研资源的最大作用和成效，而且能够在一定程度上缓解科研资源短缺与不足的困境。

　　就我国当前中小学办学实践而言，学校的科研资源还相对不足，甚至匮乏，需要大力加强科研资源建设。根据北京市中小学科研管理现状及其改进

---

① 北京教育学院 2017 年院级重点关注科研课题"北京市中小学科研管理现状及其改进"的研究成果《北京市中小学科研管理现状与改进调研报告》（ZDGZ2017-24）。

的调研结果：对于来自教育行政部门的资源，调研对象认为优化学校科研及管理工作最需要教育行政部门的支持是"提供学术研究资源"，其次是"提供专项经费"，再次是"明确评价导向""减轻教师工作负担"和"提供科研管理人员编制"等。就差异分析而言，郊区学校对于"提供学术研究资源"的需求显著高于城区学校，两者存着显著差异。对于来自业务部门的资源，调研对象认为优化学校科研及管理工作，最需要"业务部门指导课题研究过程"和"提供科研工作培训"两个方面的支持，其次是"提供课题立项机会""组织科研工作交流研讨"和"指导课题研究成果提炼"，再次是"指导科研成果实践转化"。就差异分析而言，小学对于"指导课题研究过程"的需求显著高于中学，两者存着显著差异；教师群体对于"指导课题研究过程"的需求显著高于校长群体，两者存在显著差异。就科研经费保障情况而言，调研学校中"有足够的专门科研经费"的占 51.9%，"有少量的专门科研经费"的学校占 22.8%，"没有专门科研经费"的学校占 11.19%，"有能够用于科研活动的常规经费"的学校占 12.5%，"没有能够用于科研活动的科研经费"的学校仅占 1.5%，其他占 1.2%。就差异分析而言，不同学段、不同区域学校和不同中学类型学校科研经费配备情况都没有显著差异。就科研需要的支持而言，调研学校提供科研支持排在第一位的是"邀请相关专家指导课题研究"（81.3%），排在第二位的是"组织校内课题研讨活动"（72.2%），排在第三位的是"提供外出学术交流和学习机会"（69.4%），另外，还有"提供课题经费（63.3%）"和"为教师展示研究成果提供平台（60.6%）"也比较普遍。就差异分析而言，不同学段、不同区域学校和不同类型中学均没有显著差异。[1]

中小学科研资源是包括各种要素的综合资源，中小学科研资源管理是一个有效协调和整合各种要素的系统工程，需要从不同层面采取措施综合施策。中小学科研资源管理的要点主要包括以下方面：一是正确理解中小学科研资源的内涵与特点，确立正确的科研资源观念。二是全面梳理学校各种科

---

[1] 北京教育学院 2017 年院级重点关注科研课题"北京市中小学科研管理现状及其改进"的研究成果《北京市中小学科研管理现状与改进调研报告》（ZDGZ2017-24）。

研资源储备，盘点和摸清学校科研资源的家底儿。三是细致分析各种科研资源，特别是人力、项目、资金、设施设备、成果等核心资源的使用价值，积极探索各种科研资源的使用策略，提升资源使用效率。四是切实强化各类科研资源的整合与共享，探索整合和共享的多种有效模式。五是积极探索学校科研资源与教育教学资源的相互转化，促进学校教育教学与科研工作的统整和融合发展。

三、中小学科研管理的组织机构与具体岗位

（一）中小学科研管理的组织机构

1. 组织机构的职责

任何一所学校要想正常、有效地开展教育教学活动，实现学校发展目标，就必须把学校各类人员组合起来，通过设立一些职能部门和确立各个职能部门之间的权力和责任关系，构成一个有机的职责系统，这个职责系统就是学校组织机构。学校组织机构是按照学校发展目标和要求，将学校组织的职责、岗位和人员进行合理组合和匹配，形成结构合理、权责清楚的协作系统。学校组织机构是学校管理实体存在的外在形式，是进行管理的前提和基础。它一方面反映了学校管理技术系统的工作关系，另一方面也反映了学校组织社会系统的人际关系。[①] 学校组织机构是学校管理的平台和载体，设计完备、运行良好的组织机构是有效学校管理的组织保证。

中小学科研管理的组织机构是负责和承担学校科研管理各项工作的职能部门。在科研管理的职能部门中，要设置相应的科研管理岗位，明确具体的管理职责，承担学校科研管理的各项具体工作的实际推进。从组织机构的性质看，学校组织机构包括正式组织和非正式组织，学校科研管理的组织机构属于正式组织；从组织机构的类型看，学校组织机构包括行政组织和业务组织，学校科研管理的组织机构属于业务组织。

中小学科研管理组织机构的职责涉及学校科研管理的方方面面，涵盖学

---

① 李雯：《关于中小学组织机构建设的几个问题》，《中小学管理》，2005 年第 9 期。

校科研管理的整个过程。主要包括以下四个方面：第一是明确科研工作任务，就是根据学校科研工作发展规划和学校发展规划期内的学年与学期工作计划，细致设计和安排学校科研工作的各项具体任务，明确各项具体任务的路线图和时间表。第二是布置科研工作任务，就是把科研工作的各项具体任务分配和传达到不同部门、团队、教师个体，确保每项科研工作任务的承担人员、实施过程、预期产出和完成时间等都得以落实。第三是监督检查科研工作进展，就是通过常规检查和质量监控及时了解科研工作的实际开展情况和阶段产出，特别是要关注科研工作开展过程中产生的问题和遇到的障碍，也要敏锐捕捉科研工作实践中的鲜活经验和独特亮点。第四是提供科研工作指导，就是根据学校科研工作实际开展的综合情况和整体进程，有针对性地安排教师科研能力专门培训和主题研讨，为学校科研工作实际推进提供切实的专业支持。第五是协调科研工作进展，就是在学校科研工作实践中建立上传下达的沟通与反馈渠道，促进不同部门之间、个人和部门之间、个人和个人之间的沟通与交流，在相互了解、达成共识的基础上协调思想和行为，及时解决工作过程中出现的问题，推动学校科研工作的和谐发展。

2. 组织机构的设置

在传统的中小学组织机构中，很多学校没有独立设置的科研管理组织机构。随着基础教育改革与发展的进行和深度推进，中小学科研工作逐渐发展，并在学校办学实践中不断拓展丰富，科研工作在学校办学实践中发挥着越来越重要的作用，成为学校常规工作中的重要组成部分，因而迫切需要科研管理的规范化和常规化发展。由此，越来越多的中小学单独设置了科研管理的职能部门，以此来强化和改进学校科研管理。

就我国当前中小学办学实践而言，一些学校设置了与教务处、德育处并列的科研处，统筹管理学校科研的各项具体工作；一些学校设置了附属于教务处的科研室，具体管理学校科研工作的开展；一些学校设置了教科研管理部门，把学校的教研工作和科研工作有机整合起来管理。根据北京市中小学科研管理现状及其改进的调研结果：59.6%的学校设置了管理科研工作的组织机构，31.8%的学校其科研工作由学校其他常设组织机构负责管理，仅有

6.3% 的学校没有管理科研工作的组织机构，2.3% 的教师表示"不清楚"。其中，中学和一贯制学校两个学段有专门科研管理组织机构的比例明显多于小学；城区学校有专门科研管理组织机构的比例显著多于郊区学校。[①]

那么，如何在学校常规的组织机构系统中设置或者增设科研组织机构呢？新成立的部门应该放在学校组织机构的哪一个层面、哪一个部分呢？或者说，这些新增加的部门和工作应该由谁负责呢？学校组织机构是一个整体，这些问题的解决不仅仅是新成立的部门自己的事情，而且涉及学校组织机构的整体部署。从一定角度讲，成立新的职能部门实际上是学校组织的一种变革。根据心理学家勒温的理论，组织的变革包括三个阶段：解冻、变革和再冻结。[②] 成功的组织变革首先要打破传统、改变现状；其次要在此基础上进行变革，重新规划全局；再次是采取必要的强化方法，使已经实现的变革稳定下来，形成固定的模式。在学校组织机构中成立新的职能部门，不是简单地增加一个部门，或者撤消一个部门的事情，所以不能简单地做"加法"或"减法"，而是要打乱学校组织机构的当前格局，根据不同部门的职责合并"同类项"，重新规划和部署学校组织机构系统。[③] 所以，设置学校科研管理组织机构，同样需要对学校组织机构设置的整体情况及各个部门的职责进行重新梳理和划分，确保各个部门各司其职和各个部门之间有机协作。

3. 组织机构运行

设置了学校科研管理的组织机构，明确了科研管理组织机构的工作职责，还需要对科研管理组织机构的常规运行进行综合分析，确保科研管理组织机构的有序、有效运行。管理学家哈罗德·孔茨指出："组织机构的设计应当职责分明，使每个人都知道应该做些什么，谁对什么成果负责；应能排除由于工作分配的混乱和多变所造成的故障；并能提供反映和支持组织目标的决策沟通网络。"[④] 学校科研管理组织机构的常规运行的综合分析应该主要

① 北京教育学院 2017 年院级重点关注科研课题"北京市中小学科研管理现状及其改进"的研究成果《北京市中小学科研管理现状与改进调研报告》（ZDGZ2017-24）。

② 斯蒂芬·罗宾斯著，孙健敏等译：《管理学》，中国人民大学出版社，1997 年出版，第 318 页。

③ 李雯：《关于中小学组织机构建设的几个问题》，《中小学管理》，2005 年第 9 期。

④ 哈罗德·孔茨等著，黄砥石等译：《管理学》，中国社会科学出版社，1987 年出版，第 486 页。

围绕以下方面展开：第一，科研管理主管部门的发展目标和价值定位是什么？第二，科研管理主管部门的主要工作职责是什么？履行岗位职责的关键是什么？第三，科研管理主管部门的上级是谁？下级是谁？上下联系的渠道和要点是什么？如何确保上下步调一致？第四，科研管理主管部门的平行相关部门有哪些？与这些平行相关部门沟通的渠道和要点是什么？如何确保左右协同发展？第五，科研管理主管部门需要几个和什么样的岗位设置？每个岗位的人员应该具备什么样的专业素质？每个岗位高效履职的关键和要点是什么？

（二）中小学科研管理的具体岗位

1. 岗位设置

中小学科研管理的具体岗位包括学校层面的岗位和部门层面的岗位，每个层面的管理岗位可以单独设置，也可以根据学校实际情况由学校相关管理人员兼任。学校层面的岗位设置就是在校级领导中设置主管科研工作的副校长或者明确规定由哪位校级领导主管学校科研工作。部门层面的岗位设置就是在学校中层干部中设置负责科研管理的主管，或者明确由哪位中层干部承担科研管理工作。北京市中小学科研管理现状及其改进的调研结果显示，97.2%的学校有专门的科研管理人员或兼职管理人员，中学和一贯制学校两个学段有专门管理人员的比例显著高于小学，市级示范中学有专门管理人员的比例显著高于普通中学。[①]

2. 岗位素质

中小学科研管理岗位的管理人员，不管是学校层面的副校长，还是部门层面中层干部，不仅要具备一般意义上的管理素质，还要具备一定的科研素质。主要包括以下几方面：第一，要具备突出的科研意识，能够深刻理解科研工作的定位和价值，高度重视科研工作。第二，管理者自身要具备比较强的科研能力，对教师的科研能力现状有一定的判断能力，高度重视教师的科研能力建设。第三，管理者要有开展课题研究的实践体验和丰富经验，能够

---

① 北京教育学院 2017 年院级重点关注科研课题"北京市中小学科研管理现状及其改进"的研究成果《北京市中小学科研管理现状与改进调研报告》（ZDGZ2017-24）

在课题申报、课题研究推进、课题研究成果提炼及其实践转化等方面为教师做出榜样和提供引领。第四，管理者要注重科研团队建设，能够通过科研团队建设整合学校科研的骨干力量，开展合作研究和集体攻关，促进科研研究产出。

四、中小学科研管理的制度建设

（一）中小学科研管理制度的构成

1. 学校科研管理制度

制度是管理的基本语言，建章立制既是管理的常规内容，又是管理的基本手段。从字面上讲，制度中的"制"有"制约""制衡"和"制裁"三层意思，制度中的"度"指的是"制约""制衡"和"制裁"中的"尺度"和"程度"。通俗地讲，制度就是在一定范围内实行并要求人们必须遵从的"规矩"。[①]学校科研管理制度是用于规范和引导学校教职工的教育科研行为，保证学校科研工作顺利进行和目标实现的各种规定和行为准则的总和。学校科研管理制度是学校整体管理制度的有机组成部分，其内容应该涵盖学校科研工作的方方面面，建章立制和充分发挥制度的功能是学校科研工作顺利开展和取得成效的基本保障。

2. 学校科研管理制度的构成

学校管理制度是由不同制度组合而成的规范系统，不同内容、不同性质和不同功能的制度发挥着不同的功能。从制度的内容看，学校管理制度涵盖学校方方面面的工作，指向不同层面的人员。从制度的性质看，学校管理制度主要包括两个方面：原则性制度和程序性制度。原则性制度是学校组织各方面事务运行的基本准则，它通常表现为关于学校某方面事务的一些原则性的规定，比如教师教学行为规范、课题研究规范、学生行为守则、学校内部分配准则、教师考勤制度等。程序性制度是学校组织中各项事务的具体实施程序，它通常表现为对学校某一事务的操作过程、操作方法、参与人员等方面的规定，比如教师评价方案、校本课程开发条例、学校科研活动条例、教

---

① 李雯：《学校管理中的制度创新》，《教育管理研究》，2005 年第 8 期。

师培训制度等。^①另外，从制度的功能看，学校管理制度可以分为倡导性制度和禁止性制度。倡导性制度是关于学校组织认同、赞赏和积极推进落实的事项与活动的规则；禁止性制度是关于学校组织反对、批判和极力避免的事项与活动的规则。

学校科研管理的制度建设也可以从制度内容、制度性质、制度功能等三个视角来考虑其整体构成。从制度内容视角，建立健全针对学校科研方方面面的工作和不同人员的完备规则。从制度性质视角，一方面通过原则性制度来规范和明确学校科研工作运行的横向基本准则，另一方面通过程序性制度来设计和指导学校科研工作实施的纵向具体流程。从制度功能视角，一方面通过倡导性制度积极引导和激发，另一方面通过禁止性制度避免误区与错误。这样组合起来就形成了内容全面、功能完备的学校科研管理制度。

（二）中小学科研管理制度的制定

1. 要充分考虑学校科研工作的专业性

中小学科研工作是具有很强的专业性的复杂活动，学校科研管理制度的制定要充分考虑其特点，并通过制度来促进学校科研工作的专业性。学校科研管理制度的制定除了具备一般管理制度的基本要点之外，还要充分考虑教育科研工作的学术规范和科学流程。为此，制定学校科研管理制度时，一方面要系统、深入地学习和研究专业科研机构的规范要求和教育科研活动的基本规律，并将其融合和体现在学校的科研管理制度之中；另一个方面可以充分借鉴其他学校，特别是科研工作成效突出的学校的科研管理制度，以此提升学校科研管理制度的规范性和有效性。

2. 要确保学校科研制度制定参与人员的代表性

在中小学管理实践中，一些管理者认为，建章立制是校长和管理者的职责，也代表了校长和管理者的权力，不需要也不应该让广大教职员工参与。其结果是学校管理制度成为高高在上又弥漫着神秘感的"清规戒律"，广大

---

① 李雯：《学校管理中的制度创新》，《教育管理研究》，2005 年第 8 期，第 81 页。

教职员工对制度知道不多、了解不够，因而在一定程度上造成教职工对制度的认同不够和执行不力。确保参与制定学校科研管理制度的人员的代表性，一方面在学校内部，要吸纳全体教职员工或者不同学科、不同发展水平的教职工代表参与进来，提出自己的想法，表达自己的意见；另一方面在学校外部，可以邀请专业科研机构的资深管理人员，或者科研工作成效突出的其他学校的资深管理者参与，充分考虑和吸纳专业人员的意见，提升学校科研管理制度的科学性和实效性。

3. 要充分考虑学校科研制度的可行性

要充分考虑学校科研管理制度的可行性，确保制定的科研管理制度符合学校实际情况，能够在学校得以落实。为此，学校应该立足现实情况来思考和制定科研管理制度。一方面要充分考虑学校各个方面的综合情况，特别是学校教育教学改革与发展的突出优势和明显不足，以此来确定学校科研工作发展的方向和重点；另一方面要充分考虑学校科研工作发展的基本定位和现实情况，特别是学校科研发展的重要成绩和存在问题，通过制度建设来强化学校科研工作的成绩，解决学校科研工作的问题。

4. 要通过学校法定决策程序正式确立

学校科研管理制度的确定是学校科研管理工作的基本内容，是学校制度建设的有机组织部分，也是学校管理实践中的一件重要事项。学校科研管理制度制定和反复修改、完善并确定之后，一定要通过学校法定决策程序正式确立下来，以此来确保学校科研管理制度的规范性和权威性。在我国中小学的管理实践中，学校法定决策程序是教职工代表大会表决通过。学校科研管理制度的最终确定，也应该提请教职工代表大会表决通过。

（三）中小学科研管理制度的实施

1. 要加强学校科研管理制度的解读和宣传

相对于教育教学工作，教职工对于教育科研工作的参与面不够广、参与度不够深。很多教职工不了解教育科研工作的规范要求和基本规律，对学校科研管理制度不太了解和熟悉，遵守和执行学校科研管理制度的自觉意识也不够强。为此，在学校科研管理制度确立之后，学校管理者首先要进行科研管理制度的解读和宣传，把科研管理制度解读和宣传与教师的科研培训有机结合起来。

2. 要加强学校科研管理制度的执行力度

制度制定出来是为了执行，有效执行才能体现制度的价值。一方面，学校管理者应该立足学校现实情况，明确学校科研管理制度执行的方法、途径和策略，有效推进制度的执行；另一方面，学校管理者要自始至终坚持对学校科研管理制度的贯彻执行，对所有人、所有事一视同仁，做到公平、公正和公开，在长期坚持中优化学校科研管理制度的有效执行。

3. 要关注执行过程中的制度反馈和制度创新

最后，在科研管理制度执行过程中，学校领导者要建立反馈机制和路径，随时随地了解制度执行的实效，并且在适当的时候做出必要的调整，启动学校管理的制度创新。学校管理中的制度创新就是根据学校教育教学的实际情况和发展趋势，为了更好地实现学校办学目标，对学校现有制度体系做出的变革和调整。

一般来说，学校管理中制度创新包括以下三种形式：一是制度废除，就是废除学校当前存在的、不符合学校现实情况、不利于学校发展的规章制度。二是制度变革，就是对学校当前存在的规章制度做出适当的调整和变革，以适应学校发展中的正在发生或者已经发生的变化，促进学校的持续稳定发展。三是制度新建，就是创建新的规章制度，满足学校发展的需要。[1]在当前的学校办学实践中，学校科研工作处在不断发展的进程中，学校的科研管理也要与时俱进，科研管理制度创新是学校科研管理与时俱进的重要途径和抓手。为此，学校管理者要特别关注科研管理制度创新，可以通过制度废除、制度变革和制度新建三种方式推进学校科研管理的制度创新。

---

① 李雯：《学校管理中的制度创新》，《教育管理研究》，2005 年第 8 期，第 81 页。

五、中小学科研管理的主要问题与常见误区

(一)主要问题

1.科研管理机制问题

建立良好的科研管理机制是中小学科研管理的重要基础和组织保障,能够确保学校科研管理各项具体事务的顺利推进和实施。就中小学科研管理的整体实践而言,很多学校在建立、健全科研管理机制方面还存在一些问题。第一是科研管理机构设置的问题,还有相当一部分学校没有专门设置或者明确指定科研管理机构,这在很大程度上造成了学校科研管理的无序和低效;第二是学校科研管理的岗位设置不明确,或者科研管理岗位人员的专业性不足,影响了科研管理具体工作的有效落实;第三是学校科研管理制度不健全,缺乏对学校科研工作的规范要求和有力引导;第四是没有学校科研发展规划和科研工作规划,或者科研发展规划与科研工作计划不够科学、务实,缺乏对学校科研工作的系统思考、整体谋划和有序推进。

2.科研课题管理问题

开展科研课题研究是学校科研工作的常规内容,也是学校科研工作的重要组成部分,科学、有效的科研课题管理对于科研课题研究工作的开展和成效有重要影响作用。就中小学科研管理实践的整体情况而言,很多学校的科研课题管理还有很大的改进余地,具体表现为"三重三轻":

一是重课题申报轻课题研究。现在很多中小学能够认识到课题研究对于学校教育教学改革与发展的重要性,比较重视各级各类课题的申报,课题申报工作相对也比较扎实。但是,课题立项之后的研究开展,特别是开题之后的研究过程往往马马虎虎、投入不够,甚至一味拖延,乃至不能按时完成和结题。根据北京市中小学科研管理现状及其改进的调研结果,调研学校中课题研究推进"比较顺利"的占55.9%,"非常顺利"的占38.1%,不太顺利的占5.6%,"很不顺利"的占0.4%。就差异分析而言,城区学校课题研究推进"非常顺利"的比例显著高于郊区学校,两者存在显著差异;市级示范中学的课题研究推进"非常顺利"的比例显著高于普通中学,两者存在显

著差异。

二是重开题轻结题。课题立项之后，中小学课题研究者整体上重视课题开题工作，一般也能够按时开题。但是，对于课题结题往往不够重视，一些研究者不能按时结题，一些研究者不知道如何准备结题材料，随意拼凑，仓促应对。根据北京市中小学科研管理现状及其改进的调研结果，调研学校中"每个课题都能够按时结题"的学校占56.4%，"大部分课题能够按时结题"的占39.0%，"小部分课题研究能够按时结题"占4.4%，"所有课程都不能按时结题"占0.2%。就差异分析而言，小学"每个课题研究都能够按时结题"的比例显著高于中学和一贯制学校，两者存在显著差异。[①]

三是重成果总结轻实践转化。各级各类立项课题对于结题研究成果，特别是科研研究成果发表的数量和级别都有明确的要求，所以，中小学课题研究者一般都比较重视课题研究成果的总结提炼和公开发表。但是，很多时候往往是为成果达标和发表而研究，不考虑和重视课题研究成果的实践转化和应用，没有把课题研究和学校教育教学实践有机结合起来，这就偏离了中小学科研的初心和宗旨。

3. 科研能力建设问题

科研能力建设是学校科研管理工作的重要内容，也是学校科研工作品质的重要保障。中小学科研能力建设包括两个方面，一个是科研管理者的科研管理能力建设，另一个是教师的科研能力建设。就中小学科研管理实践的整体情况而言，很多学校的科研能力建设都特别需要加强。

（二）常见误区

1. 放任式管理

就传统意义上的中小学管理而言，教育教学管理是学校管理的主体，科研管理处于弱势或者边缘地带。在办学实践中，一些学校对科研管理重视不够，也不善于进行科研管理。在这种情况下，学校科研管理呈现出放任式管

---

① 北京教育学院2017年院级重点关注科研课题"北京市中小学科研管理现状及其改进"的研究成果《北京市中小学科研管理现状与改进调研报告》（ZDGZ2017-24）

理的状态。其具体的表现主要包括：一是放任教师参与科研工作的自发与自然状态，不做积极的正面引导和鼓励激发；二是放任学校科研管理的无为状态，不积极采取措施规范和完善学校科研管理的方方面面；三是学校科研管理缺乏主管部门和明确岗位，科研管理无法有效推进；四是学校科研缺乏完备的制度规范，科研工作和科研管理无章可循。

2. 事务式管理

学校科研管理拘泥于具体事务，缺乏整体规划。学校科研管理的主要内容既涉及具体的科研活动和事务，又涉及科研工作的整体谋划和发展引领。在办学实践中，一些学校的科研管理只有具体科研活动的应对和落实，基本局限在就事论事的事务式管理状态。其具体的表现主要包括：一是没有学校科研发展规划，或者没有把学校科研工作和科研发展作为学校发展规划的有机组成部分，并充分融入学校发展规划；二是在学校学年和学期工作计划中对科研工作没有整体设计和系统部署；三是学校科研工作缺乏顶层设计，特别是缺乏明确的发展目标、价值定位和发展路径设计；四是重事不重人，只重视具体科研活动的推进，不重视教职工科研能力的培养和提升。

3. 封闭式管理

学校科研工作的价值在于以教职工主观世界的深入研究来发现和明了学校教育客观世界的核心问题和基本规律，学校科研工作具有很强的开放性和探索性，需要广阔的教育视野和专业的学术资源。为此，学校科研管理也需要突破学校的边界，以开放心态和探索精神进行科研管理。在办学实践中，一些学校科研管理的视野和眼光局限于校内，受困于非常有限的学术资源，而不是积极向外拓展，呈现出一种封闭式的管理状态。其具体的表现主要包括：一是缺乏与校外学术机构和科研院所的联系和交流，局限在校内做科研；二是缺乏与基础教育领域的权威学术专家和实践名师的联系和交流，缺乏高屋建瓴的理论指导和实践借鉴；三是不重视专业学术资源的开发和共享，学校科研工作缺乏专业优质资源的支持。

第二章 中小学科研发展规划

中小学科研发展规划是对学校科研发展的一种战略规划。制定学校科研发展规划的过程是学校管理者对学校未来科研发展思考、选择和策划的过程。它的使命在于在深刻分析学校科研发展的历史和当前情况、科学预测未来发展趋势的基础上，预先处理学校未来科研发展的不确定性，探索学校科研有效发展的道路，促进学校科研长期、稳定和持续发展。

一、中小学科研发展规划的内涵及意义

（一）中小学科研发展规划的内涵

1. 中小学发展规划

中小学发展规划，简而言之，就是对学校的整体设计和学校发展的预期规划，同时要根据国家或地区教育发展战略计划的要求，并结合自身条件和资源优势。学校发展规划是一个学校在未来几年内要达到的主要目标，既包括硬件方面，如校舍的新建、购置教学仪器设备和图书、配备课桌椅等，也包括软件方面，如教师素质提高、学生学习成绩的提高以及学校管理的改善等。学校发展规划与一般的教育计划是不一样的，教育计划是一个静态的文本，而学校发展规划是通过学校共同体来制定和实施学校发展综合性方案的动态过程，是持续改进教育教学质量的管理行动过程，本质上是一个过程，而不是一种结果。

2. 中小学科研发展规划

中小学科研发展规划属于教育规划，是一种微观层面的教育规划，是对

学校未来3至5年做出的较为系统、综合的总体安排。突出发展性是它的指向与归宿，也是其本质特征。重视战略性是它的未来走向与整体认识思考，也是其宏观特征。这种思想能够充分地体现出科学发展观的思想。科学发展观的核心是"发展"，科研发展规划的核心也是"发展"，是以校为本的发展。这一"发展"是建立在学校共同体成员通过对学校科研发展状况进行系统分析与诊断的基础上，发现自身优势与不足，确定学校科研发展目标与任务，进一步挖掘自身潜能，提高学校科研管理效能，真正实现学校自主发展。

学校科研发展规划理念强调三点：一是学校共同体概念，主要指校长、教职员工、学生、家长及社区相关人员、学校管理委员会和地方教育官员等，必须发挥共同体成员的协同作用，而不是由其中单方面力量独自制定此规划；二是注重对现在的把握，必须立足于对过去的分析，诊断现在，又指向未来，对未来进行预测和憧憬；三是注重"价值过程"，学校科研发展规划的根本也可理解为一种理念、方法、工具或手段，而不是文本目标、数字。

科研规划是"战略规划"思想在中小学科研领域的应用。科研规划作为对未来一定时期内科研发展的部署和安排，反映和体现了科研的发展战略。它是一个学校科研事业发展前景的蓝图，是中小学校规划的一个重要组成部分。为了使科研又好又快地发展，就必须加强科研战略规划的研究，从全局出发，确定科研发展目标，在此基础上采取适当的手段和步骤，分阶段、分层次、分步骤地实施规划。

（二）中小学科研发展规划的意义

1. 指明学校科研发展方向

所谓规划，就是由一系列内在相关的规则或规范构成的系统。它不是现成地摆在那里的东西，不是写在纸上的东西，它一定要体现在行动中，是在特定社群范围内为人们所实际遵守的规则。学校科研发展规划确立了学校的科研管理机构，确立了科研组织制度、科研启动制度、专家指导制度、科研交流制度、学校教育科研课题管理制度等相关制度，将学校教育科研的发展纳入到有序规范的轨道。学校科研发展规划的制定充分考虑了学校的现状、问题和发展蓝图，是在国家有关规定的基础上，为每一所学校量身定做的科研发展规划，指明了学校未来科研发展的方向，确保学校的教育科研走上健康、有效、可持续发展的轨道。

2. 强化学校自主科研意识

学校科研发展规划要以学校为本，以教师为本，以学生为本。以学校为本，就是要强调学校的自主科研意识；以教师为本，就是要强调调动学校每一位教师参与教育科研的主动性和积极性；以学生为本，就是要强调学校科研是为了全体学生，为了学生的全面发展。学校科研发展规划是由内而生的制度，是学校的教师和学生所共同认可的制度，是促进教师和学生共同发展的制度。学校科研发展规划是由下而生的制度，是学校在教育行政部门相关政策的扶持下自主发展的制度。规划制定的过程应是凝聚人心的过程，是广大教职工达成共识的过程。学校科研规划的核心是逐步形成全体教职工的共同价值取向，而发动、组织全体教职工参与规划的制定正是形成学校科研氛围的第一步，让教职工特别是骨干教师深刻意识到，实现规划是每个人应担当的责任，也是为自己专业发展、个人成长搭建广阔的平台。

3. 整合学校教研与科研

学校科研发展规划将中小学教育科研定位于"校本"教育科研。教育科研是为了解决学校当前的突出问题，是为了提高教育教学质量，是为了促进教师的专业发展。学校科研发展规划将教研与科研看作是一对孪生兄弟，用科研方法提升教研的质量，以教研作为科研的平台，将科研做实做深。在机构设置上，学校科研发展规划主张根据学校的不同情况，将教研与科研进行有效整合，提升学校教科研的质量与效益。

二、中小学科研发展规划的制定原则

中小学科研发展规划的制定要遵循科学性、整体性和可行性原则，这样才能保证规划制定不脱离正确的轨道。[①]

（一）科学性

首先，规划的制定要基于国际科研趋势、国家战略需求，要与区域及学校教育需求相一致，找准结合点和切入点，解决相关领域关键性的理论与实践科研难题。这就需要在规划制定之前详细梳理学校科研发展现状及存在的问题，在明晰现状及问题的基础之上，把握发展趋势，找到合适的发展点。

其次，从学校实际出发，全面分析科研现状、基础、结构、特色、水平、优势和劣势。学校科研发展规划是学校自身的发展需要，不是做给别人看或应上级要求，这就需要清晰知晓自己的"家底"。科学评估学校自身的发展现状最好邀请第三方，以避免"自己看自己看不清楚"的问题。

最后，要按照科研发展规律办事。科研发展战略规划是学校的长远规划，需要预见未来科研发展状况。因此，要有前瞻的眼光，跟踪教育发展走向，瞄准国际国内教育科研发展的主流和前沿，寻找突破口，明确建设重点和发展目标，确保科研战略规划的超前性和创新性。

（二）整体性

学校科研发展规划是一项系统工程，涉及多个部门的工作，当各个职能部门的管理形成一致的合力时，科研发展才会达到最佳的效果。所以，学校在进行科研发展规划时，必须把相关因素如学科体系、人才培养等的发展放在一个整体的、综合的系统中考虑。

由于学校存在教学规划、学科规划等多种规划，科研规划在学校总体规划中，只是一个子规划，而各种子规划的投入要素重合比率可能相当高，因此，需要把握好学校科研规划与其他规划之间的关系，需要在综合的、全面的定性分析基础上，对各分类规划投入要素之间进行协调，综合考虑各子规划的资源、制度、文化需求，加强各分类规划投入要素的结合。

学校科研资源是有限的，不可能解决所有问题、支持所有发展，突出重

---

① 王维懿：《高校科研发展战略规划研究》，南京理工大学硕士学位论文，2008 年。

点是一种必然的选择。在每个历史阶段，都应根据科研基础条件、社会需求和发展前景等情况，集中抓好若干科研方向的重点建设，而不是搞平均主义。科研发展规划的发展目标应该有主次之分，突出关键性目标、重点任务、重点问题的集体攻关，重点资源建设等，重点建设的目的是为了实现科研水平的跨越式发展，从而带动学校的全面发展。

（三）可行性

制定科研发展规划一定要从实际出发，根据人才、资金、条件提出切实可行的发展目标，体现可操作性，分层次按步骤滚动推进，不断总结发展过程中的有效经验，扬长避短，持之以恒，防止急功近利，确保规划效益。

学校科研发展规划的制定和实施，关键在于组织和调动人员积极性。因此，在制定发展规划时，从规划委员会的成员组成，到小组讨论会及征求意见的对象，都应体现出极大的包容性，应由各学科方向的科研人员、管理人员、学生、校友等各方面的代表组成，使发展规划具有广泛的群众基础，既提高发展规划的科学性，又为发展规划的有效实施创造条件。由于科研发展规划委员会的成员包括不同专业的科研人员与不同岗位的管理人员，因而他们之间的协作是规划实施的关键。

三、中小学科研发展规划的制定过程

一般学校的发展规划以时间为标准，可以分为三个层次，即长期规划、中期规划和短期规划；以性质为标准，可以分为操作性规划、策略性规划和战略性规划。相当一部分学校在制定学校发展规划的时候都是从指导思想、工作目标、具体措施以及实施步骤等几个方面展开。

（一）分析学校科研发展现状

1. 学校科研发展的历史分析

分析学校科研发展的历史是指总结和提炼学校科研发展的传统、特色和资源，确定学校科研发展的方向。学校存在于一定环境之中，进行学校环境识别，就是对学校科研现状、存在的问题，进行自我评估与诊断分析。这是学校科研发展规划制定的基点和出发点，也是做好学校科研发展规划的第一步。在此过程中，首先要对学校科研发展的历程进行回顾，研究分析学校以往科研经验、目前学校科研特色及成功做法、不利因素及主要问题，并对存在的问题进行归因分析，找出存在问题的真实原因。只有这样，才能确定学校科研目前所处的位置（基点），做到理性的规划，有的放矢。还需注意的是在现状分析中，一定要广泛搜集学校科研相关信息，征求各方对学校科研发展的意见。为了更好地搜集信息、征求意见，可采用常规的调查法（问卷、访谈与座谈）和观察法，除此外还可用头脑风暴法、问题树、排序法及SWOT分析法等。通过问题树，能够分析一个特定问题的原因和影响，并看到其中的联系。

2. 学校科研发展的内部现状分析

对于学校科研发展现状的分析可以从几个维度展开：一是分析学校科研发展的有利因素和不利因素，二是分析学校科研发展的软件、硬件情况，三是对学校整体工作中的各分项工作进行分析。

内部科研现状评估的目的在于对学校自身科研基础、现状进行评估，并就未来规划所需科研资源能否获得进行确认。这部分的分析综合了在对多个学科领域、多位专家学者进行调查访谈的意见。内部科研现状的评估可以从科研资源、科研能力以及科研绩效三个方面展开。科研资源即构成科研能力的各种要素，包括学科带头人、研究队伍、科研管理人才等相关科研条件。对学科带头人，一般从学术水平、领导能力、协调能力等方面来加以评判。对研究队伍，主要从能力结构、层次结构、年龄结构、学历结构、专业结构等方面进行评判。科研能力包括科研创新能力、学术交流能力、科研运行能力等。科研绩效包括科研产出研究成果、人才培养以及社会服务等。

科研发展自我诊断的方法很多，如问卷调查、访谈、随机听课等。无论采用哪种方法，开发科学合理的诊断工具是诊断获得成功的保证。

3. 学校科研发展的外部环境分析

外部环境分析包括大环境分析和小环境分析。大环境是指影响学校科研发展的社会环境和新的人才需求趋势，小环境是指学校所在地区的教育发展情况和周边学校的情况。通过分析，明确国家和学校所在地区的教育及科研发展形势、教育主管部门的政策倾向和教育理论发展的基本趋势。在制定学校科研发展规划时，保证学校的发展与国家和地区的教育发展形势、政策倾向等保持一致。

审视外部科研环境的目的在于发现可能影响学校科研发展的环境因素。例如学科发展趋势，各门学科和各层次分支学科不断地交叉，同时又加速地综合，从而形成高度综合化、整体化的学科发展态势。国际教育前沿主要是指学校结合自身科研基础和优势领域，密切关注相关领域前沿及学科交叉发展现状与发展趋势。国家发展需求主要是指学校结合自身科研基础和优势领域，关注相关领域国家教育的重大需求及热点、重难点问题。

4. 学校科研发展的主要问题分析

部分学校在对科研发展问题进行诊断时存在的一些问题如下。

（1）科研发展问题分析简单化。发现了科研的问题，但是只看到表面现象，没有深究问题实质，缺乏整体思路和深入分析；或者只关注当前存在的问题，忽略学校未来科研发展中面临的困境或潜在问题。有时候在进行科研问题诊断时，对学校科研发展中存在的问题缺乏策略支撑，只是根据主观思考或者会议讨论就草草地得出结论。科研诊断应依据一定的诊断原则，采用科学方法，按照科学的操作程序科学分析，为制定科研发展目标提供可靠的依据。科研诊断是一个分析现象、剖析成因、提出对策的过程，要在大量事实和资料的基础上，进行充分讨论、深层分析、正确判断，最后形成学校科研发展问题的诊断报告。

（2）事实问题分析片面化。在分析学校现有的情况时，只看到学校的优势和强项，对于制约学校进一步发展的因素和障碍认识不到位；或者只分析本校的劣势和弱项，过分强调生源问题、师资问题等各种客观原因，而不是去深入挖掘学校现有的有利条件和潜能。这些片面的做法都不利于制定具有针对性和可行性的发展规划。我们也经常看到一些学校在进行学校科研发展问题的诊断时，只是简单地罗列事实和问题，却没有正确判断和深层次的分析，这样的话，很难找出相对应的对策，也不能很好地反映出学校发展过程中存在的主要问题。

（3）回避学校存在的隐性问题。一些学校在制定学校科研发展规划时，也对制约学校科研发展的因素进行了罗列和分析，但是对于学校管理层和行政部门的工作作风问题和管理方式缺乏理性的认识。学校科研诊断不仅仅是对学校存在问题的诊断，还包括对领导班子、潜在资源的诊断，要实事求是地根据学校科研现状做出客观的评价，为制定学校科研发展规划提供全面的信息支撑。学校科研规划的目标要成为学校全体教职工的一个共同愿景。

5. 学校科研发展的综合理性分析

加强理性分析，避免停留在对现实情况的直观反映层面。校情分析的主要目的在于为制定规划以及具体的行动方案提供依据，其依据源于两大因素：一是学校文化与价值导向，它为整个规划的方向定下了基调；二是所甄别出的问题的类别及排序，决定的是规划的有效性和针对性。因此，学校在梳理所收集到的信息时，不能停留在对信息数据的简单展示层面，必须深入挖掘每一项数据的意义，摆正其在整个学校发展中的地位，甄选出对学校实现突破具有直接指导意义的信息和数据，根据相关内容在学校发展方面所具有的意义和功能，在文本的校情分析部分简洁扼要地予以介绍，如此才能对学校下一步工作的方向和基础建立起清晰的认识。

在校情分析部分的撰写中，需要注意两点。一是问题与学校科研发展突破点的关系。停留在现象层面的问题往往具有涉及面广、互不关联的特征，通过这样的问题很难看出所有问题指向的中心，也就是学校科研发展的突破点。紧紧围绕学校科研发展的突破点的问题才是可取的。为避免问题停留于表象，甄选问题时应时刻注意该问题是否围绕学校科研工作的重点而展开，不同的问题之间具有怎样的关联。二是避免问题表述不清。问题必须明确、具体，具有指向性，在表述上应避免使用含有相对性的语言，如"较少""较低""较差"等。这种语言缺乏清晰的衡量标准，很难让人清楚了解现实状况的程度。在表述时尽量通过数据说明情况有助于明确问题，对目标和优先发展项目的设置也更有指导意义。

各校在规划制定中普遍使用 SWOT 分析法进行校情分析，事实上，各级各类学校条件不同，所面临的态势不同，完全可以放开思路，更加灵活地使用各种方法来帮助学校了解自身。例如，对惯于先在工作实践中发现问题并围绕问题来思考下一步工作安排的学校，使用问题树分析法可能更符合其管理者的思维方式；对于周围存在较强竞争对手的学校，使用 GAP 分析法或标杆分析法有助于发现自己与竞争对手学校的差距所在；对于集体讨论效果不佳的学校，可以考虑使用德尔菲法（Delphi Method）进行基本情况的分析和具体指标的确定。

（二）制定学校科研发展目标

学校科研发展规划以学校科研发展目标为核心，这一目标体现了对学校科研的要求，可以起到引领作用。对于一所学校而言，由于历史和现实的各种客观原因，导致它在生源、师资、教育资源等方面存在多种差距，存在这种差异是正常的。但是如果不顾及学校自身的现实情况，在思考学校未来发展时只是效仿、追逐名校的科研发展模式，结果很可能如东施效颦一般，适得其反。因此，制定学校的科研发展规划要始终保持科学的认识，结合教育改革与发展的政策和趋势，根据自身发展的需要与特点，抓住自身最核心的部分，选择和确立适合自己学校的发展目标。学校科研目标定位的科学与否，很大程度上影响着发展规划能否顺利实施以及成果是否有效。

1. 厘清愿景与目标

在制定学校科研发展规划时，制定者应对愿景、目标等概念建立起清晰的认识，尤其注意避免将愿景与目标的混淆。愿景是学校成员在一定价值追求下，在一定学校文化背景下，在学校发展的总体战略下，在吸纳广泛意见基础上，通过广泛沟通达成共识后所表达的若干年内经过奋斗可以实现的想象式的图景。愿景反映的是学校共同体未来所期望实现的美好景象，而目标是学校计划在某一段时间内达到的状况。愿景比目标更为高远，更为宏伟，相对而言也因没有包含直接的实现途径而显得空泛。目标清晰具体，方向明确，对象较为集中，有明确的时限，指导性强，可以用作参照标准，可以在工作中视情况进行调整和改变。愿景是学校发展过程中的灯塔，为学校的多个具体目标提供远景式的方向指引，较为模糊，也不因具体工作的状况而发生改变，其意义更多地在于从精神层面赋予学校共同体成员希冀和动力，而不直接指导具体工作的开展。因此在制定规划时，明确愿景，学校的规划就有了方向，学校共同体在参与规划制定时会有凝聚力和动力，但具体要做什么事情才能把愿景变成现实，就需要制定明确的目标来一步一步指导实践。

学校在制定发展规划时应严格区分"愿景"与"目标"两个概念，避免把学校的远期愿景当作规划时段内需要实现的目标写入规划，从而使规划失去时段内的指导性。描绘愿景，实际上是学校科研发展中一种高远目标的建立，这种目标的建立是在学校现有基础上，面对学校科研发展的机遇与挑战的分析，对学校未来的一种期望，这种期望通常以整体目标的框架形式进行呈现，对学校发展起到一种定向与拉力的作用，以激发人们为之付出行动与思考。在描绘愿景中，校长一定要进行角色转变，要由以往的执行角色向"执行—创造"角色转变，形成战略意识，以战略思维确定未来学校科研发展，不能以短期行为和局部的利益构思学校未来科研发展。

2. 明确发展定位

进行科研定位是对科研未来发展趋势、发展方向的科学预见和创新性思考，是科研发展的根本和基础问题，它指明了科研发展的长期目标和总体方向、科研服务的具体领域和对象，具有相对的稳定性。准确的科研定位，是科研发展的关键，对科研功能的发挥具有直接影响，是制定学校科研发展规划的逻辑起点。学校科研的发展水平和能力，既决定其服务于社会的广度和深度，也决定其获得国家科研资源的能力。学校需要结合自身的条件和特点，找寻自己的科研定位和发展道路。学校可采用 SWOT 分析，明确学校科研定位。

SWOT 分析法又称现状分析法，是一种能较客观、准确地分析和研究学校现实状态的方法。S（strengths），指学校内部的优势；W（weakness），指学校内部的劣势；O（opportunities），指学校外部环境能够提供的机会；T（threats），指学校外部环境的威胁或发展障碍。根据分析，可以将学校面临的问题分类，明确哪些是现阶段急需解决的问题，哪些问题可以留在将来去解决，哪些是战略目标上的问题等。罗列这些因素，可以很明显地发现自身的优势和不足，避免在学校管理过程中出现盲目和短视的行为，也有利于学校的发展能循序渐进。

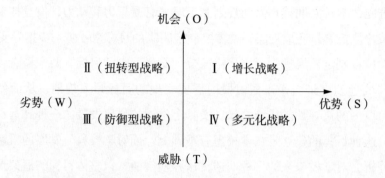

区域Ⅰ是学校环境机会和自身优势的理想结合区域。处于此区域的科研领域、科研方向面临较好发展机遇，并具有较多的内部资源优势，对此类科研领域与科研方向，学校应当把握住大好环境和机会，采取发展性战略、集中战略，集中优势力量将这些科研领域、科研方向做强做大，强化自身科研优势。

处于区域Ⅱ内的科研领域、科研方向虽面临较好发展机遇，但并不具有内部资源优势，可以考虑采用扭转型战略，加大投入，建立未来科研资源，改善内部弱势，加快科研发展。

区域Ⅲ是最不理想的内外部因素结合区域，处于此区域的科研领域和科研方向面临政策面的收紧、社会需求减少等不利因素，同时自身也不具有内部资源优势，应采用紧缩性战略或者防御型战略，将不利因素降到最小。

处于Ⅳ区域内的科研领域、科研方向虽具有较多内部资源优势，但由于政策、竞争加剧等因素，发展前景堪忧。面对此不利发展环境，应对自身优势力量进行战略调整，以回避威胁。

总之，科研目标的确定，关键在于使学校科研发展的定位、内部资源及能力与外部环境相契合，选择最合适的组合，从而确定重点发展领域与发展目标。科研目标确定包括科研定位、重点发展领域以及领域发展目标。科研定位需要确定未来科研为谁服务以及在哪个层次上发展，还需要与自身资源及能力、外部环境相契合。学校科研定位的具体策略可从以下几个方面考虑：基于教育发展趋势及教育领域的热点、难点问题，基于学校科研的实际情况，明确学校在科研发展上的特色。

3. 细化发展目标

根据不同的分类标准，可以将学校科研发展规划目标划分为多种类型。比如，以实施主体为标准，可分为学校科研总体规划发展目标、部门规划发展目标、教师个人规划发展目标；以规划性质为标准，可分为战略型规划发展目标和操作型规划发展目标，等等。学校要根据在发展过程中所面临的形势和任务，确定不同时期发展和工作的重点，明确各个层次发展目标的具体内涵。

确定学校未来三至五年的发展目标，是学校科研发展规划中的重要内容。这个发展目标既包括学校科研发展的整体目标，也包括各方面具体工作的目标。一个科学、有效的学校科研发展的整体目标必须具备以下条件：一是与国家和地方教育发展目标相一致。二是符合学校实际情况。三是适中，既有挑战性，又有实现的可能。四是能够分解到学校各方面的工作中去，形成学校科研发展的目标体系。五是目标在文字表述上必须清楚、明确，不能模棱两可，而且必须与学校现实工作相对应。学校科研发展的整体目标必须分散到学校各个核心领域的工作中，继而形成一个目标体系。学校的核心工作领域包括学校管理改革、教学改革、德育、体育卫生工作、课题体系和课程资源建设、教师队伍建设、教研和科研活动、后勤工作、学校文化建设、对外联系（社区、同类学校之间、国际交流等）。

要注意目标设置与文本前后部分的衔接。目标的设置脱胎于校情分析结果，是对所分析出的学校现有短板的直接呼应，是学校计划在下一个发展阶段对校情现状由弥补到提升的想法的体现。校情分析中所得出的学校现有问题，应对目标的设置具有决定性的意义，换言之，目标的设置也不能脱离校情分析所得出的结论，尤其是需要对学校所存在的问题在下一步工作中的解决体现出清晰的呼应。

在设置目标时，为避免目标脱离校情，学校应注意观察校情分析结果与目标之间是否紧密衔接：校情分析所得的优势是否构成目标达成可凭借的条件；分析所得的劣势是否通过目标的达成得到切实的改变；学校面临的机遇是否能为目标达成所利用；学校所面临的挑战是否对目标的达成构成无法应付的威胁。进行目标展望，是学校科研发展规划制定的核心和关键。在目标确定中，切忌"大""空""泛"，面面俱到，针对性不强，不付诸实际行动。在设置目标时可以通过 SMART 原则 ① 自检，观察所设目标是否具体、可测量、可实现、符合学校实际情况、在规定时限内有否完成的可能性，还要考虑该目标是否具有鼓舞人心的号召力。

4. 坚守教师立场

学校科研发展规划要靠教师去实现，所以必须站在教师的立场上思考实际问题，进行有效规划。学校科研发展规划的目标，或者说学校科研发展规划要达到的效果是让处在不同发展阶段的教职工看到三样东西：

（1）看到任务，包括学校的任务和个人的任务。学校要围绕科研发展规划建立任务体系，即把任务分类分层，分出轻重缓急，分出常规任务和非常规任务，分出核心任务和外围任务等，同时把学校的任务和个人的任务有效地整合起来。这体现了规划的科学性。

（2）看到发展，包括学校的发展和个人的发展。学校科研发展规划要让教师透过学校科研发展目标和任务体系看到学校的发展；透过个人在学校任务体系中的作为看到个人的发展，同时能够把学校的发展和个人的发展有机地结合起来。

（3）看到希望，包括学校科研发展的希望和个人科研发展的希望。这表现为学校为实现目标、完成任务所能提供的物质条件和保障措施。物质条件是指学校能够为教职工提供什么物质资源和现实支持，以确保任务的完成。保障措施是指相应的管理规范和方法。学校科研目标的实现、任务的完成与

---

① SMART 原则，即 specific（具体、明确）、measurable（量化）、agreed and achievable（各方认同、可以实现）、realistic and relevant（真实、联系学校实际）、timed（确定时限）。SMART 目标分析法，可以帮助制定者将目标更具体化、清晰化。

教职工的素质和努力程度直接相关，但这两者之间并不能画等号。

（三）确定学校科研发展重点领域

由于科研资源的有限性，不可能同等程度支持所有科研方向的发展，重点突破是必然选择。根据对科研现状的审视和思考，获得对自身的清晰了解，形成对未来的愿望，确定科研定位与愿景，在此基础上区分、凝练出自身独有的优势与特色，把握未来发展方向所需要的支持，从而确定科研发展的重点领域。

1. 做好战略选择

对重点发展领域的战略选择应当遵循以下原则：一是比较优势原则，对于存在的若干适合自身科研实际的科研战略，学校应在权衡、比较、分析后选择发展机会最大的定位与战略。二是整体优化、协同发展原则，按照系统论的观点，整体不等于各部分的简单相加，整体有可能大于各部分之和，也有可能小于各部分之和。所以，要想使整体大于各部分之和，必须对整个系统从整体上进行优化。战略重点与一般之间往往相互联系、相互牵制、相互作用，因此，进行科研战略目标选择时，需要从科研全局出发，尽可能地实现科研整体优化、协同发展，提高科研发展的战略效率。三是关联性原则，就是要将科研发展战略与学校总体战略相联系，使其与学校总体战略、教学发展战略等紧密结合，形成更高层次的协同效应，使科研发展带动学校多方面的发展。

学校工作的多面性决定了学校科研发展规划内容涉及面广的特点，要避免这种特点在指导实践时变成缺点，就需要对规划所涉内容作出优先级安排，选择在推动学校实现突破、整体提升方面最有潜力的项目作为学校科研发展规划的优先发展项目，以此作为整个规划方案的重点，让教师知道在未来若干年内学校的工作重心在哪里，从而帮助其最大限度地实现个人规划与学校规划的同步。在制定中需要考虑：怎样的项目能够对学校起到由点及面的带动作用；校情分析中的优势与机遇能够为怎样的项目所用；优先发展项目具体的达成目标是怎样的；学校需要为达成该目标采取哪些行动。学校也需要注意优先发展项目切口是否过大或过小，以免优先发展项目不足以推动学校整体发展。

另外，将学校特色建设与优先发展项目结合起来，也是优先发展项目设置的重要方法。在设置时需注意避免简单机械地将文体项目特色等同于学校特色的误区，必须以学校的教育哲学为指导、以所设置的目标定位为引领，选择融入在学校办学活动全过程中、在师生发展和教育教学水平提高上有所体现的项目。在规划制定中，应在人力、物力、财力以及制度建设等方面给予这种特色化优先发展项目特别的关注，使特色项目在学校发展中尽快形成领军优势。总之，学校在设置优先发展项目时，需要根据校情分析结果准确判断影响学校发展的关键问题，以此作为项目的依据和基础；要考虑所设项目能否让学生的面貌产生积极转变，提高学生学习质量，提升学生精神文明；能否进一步发挥学校的优势而成为办学特色；能否改善学校所存在的问题；能否推动学校在内涵发展、自主发展的道路上得到进一步的提升。

2.确定领域发展目标

在做出科研定位、重点发展领域决策后，还需要确定各科研发展领域的战略目标与指标等。对不同科研发展领域的相关指标进行综合分析，包括相对竞争力比较等，以优化调整各科研领域即战略单元的战略目标，促进科研整体发展的最优化。对各战略单元的目标制定与细化应包含以下方面：发展目标，主要指科学研究各不同方向的发展目标，以及在政策、管理改进等方面的发展目标；质量目标，主要指科学研究应达到的水平，体现在学术论文发表、获奖档次，以及成果推广应用等方面；数量目标，主要指发表学术论文、出版专著、申请专利以及科研获奖等的数量情况；时间目标，主要指制定短期、中期、长期目标，构成科研发展的战略目标体系。

（1）工作措施细化。

目标的指导性必须通过具体措施来实现。在设置具体的工作措施时，必须注意几个方面：首先，措施和目标是否严密对应。措施在逻辑和时间上必须与目标有内在的连贯性、一致性。这就要求措施的设置不能从相关责任人的直接工作经验出发，而要做到严格对应规划目标，通过将目标分解为若干更小的细化目标来明确工作措施内容。其次，措施的设置要明确时间节点、实施人群、负责人、工作机制。如果出于精简篇幅的考虑，应通过附件形式将上述因素确定下来，以免在指导实践时出现无法落实的情况。再次，不同措施之间要注意衔接和呼应，不能出现矛盾冲突。学校工作琐碎繁复，往往不同的工作都由相同人群来执行，在这种情况下，个体处理事务的能力有限，不同事务若在时间安排上存在矛盾冲突，将令人无所适从，极大地影响工作效率，也会严重挫伤规划实施者的积极性。

（2）达成标志量化。

达成标志，可以理解为目标在实践中的具体表现形式。故而，达成标志的设置必须与目标严格对应；在逻辑、内容、时间上，达成标志与目标必须高度一致；同时，达成标志与相应的工作措施必须具有连贯性，形成明确的因果关系。为达到该目的，在设置达成标志时，必须注意目标、工作措施和达成标志三者的相互对照，做到三者连贯一体。与目标一样，达成标志同样可以通过 SMART 原则加以审视，考察其是否具体、可测量、可实现、符合部门或个人的实际情况、在规定时限内是否有可能完成。达成标志的表述要精确且具有解释上的唯一性，否则将导致达成标志弹性过大，在不同的操作者或不同的情境下得到不同的解读，工作也就会失去衡量的标尺。

在学校发展规划中，要围绕学校发展的整体目标和目标体系，制定出一系列达成目标的措施。这些措施必须具备以下特点：有针对性，能够立足学校现状，指向学校某一方面的工作；讲求策略，能够多快好省地达成目标；符合国家和地方法律法规；符合教育规律和学生发展规律；切实可行，具有很强的操作性；不同的措施之间不会相互冲突。

（四）实施学校科研发展监控与评价

学校科研发展规划的评价关键在于实施。学校科研发展规划更重要的是规划的执行过程，通过这一过程可以提升教师的专业化水平，提升学校总体教育质量。因此，在规划执行过程中实施监控和评价很有必要。学校科研发展规划实施的评价是发现问题、诊断问题、解决问题的依据，可以保证学校科研发展规划对学校发展的正向引导作用，也可以促进学校不断开拓创新。[①]

1. 学校科研规划目标实施的达成度

这是评价学校科研发展规划实施的最基本的内容。学校科研发展规划目标与要求最终要落实到学校的行动方案上，这样的行动方案是实现学校科研发展的具体行动计划，也是学校日常运行的主要依据，它规定了什么时候做什么、如何做、达到什么效果，而行动方案最终要看这些规划目标是否真正有效地落实，体现在学校各项工作的实际效果上，它所体现的就是学校规划目标在实施过程中的达成度。

2. 学校在实施科研规划中的创新

一个好的学校科研发展规划在实施过程中会不断激发人们的积极性和创造性，但在具体实施过程中会不断遇到许多新的情况和新的问题，需要学校在实施发展规划过程中不断开阔视野和提升教育理念，对规划不断地进行调整和完善，不断地开展创造性的工作。因此要看学校在实施规划过程中的创新之处，要看学校的新突破与新发展。

3. 学校可持续发展的新规划的制定

学校科研发展规划不是一次性和终结性的，有效促进学校的可持续发展，是学校科研发展规划的制定、实施与评价的一个突出特点。因此，在评价学校科研发展规划实施工作过程中，为了保障学校的可持续发展，除了对上述内容进行评价之外，还必须看学校在实施科研规划过程中对下个阶段持续性发展的思考，是否体现在学校新一轮的发展规划之中，学校新一轮的发展规划应该体现出持续性、发展性等方面的特征。

4. 完善沟通和信息反馈机制

学校科研发展规划的落实在很大程度上取决于校长、教师与学校其他成员的合作。在规划的落实过程中，有效的信息沟通和及时反馈是影响规划落实到位的关键要素，这里也包括学校内部及外部的信息沟通。现在学校在

---

① 余唯一：《学校发展规划的制定和问题分析》，《教书育人·教师新概念》，2016 年第 9 期。

信息沟通机制中普遍存在的问题往往是只做了由上而下单向的沟通，缺少双向沟通和交流，另外沟通渠道也很单一，这就造成信息沟通和交流的效率不高。真正有效的信息沟通机制应做到信息双向透明，信息反馈及时，这有助于各部门之间的合作，更好地让学校科研规划起到引领作用。

5. 建立监控和评价机制

监控与评价控制是学校科研发展规划落实的重要手段，是对规划执行过程中各个环节的监控和评估，需要制定监控方案，通过监控发现问题。当规划执行过程中出现新问题时，能够及时采取措施进行调整和补救。学校应建立相应的规划监控机制，逐级监控规划的实施，提高规划实施质量。同时，要进一步改进和完善规划评价机制，保证规划的整体执行成效，这就需要建立严格的目标责任制，将规划中各项目标任务纳入考核内容，按规奖惩。总之，通过实时监控和评价，对规划的各项指标进行核查落实，以便学校对规划及其落实进行动态调控，确保学校科研发展规划目标的达成。

四、中小学科研发展规划的文本撰写

学校科研发展规划的意义在于过程，但最终需要将人们头脑中的发展思想、愿景目标、活动内容及形式，以文本的形式呈现，即撰写学校科研发展规划文本。学校科研发展规划文本格式没有统一的要求，但对主要内容和基本要素有一定的要求。

（一）文本的基本要素

第一部分是制定和实施学校科研发展规划的目的和意义（起因）及指导思想，这是制定和实施的起点，需要做简要说明。

第二部分是学校概况及科研现状介绍（历史回顾、现状分析），主要介绍与学校科研发展相关的情况，如学校原有基础和特色、当前的资源优势及面对的挑战、学校需求等。不仅要总结上一规划完成取得的成效，更要注重理性思考和经验总结。提出问题的同时要客观分析产生问题的主观原因，要敢于面对，从而保证新规划的制定和实施是在更理性的层面。

第三部分是学校科研发展目标及其说明，学校科研发展目标按任务、形式可分为总目标和分目标。总目标是学校科研改革与发展的整体目标，分目标可定位为阶段性目标和各部门及组织工作行动目标，是组成总目标的要素，来自集体的智慧。有的学校提出了各项工作具体目标，但没有具体阶段分解或年度分解，使得工作目标实现思路不够清晰；有的学校对科研优势、重点工作的突出不够。

　　第四部分是实现学校科研发展目标的活动与措施，这些活动与措施是直接指向目标的，是为实现目标服务的。

　　明确发展要素，突出工作重点，是学校科研发展规划的重要环节。它能将一个整体的、大的愿景目标进行分解，变成一个个可操作的具体目标及任务。这样做的好处是，工作目标更明确，任务更具体，不同承担者的责任性更强，促使学校各项工作发展更明确，更加有效。还需说明的是，在学校科研发展规划制定中，对工作目标及内容的确定，在整体上可从软件和硬件两个方面考虑，最重要的是软件内涵发展的规划。软件内涵式发展规划的具体内容，可从以下方面参考：一是校长与管理（组织和管理系统如何跟进，包括校长专业发展及制度建设等）；二是教职员工的专业发展（主要是教师专业发展）及科研能力提升；三是科研如何促进课程与教学改善；四是科研如何促进学生发展与成长（主要围绕学生自主发展与成长计划等）；五是学校科研共同体的建设；六是学校科研文化建设；七是成本核算和经费筹措（即保障机制分析与预测）。

　　第五部分是学校科研发展规划的保障体系，主要指在实施过程中如何落实行动与措施的条件，实现目标达成的保障。有的学校在规划中，没有班子建设和教师队伍两项内容，仅是将其融在具体工作中。对两支队伍建设的目标、理念、任务没有清晰表述，这点应引起校长的高度重视。在学校发展规划中，两支队伍的建设作为重要内容是绝对不可少的。

　　第六部分：规划的总结与评价。规划实施，中期自我评价；规划到期，进行自评及新规划的制定。由规划的制定—规划实施—规划的中期自评—继续规划的实施—规划完成—进行全面总结评估—制定新规划，从而形成了一个有机的、完整的工作链。

这六部分中，第一部分是起因，第二部分是基础，第三部分是目标的引领指导，第四部分是中心及重点工作，第五部分是组织管理制度保障，第六部分是总结与评价。值得注意的是，每一步骤的工作过程都有其特定的涵义所指，对整体规划都发挥着不可或缺的重要作用，相互表现为线性关系，即上一环节往往是下一环节设计的依据，下一环节是上一环节的结果，强调过程性，但也要与规划的整体性紧密结合。以上关于规划文本的结构设置仅供参考，学校可以依据实际情况、发展的不同阶段，形成适合自己学校的规划文本。

（二）文本撰写注意事项

在撰写规划文本时，要使用简洁、精确的语言表述方式。学校科研发展规划的文本是指导学校在未来若干年内工作的规范性文件，本质上属于在学校内部使用的行政性公文，其语体自然应遵循公文语体准确、简洁、质朴、得体的特点。结合规划本身所具有的工作指导、调节控制、监督检测功能，规划文本所用语言必须能够体现鲜明的针对性、严格的约束性、周密的可行性，这就要求规划文本的语言不能带有模糊性，尤其对问题剖析、目标定位、工作计划等内容，描述必须精确，词语和句式的运用须准确、稳妥，表述须严谨而周密，对时间、空间、数字的表述要做到真实、清晰、精确，使每一个句子甚至每一个词在表意上都具有唯一性。

综上所述，学校科研发展规划的制定应是科学的、民主的、严谨的过程。在一定意义上讲，学校的科研工作就是兑现落实规划的过程，也是在实践中不断丰富、完善、细化和调整规划的过程，更是在校长带领下开拓奋进，扎实拼搏的过程。没有对规划的精心落实，就完全失掉了规划的本来意义。

五、中小学科研发展规划的确定和发布及实践落实

从管理的视角看，从科研规划文本到科研规划的落实，中间还有一个问题或者环节需要考虑，就是"科研规划的确定和发布"。科研规划从产生到

具体落地，需要经过一个"调研—制定—征求意见—修改——定程序确立—正式发布"的过程。科研规划的正式发布也是一个公开透明、为广大教职工所熟悉了解的过程。科研规划正式发布之后，就进入正式的落地实践过程。

（一）目标任务分解，制订行动计划

学校科研发展规划的制定是一个未来发展系统整体策划的过程，是侧重于长远发展的蓝本，对这一规划的实施会涉及学校未来发展的所有事务或工作，具有系统的整体宏观发展性，但不具有行动的可操作性。因此，在实施过程中，可将整体规划的总体目标和工作任务进行分解，制定为学校各部门的年度、学期或月行动计划，让学校每一个部门、每一人都有具体明确的目标任务，便于行动和实际操作。在实施中当每学年或学期结束后，进入下一学年或学期时，必须在对上学年或学期工作评估的基础上，制定下一年度或学期的工作行动计划，以保证实施中行动的有效性。在制订行动计划时，必须考虑负责实施行动的人，具体监控和评价的人；行动计划必须明确什么时候开始行动（活动与措施），什么时候监控，什么时候评价与总结，等等。在实施行动计划时，会遇到许多新情况和新问题，所以要把规划或计划看成是动态可变的，可以调适的，应当允许根据实际情况进行修改，不要强求一成不变。

（二）落实保障措施，明确职责分工

学校科研发展规划各项目标的达成，行动计划各项任务的有效完成，必须有相应的保障措施。保障措施可根据发展的目标任务和学校特点，从组织、制度、经费、人员等相关方面落实。一是在组织保障方面，要坚持用系统论的思想，把学校视为由各个部门组成，既有教育教学、课程开发的部门，也有负责学生课外活动的部门，还有校外机构及负责与社区、家长的联系与沟通的部门，所有这些部门共同构成了学校的组织系统，必须协调和组织各系统的活动，最大限度地挖掘潜能，发挥其作用。二是制度保障方面，要全面重视学校当前管理体系，尽可能根据发展规划实施的需要进行规范和完善，建立与之相适应的现代学校制度，以保证规划实施的畅通。三是在经费保障方面，要最大限度地挖掘自身潜能，同时争取相关部门的关心和支持。四是人员分工要合理，责任明确，提倡合作性、团队精神。

（三）实施行动，反思创新

学校科研发展规划的实施，重在行动。也就是根据各阶段、各部门和不同组织的行动计划，要实实在在地行动，完成每一阶段的每一任务。在实施行动中，可以提倡"行动＋研究"的工作模式，即用行动研究法贯穿于实施的全过程，不断反思自身工作，进行创造性的教育教学。这样可以不断地审视、反思自己的工作，发现问题与不足，及时调适与修正，提高行动的针对性，促进行动的有效性，极大地提高行动的品质。

（四）不断进行过程性监测与评价制定

学校科研发展规划，关键在实施，在于强调规划的执行过程。因此，在执行规划的行动过程中，有必要对实施过程进行监控和评价，[①]以提高行动的科学性、正确性和有效性。主要可从以下方面进行：一是对学校科研发展规划目标的方向性和达成度进行评价，在文本制定与实际实施中，规划的目标方向性是否符合党的教育方针，以及现代学校发展需求和学校发展实际，实施中目标的达成程度怎样。二是对学校在实施规划中的创新与发展进行评估。因为在学校科研发展规划的制定与实施中，会不断遇到许多新的情况和问题，要对制定与实施者是否不断运用一些新思想新理论，对规划不断地进行调适和完善，不断开展创造性的工作，即新突破与新发展等方面进行评价。三是对学校可持续发展进行评价。学校科研发展规划不是一次成型、终结性的，应是动态、可持续性的。因此，在评价学校科研发展规划实施过程中，为了保证学校的可持续发展，除了对上述内容进行评价之外，还必须看

---

① 可参考 CIPP 评价模式：（1）背景评价（context）。也就是对方案目标的合理性进行评价和判断。（2）输入评价（input）。就是对教育方案可行性的评价。（3）过程评价（process）。就是对教育方案实施情况的监督和检查。（4）成果评价（product）。就是测量、判断、解释方案的成就。规划方案的评价，必须遵循科学性、客观性、可操作性、参与性、前瞻性、教育性、特色性等标准。

学校在实施规划中，是否有对下一阶段可持续发展的新思考。

六、中小学科研发展规划制定及实施中的问题

为了确保学校科研发展规划的有效性，学校管理者要在制定规划时问自己三个问题：一是在制定学校科研发展规划之前，应该自问"我们应该如何制定学校科研发展规划"。通过对问题的思考，确定制定学校科研发展规划的模式、程序和操作设计。二是在确定学校科研发展规划草案之后，应该自问"我们的学校科研发展规划有效吗"。通过对这个问题的思考，找出学校科研发展规划草案中的漏洞、问题和能够改善的地方。三是在确定学校科研发展规划之后，应该自问"有没有更有效的学校科研发展规划"。通过对这个问题的思考，对现有的学校科研发展规划进行反思和进一步修正，使学校科研发展规划更加完善。

（一）制定规划的误区

制定学校科研发展规划应该注意避免以下误区[①]。

一是眼睛朝上的学校科研发展规划。眼睛朝上的学校科研发展规划是指在制定学校科研发展规划时，校长眼里只有国家和地区的教育目标和政策，只有上级主管领导的喜好，没有学校自身的特点。制定这样的学校科研发展规划的目的要么是做样子，要么就是取悦上级主管领导。

二是高高在上的学校科研发展规划。高高在上的学校科研发展规划是指学校科研发展规划是校长根据个人见解制定出来的，没有全校教职工的参与，教职工根本就不了解学校科研发展规划的制定过程和学校科研发展规划本身。这样的学校科研发展规划实际上不是关于学校科研发展的规划，而是校长个人意志的传声筒，在一定程度上是校长个人的职业发展规划。

三是跟风追潮的学校科研发展规划。跟风追潮的学校科研发展规划是指在制定学校科研发展规划时赶时髦，中小学科研领域什么热门提什么，流行什么写什么，学校科研发展规划中充满了新概念、新提法，但是却没有实质

---

① 李雯：《如何制定学校发展规划？》，《中小学管理》，2005 年第 11 期。

性的内容，这使学校科研发展规划成为学校发展"概念"的规划。这样的学校科研发展规划是学校管理中功利倾向的一种表现。

四是依葫芦画瓢的学校科研发展规划。依葫芦画瓢的学校科研发展规划是指在制定学校科研发展规划时，不是根据学校自身的综合情况进行理性分析，而是简单模仿其他学校现成的或成功的学校科研发展规划。这样的学校科研发展规划往往没有自己的特色，也不能指导学校在科研实践中形成自己的特色。

五是任务书式的学校科研发展规划。任务书式的学校科研发展规划是指在学校科研发展规划中，详细地列出了学校未来三至五年的几项核心任务是什么，但是没有规划如何完成这些任务，也没有明确学校为完成这些任务提供了哪些保障，特别是学校为教职工个人的发展提供了什么条件。这样的学校科研发展规划缺乏号召力，不能激发教职工的积极性和创造性。

（二）确定及发布规划的问题

学校科研发展规划的制定离不开学校方方面面人员的共同参与，这种参与不仅是形式上规划主体到场表态，更在于规划主体的参与行为是否明确给出了真实有效的信息，能否对规划制定起到相应的、充分的作用。换言之，如果参与者没有将自己的愿望和盘托出，没有对已有方案或意见进行充分的评论，没有给出基于己方角度的建议，则无法充分发挥己方规划主体的参与作用，以校长为首的学校管理人员、教师、学生、家长、校外专家等群体的力量也无法整合，这只会令民主参与的优势无法体现。

从各校的规划制定流程可见，制度化程度是较高的，都遵循着一定的流程有序进行，在校情分析和目标设置环节广泛发动了群众，也都经过反复讨论修改方才确定规划细节并撰写成文，最后规划（文本）又通过教代会审议通过才得以最终公布。各校的规划制定参与者除学校管理者和中层干部外，普遍包括一线教职人员和以学生家长、社区或共建单位为主的校外利益相关方。各校在规划制定过程中都体现了规划主体的多元性、规划过程的民主性。然而，各校规划文本在目标设置、工作具体措施细化、达成标志量化、重点项目确定等方面仍然存在各种较为明显的问题，在实践中，各校为规划制定而进行的民主参与式讨论和决策存在流于形式的现象。教师的参与存在保留意见、敷衍了事现象，究其原因，一线教师工作量大、教学任务繁重是一个不可忽略的因素。

（三）实施规划的问题

科研发展规划在实施过程中，经常存在有规划无执行或者不对标科研发展规划，缺乏实施过程监控与反馈，有规划无总结或者实施总结草草了事等问题。这就需要在实施过程中加强监控，对标规划，回到规划，强化评价。

不同的学校由于其区域性等各种不同的因素所致，存在文化背景、历史积淀、教育教学资源等多方面的差异，办好一所学校是没有统一标准的。学校自身办学特色的形成与发展是影响和制约学校发展的关键要素之一。所以要积极地发掘本校科研特色，这是学校发展规划制定与实施过程中的一项主要工作。但是在制定学校科研发展规划过程当中，科研特色并不是一种简单的文字的表达，因为要思考这些特色背后所蕴涵的教育本质的理念是否适合学校发展的实际情况，是否是学校长此以往要坚持的。制定学校科研发展规划的目的之一是为了提炼和提升学校科研特色，但是这项工作需要我们静下心来，仔细梳理学校的办学条件、办学历史和宗旨，并结合现代社会和教育的改革与发展，深入发掘、进一步明确学校的办学理念，这样才能明确未来应该干什么，才能真正体现学校发展的风格。

因此，学校科研发展规划的制定与实施，不仅是为了完善教学管理，提高教学质量，其深层次的目的是为了形成学校独有的特色文化。任何一所学校，在日常工作的背后都蕴含着这所学校特有的文化底蕴，文化的力量潜移默化地影响着学校管理者和教师的思维方式、精神状态以及学生的价值观和行为。对于人的发展来说，文化的影响比显性的知识更加明显。所以，制定和实施学校科研发展规划的一个重要目的就是通过整合学校各种要素和资源，挖掘学校内在的特色，使学校的深层文化凸显出来，因为文化可以成为促进学校发展的长久的、可持续的内在动力。

第三章　中小学课题申报与管理

为了加强教育科学研究制度化、科学化、规范化操作与管理，提高教育科研水平和效益，保证教育科研成果的先进、公正、客观、有效和可行，中小学教师要全面了解中小学课题申请的类别、基本情况，掌握课题申报的相关策略和管理方法。

一、中小学课题申报的主要类别和基本情况

中小学课题类型主要为教育科研课题。根据课题发布单位的不同，可把课题分为五类，常见课题类别及基本情况具体如下。

（一）国家级教育科研课题

国家级科研课题主要包括由全国哲学社会科学工作办公室发布的国家社会科学基金项目，国家自然科学基金委员会发布的国家自然科学基金项目，全国艺术科学规划领导小组办公室发布的全国艺术科学规划项目，全国教育科学规划领导小组办公室发布的全国教育科学规划课题等。中小学教师可申请的国家级教育科研课题主要为由全国教育科学规划领导小组办公室发布的全国教育科学规划课题[1]。全国教育科学规划课题是由全国教育科学规划领导小组办公室面向全国教育科研工作者发布的最高级别的教育科研课题。

1. 全国教育科学规划课题的类型

全国教育科学规划课题包括国家社科基金教育学课题和教育部课题两个

---

[1]　信息来源为全国教育科学规划领导小组办公室网站（http://onsgep.moe.edu.cn）。

级别。其中，国家社科基金教育学课题包括重大招标和国家重点课题（含重大和重点的委托项目）、国家一般课题和国家青年基金课题四个类别；此外设置国家社科基金教育学西部项目，西部项目设国家一般课题和国家青年课题。教育部课题包括教育部重点课题和教育部青年专项两个类别。根据历年立项数据可以看出，中小学教师立项全国教育科学规划课题类型主要集中在教育部重点课题和教育部青年专项课题。

2. 全国教育科学规划课题的研究领域

全国教育科学规划课题主要涉及 15 个学科，包括教育基本理论、教育心理、教育信息技术、比较教育、德育、教育经济与管理、教育发展战略、基础教育、高等教育、职业技术教育、成人教育、体育卫生美育、民族教育、国防军事教育、教育史。中小学教师申请较多的学科领域主要为基础教育、德育、体育卫生美育等。

3. 全国教育科学规划课题的申报

全国教育科学规划领导小组办公室于每年 1 月发布通知和课题指南，1~3 月开展申报工作，7 月公布年度立项名单并发放立项通知。相关通知及重要信息、表格模板及管理文件等均在全国教育科学规划领导小组办公室网站（http://onsgep.moe.edu.cn）发布。

4. 全国教育科学规划课题的管理文件

全国教育科学规划课题现行的管理文件主要有三项，分别为《全国教育科学规划课题管理办法（2017 年 7 月修订）》《全国教育科学规划课题资金管理办法》以及《全国教育科学规划课题结题鉴定细则（2017 年 7 月修订）》。这三项文件是全面了解全国教育科学规划课题的重要文件，是课题管理单位组织申报工作和全过程管理的指导文件，是课题申请人确定课题申报类别、编制合理科学的经费预算的依托，是规范课题实施与管理的标准。

（二）省级教育科研课题

省级科研课题主要包括由省级哲学社会科学工作办公室发布的省级社会

科学基金项目，省级科学技术委员会发布的省级自然科学基金项目，省级教育科学规划领导小组办公室发布的省级教育科学规划课题等。中小学教师可申请的省部级教育科研课题主要为全国教育科学规划教育部课题和由省级教育科学规划领导小组办公室发布的省级教育科学规划课题。下面以北京市教育科学规划课题为例，介绍省级教育科学规划课题的基本情况[①]。

1. 省级教育科学规划课题的类型

省级教育科学规划课题一般分为重大课题、重点课题和一般课题。例如，北京市教育科学规划课题分为重大课题、优先关注课题、重点课题、校本研究专项课题、青年专项课题、一般课题。北京市教育科学规划课题设立的校本研究专项课题用于资助中小学、幼儿园和中等职业学校的现任校（园）级领导主持的课题，该类课题是以学校（幼儿园）为基本单位，为解决与其实践紧密相关的现实问题，由教师群体参与的具有较高组织程度的课题。

根据北京市教育科学"十三五"规划期间立项数据可以看出，中小学教师课题申报及立项主要集中在一般课题和校本研究专项课题，其中一般课题占到中小学立项课题的 77.5% 左右，此外，中小学教师获得重点课题、青年专项课题立项数量逐年稳步提升。

2. 省级教育科学规划课题的研究领域

省级教育科学规划课题的研究领域的确定一般是依据省级教育科学研究规划纲要的相关规定。《北京市"十三五"期间教育科学研究规划纲要》规定的十个研究领域包括：教育宏观战略与政策研究，教育基本理论与国际比较研究，教育治理体系研究，课程、教学、评价改革研究，学生发展研究，教育人才队伍建设研究，教育资源配置与效益研究，教育信息化研究，传统文化教育与德育研究，生态文明教育与可持续发展教育研究。

以北京市教育科学"十三五"规划为例，中小学教师选题研究领域主要集中在课程、教学、评价改革研究以及学生发展研究；此外，传统文化教育

---

① 信息来源为北京市教育科学规划网（http://kt.bjedu.cn/）。

与德育研究、教育人才队伍建设研究、教育信息化研究等领域也是中小学教师关注较多的研究领域。

3. 省级教育科学规划课题的申报

省级教育科学规划领导小组办公室一般于每年2月发布申报通知，4月接收申报材料，7月公布年度立项名单并发放立项通知，根据各省市财政要求拨付课题经费。相关通知及重要信息、表格模板及管理文件等均在省级教育科学规划领导小组办公室网站发布。

4. 省级教育科学规划课题的管理文件

省级教育科学规划课题的管理文件主要有三项，分别为教育科学研究规划纲要、课题管理办法及细则、经费管理办法等。北京市教育科学规划课题的主要管理文件有《北京市"十四五"期间教育科学研究规划纲要》《北京市教育科学规划课题管理办法（修订）》及《北京市教育科学规划课题管理细则（修订）》。内容包括组织职责、课题类别和选题、课题申报、评审、管理、鉴定验收、经费、成果基本要求等内容。

（三）地方教育科研课题

地方教育科学规划课题是根据国家及省域教育科学研究的总体构想和发展的基本指导方针、目标任务及区域教育科研发展规划和教育科学研究的需求设立的，主要包括市及区县教育委员会设立的科技和社科计划项目、委托课题及教育科研机构设立的规划课题等。科技和社科计划项目的申报主体一般为高等学校，委托课题一般是由市及区县教育委员会相关处室结合工作实际需要提出，而规划课题一般是由区县教育科研部门设立的区县层面的教育科研课题，聚焦区域突出问题和教育发展改革需要，也是中小学教师科研课题的主要来源，一般发布五年规划及年度申报指南，申报者可结合课题指南自选题目。下面以北京市海淀区教育科学规划课题为例，介绍地方教育科研课题的基本情况。[①]

---

① 信息来源为北京市海淀区教育科研管理平台（http://kt.hdky.org）。

1. 地方教育科学规划课题类型

地方教育科学规划课题一般分为重点课题和一般课题。比如，北京市海淀区教育科学规划课题面向全区中小学（含职业学校）、幼儿园和直属单位的广大干部教师发布，分为委托课题、重点关注课题、重点课题和一般课题四类。北京市海淀区教育科学规划课题采用依人设题的原则，分为校长（书记）专项、副校长专项、主任专项、年级组长专项、教研组长专项、班主任专项、特级教师专项、市区学科骨干（带头人）专项、科研种子教师专项、心理教师专项、党团干部专项、学科教师专项、机关直属专项及其他专项。申请人可任选其中一类进行申报。课题申请人可以结合本单位和个人工作实际及研究基础，自行设计课题名称，研究期限一般为1~3年。

2. 地方教育科学规划课题研究领域

地方教育科学规划课题的研究领域一般是依据地方教育科学研究发展规划而确定。比如，北京市海淀区教育科学"十三五"规划课题分为十一个研究领域，即区域教育改革研究、学生发展研究、教学研究、德育研究、课程研究、学科研究、教师专业发展研究、督导评价研究、学前教育研究、职业与特殊教育研究、校外教育研究。

将全国教育科学"十三五"规划课题研究领域与北京市教育科学"十三五"规划课题研究领域对比可以看出，地方教育科学规划课题研究进一步落地，在国家和省域教育科研规划的指导下，聚焦区域政策和区域特色，注重区域内现实问题研究、教育教学经验研究与前瞻性研究，把新课程改革的理念与教育教学研究结合起来，使教育科研课题研究切实为教育实践服务。北京市海淀区教育科学"十三五"规划课题中学科研究、教学研究、课程研究和德育研究等领域获得立项较多。

3. 地方教育科学规划课题申报

地方教育科学规划课题的申报工作一般在3月或者6月启动，各区县根据工作安排自行确定，大部分地方教育科学规划课题已建立课题申报系统或科研管理平台，申报工作采取网上申请方式。

4. 地方教育科学规划课题管理文件

地方教育科学规划课题的管理文件主要为课题管理办法，一般内容包括组织职责、课题类别、课题申报评审、日常管理、经费、结题鉴定、成果推广等具体细则。地方教育科学规划课题管理办法进一步明确了学校的科研管理职责，为课题申报和管理提供规范指导。

（四）教育学术团体课题

教育学术团体是为了更好地研究教育科学而组织的学术集体组织。中国教育学会是我国成立最早、规模最大的全国性教育学术团体，为教育部直属单位，是具有广泛学术影响和教育教学改革引领能力的教育学术组织。下面以中国教育学会科研规划课题为例，介绍教育学术团体课题基本情况。[①]

1. 教育学术团体课题的类型

教育学术团体课题一般分为重点课题和一般课题。中国教育学会教育科研规划课题分为规划课题和专项课题两类：规划课题的征集面向基础教育领域，由各分支机构、会员单位和教育改革试验区等单位推荐申报，经评审后立项为重点规划课题和一般规划课题；专项课题是针对教育相关领域开展的专题研究，由学会和相关单位发起、资助课题研究经费，并负责日常管理。

2. 教育学术团体课题的研究领域

教育学术团体课题的研究领域一般由教育学术团体学术委员会指导下确定。中国教育学会"十三五"教育科研规划课题分为 28 个研究领域，即基础教育现代化研究、落实立德树人根本任务研究、发展素质教育与深化教育改革研究、学校德育研究、青少年社会主义核心价值观培养研究、学生创新精神和实践能力培育研究、深化基础教育课程改革研究、深化基础教育教学改革研究、深化基础教育质量综合评价研究、区域教育发展与创新研究、深入推进教育公平研究、基础教育治理现代化与依法治教研究、现代学校制度建设研究、义务教育优质均衡发展研究、学科核心素养教学实践研究、学

---

① 信息来源为中国教育学会网站（http://www.cse.edu.cn/）。

校传统文化教育研究、学校体育与心理健康教育研究、学校美育研究、学校劳动教育研究、学校安全教育研究、校（园）长专业发展研究、教师教育研究、乡村教师专业发展研究、家庭教育研究、智能时代基础教育发展研究、基础教育国际交流与合作研究、学前教育研究、特殊教育研究。中国教育学会教育科研规划课题的研究领域不仅包括宏观理论与实践研究，更关注学校课程、文化、学科、教师等研究。

3. 教育学术团体课题的申报

教育学术团体科学规划课题的申报工作启动时间依据各团体工作安排自行确定。中国教育学会教育科研规划课题每五年发布一次课题指南，并根据实际情况印发年度课题征集指导意见，每年受理申报一次，一般为 2~3 月受理申请，4~5 月组织评审，6~7 月对拟立项课题负责人进行培训，8 月公布立项结果。中国教育学会专项课题由学会根据研究需要设立，其他相关单位也可申请作为发起单位提交征集某领域课题的申请，经学会审批后发布征集通知。

4. 教育学术团体课题的管理文件

教育学术团体课题的管理文件主要为课题管理办法和经费管理办法。中国教育学会教育科研课题的主要管理文件为《中国教育学会教育科研课题管理办法（2019 年 8 月修订）》，内容包括学会学术委员会、秘书处、分支机构、单位会员、教育改革试验区等的组织职责，课题申报与评审，过程管理，经费管理，变更，结题鉴定，成果推广与使用等具体细则。教育学术团体课题管理办法明确了课题组织、管理、申报各方的职责和工作内容，为各分支机构和会员提供规范指导。

（五）校本课题

校本课题是立足于学校的教育教学实际，以问题为导向，一般依托"问题即课题""工作即研究"的理念，由学校自主开发、自主实施和自主管理的科研课题，是边研究边实践的应用性科研与教研相结合的研究活动，具有参研教师广、研究问题多、解决问题实、取得成果丰的特点，是校本科研的载体和体现。下面以重庆市巴蜀中学为例，介绍校本课题基本情况。[①]

1. 校本课题的类型

校本课题的类型主要以微型课题为主，研究具体问题。微型课题具有范围小、周期短、见效快的特点，一般研究者个体或较小的研究团队就能完成。微型课题所需研究时间较短，一般为一个学期或一个学年。校本课题具有基于实践、主题聚焦、切入点小、凸显实效等特征。基于实践，即聚焦教育教学改革重难点，开展实践探索；主题聚焦，即结合学校教育教学实践困惑，开展主题引领的团队合作研究；研究的切入点小，即立足学校教育教学急需突破和解决的问题开展行动研究；凸显实效，即研究成果必须切实有效，以解决教育教学中的实际问题为重点。

重庆市巴蜀中学开展"小·真·实"校本课题研究。"小"，即研究的切入点小，立足学校，立足学生，立足教师；"真"，即研究必须坚持实事求是的原则，遵循理论联系实际的原则；"实"，即研究应该从实际出发，以解决教育教学中的实际问题为重点。

2. 校本课题的研究领域

校本课题主要以校本研究为主，改进学校实践，解决学校所面临的问题。重庆市巴蜀中学校本课题类别设学科教学、德育工作和学校管理三类。各课题组既可依据《课题指南》所提出的研究领域，结合具体的工作岗位、专业、学科等特点选择研究题目，也可另选其他研究领域，申报具有前瞻性、创新性、实效性的课题。

重庆市巴蜀中学 2014 年度"小·真·实"校本课题方向

课题类别		选　题
学科教学	语文	"自读课"的操作模式探索 阅读教学研究——不同文体教学内容和教学方法的研究（包括散文、小说、诗歌、说明类文章、论说类文章、文言文、综合性学习）

---

① 信息来源为重庆市巴蜀中学网站（http://www.bashu.com.cn/）。

课题类别		选 题
学科教学	数学	数学史与高中数学趣味性教学研究 初中数学教学资源（教材）校本化建设研究
	英语	高一英语教学中初、高中知识衔接问题研究 国际英标慕课教程研制策略研究
	物理	高考创新题型的设计特点与趋势的研究 高中物理实验（演示实验、学生实验）中实验装置和实验原理改进方法研究
	化学	小组实验活动在化学教学中的应用探究 "问题解决"教学法在中学化学教学中的应用探究
	生物	中学生物学"点、网"式整体教学法研究 基于移动互联网的生物校本课程开发实例研究
	政治	"学案导学法"在高中政治教学中运用的探析 初中趣味哲学故事研究
	历史	历史人物评价中情感、态度、价值观教育的渗透 历史命题设计中史料的选择和剪裁
	地理	关于七年级地理课外活动设计的探讨 高中地理教学中地图语言的提取与运用问题的研究
	技术	在"科学管理信息"单元中如何培养学生管理身边信息的研究 特色通用技术实践课程设计
	音乐美术	音乐鉴赏课中的导入或作品分析 美术学科课程资源（教材）校本化建设研究
	体育	学生课间操内容、方法改革探究 体育、艺术"2+1"项目的推进策略
德育工作		在对国际部学生进行历史教学中如何开展爱国主义教育
教育管理		学生"人人社团"建设策略研究 家长学校建设策略研究

3.校本课题的申报

校本课题的申报工作依据各学校教研工作安排自行确定，一般按年度申报。

重庆市巴蜀中学校本课题申报依据年度《校本课题指南》确定研究课题，课题申报面向全校教育工作者，原则上应具有中学一级教师或相当于中级以上的专业技术职称，否则应有至少一名高级教师的书面推荐。每项课题确定 1 名课题负责人，2~5 名主要研究人员。课题负责人在同一时期内只能承担一项校本课题，所承担的研究课题未完成者，不得申报新的研究课题。申报人须填写申请书及论证活页。各教研室负责接受各相关学科课题组的申报材料，由教研室报送学校教科处。

二、中小学课题申报的常规管理

课题申报是各单位科研管理部门依据课题发布单位课题申报通知及课题指南要求，组织本单位课题申请人在完成课题方案设计或论证的基础上，向课题发布单位申请课题以获得相应支持或资助的过程。对于所在单位来说，课题申报数量和立项数量是人才队伍专业发展的重要标志，教育科研课题是中小学落实课程教育改革、提升教育教学品质的重要手段，是提高学校科研能力和教育教学水平的主要途径。下面将通过课题申报通知、申报书填写、论证指导、材料审查等方面具体介绍课题申报工作内容。

（一）课题申报通知

1. 建立课题申报时间台账

中小学科研管理部门首先应对本单位教职工可申报的国家级教育规划课题、省部级教育规划课题、地方教育规划课题、教育学术团体课题以及校本课题等各级各类纵向教育科研课题申报时间建立台账，针对申报时间合理安排本单位课题申报组织工作。下面以北京市海淀区 XX 小学为例，科研管理部门可建立课题申报时间台账。

北京市海淀区 XX 小学各级各类课题申报时间表

序号	课题来源	申报时间	报送时间	立项时间
1	全国教育科学规划课题	1 月	3 月	7 月
2	北京市教育科学规划课题	2 月	4 月	7 月
3	中国教育学会课题	3 月	5 月	11 月
4	海淀区教育科学规划课题	4 月	5 月	7 月
5	xx 小学校本课题	9 月	10 月	11 月

根据申报时间表可以看出，上级教育科研课题一般于上半年开展申报工作，因此各单位可将校本课题申报时间安排在下半年，一方面使教职工在申报上级教育科研课题时有充分的准备时间，另一方面教职工在申报上级教育科研课题之后能够依托申报时的梳理和基础，进一步聚焦校本课题研究内容。

2.建立双向沟通机制

学校科研管理部门应与上级科研管理单位健全双向沟通机制，在各级各类教育科研课题申报时间段随时关注上级科研管理单位的通知发布，能够在第一时间接收到课题申报通知；能够及时向上级科研管理单位咨询课题申报组织工作的具体要求，按时反馈本单位信息。

3.单位内部通知发布

学校科研管理部门在接到上级教育科研课题申报通知时应及时结合本单位实际情况，拟定并发布本单位课题申报通知，一般不建议直接转发；校本课题组织申报时，通知应清楚、全面，充分结合本单位实际情况。

不论是传达上级教育科研课题申报通知还是下发校本课题申报通知，都应该明确课题申报方向、内容、申报要求等重要信息，完善课题申报流程，明确科研管理部门和申请人所在部门及申请人的工作内容和职责，合理安排本单位内部报送期限和文本要求，留出科研管理部门审核、反馈、汇总的时间，申报文本份数应考虑档案存档需要，通知应写清科研管理部门联系人及联系方式，提供申报所需的相关资料作为附件。一般附件包括课题申请书及活页模板、课题申请汇总表、课题指南、课题管理及经费使用等政策文件，如申报的课题在审核过程中出现常见问题，可梳理一份申报材料审查要点，在申报时作为附件一并提供。此外，确保通知发布渠道畅通，在单位网站通知公告发布外，还可通过内部沟通渠道（如邮箱、工作群组等）提醒相关部门负责人及时传达。

（二）课题申报培训指导

中小学科研管理部门应建立课题申报培训指导机制，定期为有课题申报意愿的教师提供学习交流平台，通过讲座等形式指导教师熟悉课题的申报流程、申请书的撰写方法以及解答课题申请过程中可能出现的问题等；在课题申报前组织课题论证和课题设计的学术指导，有针对性地对课题申报文本提出修改完善建议，提高课题立项的中标率。下面就以申报论证指导工作为例具体介绍相关工作内容。

1. 申报论证指导准备

申报论证指导工作应提前纳入课题申报整体工作安排，在接到课题申报通知并在本单位传达时，应一并通知课题申报论证指导工作安排，包括参加论证指导文本报送要求、接收截止时间、论证时间等，以便课题申报人做好论证指导准备。

科研管理人员应在论证指导会之前完成拟申报的课题清单梳理工作，根据拟申报课题数量及学科、研究领域等信息确定论证指导形式及指导专家。建议按研究领域进行分组论证指导，为了保证论证指导高效、充分，一般一组不超过四个课题，每个课题汇报加指导时间可安排 30~40 分钟。科研管理人员在邀请指导专家时，可以选择课题评审资深专家、具有相关学科背景及研究专长的专家以及已成功获得立项并熟悉本单位教师研究情况的本校或本区的专家，可逐渐建立课题论证指导专家库。在确定好分组信息和专家的基础上，完成论证指导会议资料准备工作。一般会议资料包括会议议程及分组名单、课题申报书及论证活页等。此外，还应及时通知专家及课题申请人论证的具体时间、地点，确保人员准时到位。

2. 申报论证指导反馈

在专家论证指导时，科研管理人员可将专家反馈的本校教师在课题申报时存在的共性及常见问题进行记录和梳理，为学校内部科研培训积累实践素材；同时，提醒课题申请人详细记录专家反馈建议，搭建充分交流论证的平台。

3. 申报书完善

科研管理人员应督促课题申请人在论证指导后及时修改、完善申报书，形成最终报送文本，并在学校报送截止时间前按要求完成报送工作。

（三）课题申报材料审查

中小学科研管理人员在接收课题申报材料时应做好申报材料审查工作，审查合格后方可盖章报送。申报材料审核工作主要依托课题申报通知要求及申报材料审查要求相关内容，包括申报书填表是否符合规范、填报信息是否真实准确、本人及课题组成员是否签字、活页是否填写课题名称、是否隐去个人及单位信息、参考文献是否引用本人成果等。课题申报材料审查应建立课题申请人自查、申请人所在部门审查和科研管理部门审查的三级审查制度，以便及时发现问题，及时修改完善，确保顺利申报。

三、中小学课题申报的主要策略

课题申报对于课题申请人来说是对研究问题的系统梳理、思考和论证，获得立项是研究价值获得认可的标志，也是科研能力的标志，同时为课题研究的顺利实施获得了组织上、学术上、经费上等多方面的支持或帮助，有助于课题研究的顺利完成。下面从选题、申报书撰写两方面具体介绍课题申报策略。

（一）中小学课题选题的规范要求与注意事项

课题研究是发现问题、分析问题、解决问题的过程，在一定程度上，选题决定了课题研究的价值和质量，主要包括发现研究问题，筛选研究问题和确定研究课题三个步骤。申请者应当根据自身的研究方向和专长，结合课题申报指南的内容，找到研究问题，明确、聚焦研究问题，形成具有真实性、科学性、原创性、可研究的科学选题。

1. 选题方向是关键，找准切入点，提升选题创新性

中小学校长和教师在课题申报的选题环节存在的较为突出的问题包括：

（1）对课题指南关注不够。中小学教师课题选题是由课程与教学实践而来的，选题的时候，中小学教师很少研究和关注重要选题依据——课题指

南，对和选题相关的政策把握和研究不足。选题价值和方向越符合和贴近课题指南，相应地，获得申报立项的支持也会增加，建议中小学教师一定要认真分析课题指南，详细梳理选题的相关政策，要关注政策背景，并结合政策背景和相关政策要点，明确选题方向和选题领域。

（2）选题缺乏研究价值论证和创新性。选题必须具有研究价值和意义，研究价值一般从理论价值和实践价值来论证。研究价值能不断丰富检验理论，更能促进基础教育综合改革和提升教育教学质量。选题要尽量避免常见的或已有很多人研究过的问题，避免重复研究，要多做文献分析，关注选题研究发展趋势，要与教育教学的需要深度结合。选题要多关注创新领域，关注研究的前沿，或者变换研究的切入点。求新脱俗，应该是选题所追求的方向。创新要建立在充分了解和掌握国内外同类研究进展的基础之上，拓宽思路，找准创新点，创新点的设立必须具有科学性，做到有理有据。

（3）选题空泛。有些教师在选题时，把课题指南直接作为课题选题进行申报。这样选题太大，无从下手，缺乏关键词和研究切入点；反之，选题太小，过于具体，则不具有普适性。有些教师选题不切实际，研究选题脱离日常教育教学工作，不符合教师自己的实际水平和能力，不具备实施的客观条件。应该找准选题的关键词，尝试将教育教学中发现的教育现象，梳理提炼成为规范的学术关键词，围绕关键词进行选题论证，查阅文献，开展研究设计，实施课题研究。

2. 课题名称规范表达，凝练有价值的好题目

课题名称在研究中有着十分重要的作用，是课题研究方向具体化的表现，要结合自己在实践中必须解决的问题，反复推敲，注意选择明确、具体的语言来表达，以准确地反映出课题研究的内容、研究范围和研究目标，以期取得理想的研究成果。当前中小学教师课题名称表达主要存在着以下问题：

（1）表意不准确。有的课题名称表达不准确，含糊其辞，让人费解。如"学生自我教育与自主发展模式途径方面的研究"，这个课题到底要研究"学

生自我教育"与"自主发展模式途径"之间的关系，还是研究"学生自我教育与自主发展"的"模式途径"？到底是研究"模式"还是"途径"？让人一头雾水。

（2）表述不规范。表述不规范指课题名称中用词用语不符合常规。比如，使用自创的缩略语或词语等。课题名称一定要使用科学、通用、规范的语言来表达。如"学科'双主'教学模式的探索与构建""小学艺术教育'四性'的实践与探索"等。其中"双主""四性"这样的词语都是不规范的。

（3）对象不明确。对象不明确是指从课题名称上看不出课题研究的对象。如课题名称为"数学教学与科研活动相结合，提升学生科学素质"，这个课题是以"数学教学与科研活动相结合"为研究对象，还是以"提升学生科学素质"为研究对象，都不明确。

（4）宣传口号体。有的教师为了追求标题的工整对仗而使用行政管理目标中常用的口号式语句为课题名称，如"唤醒主体意识，激励主体参与，发展学生主体性"，这种口号式标题不能反映课题研究的内容、对象和目标，显得大而空。

（5）文学色彩重。课题名称以科学、严谨、实用为目标，不以辞采斐然为追求，不应在课题名称中使用比喻、拟人、夸张等修辞手法。如"小学自由练笔，书写自由心灵的家园"，这类标题看上去更像教育随笔而不像研究课题。

（6）主副双标题。不主张课题名称使用主标题加副标题的双标题形式，课题标题最好只用一个。

（7）题目字数多。课题名称字数过多，反而会分散注意力，使主题不明确。课题名称既要充分表达课题研究的对象，又要简洁扼要，让人一看就能够抓住核心。有些课题比较大，研究的内容也比较多，在课题名称中不可能涉及所有的信息，或者不能完全涵盖，有些内容可以在子课题名称中反映出来，有些则可以在研究界定中说清楚。

3.打磨课题选题，鉴别研究真问题

需要树立问题意识，在开展教育教学工作中能够意识并捕捉到一些难以解决或感觉疑惑的实际操作问题和理论问题，从而发现好的研究问题。选题应该聚焦课堂、聚焦教学、聚焦学生，以及由此带来的延伸领域，可从教材、教学设计、课堂教学、学生教育、教学反思、社会需求等领域发现问题。在发现研究问题之后，还要对研究问题进行筛选。问题筛选主要是辨析问题与问题域，辨析真问题与假问题。

（1）选题要区分问题与问题域。教育科研课题所研究的应该是问题，而不是问题域。筛选问题就是为了把问题找准确，从而为后续研究提供正确的前提，打下坚实的基础。教师教学科研中，除了对"问题"缺乏认识之外，往往把"问题域"当作"问题"来看待。从研究的角度看，"问题域"指问题所涉及的研究范围。研究范围越大，问题域越宽；研究范围越小，问题域越窄。选题中容易出现的问题之一是把问题域作为研究对象，而不是聚焦于具体的研究问题。当把问题域作为一个研究课题时，往往会出现研究指向不明、研究范围宽、研究无法完成的情况。因此，需要区分问题与问题域，把问题域中的具体问题作为选题的对象、研究的对象。

（2）鉴别真问题与假问题。在选择问题时，如何判断一个问题是真问题还是假问题，提供几条判断真假问题的标准供选题时参考。一，是否客观、真实存在。中小学教师教育科研选题要善于从教育教学实践中寻找问题，从具体的教育教学场景中捕捉问题，从学科发展中确定问题，这样得来的问题一般是客观、真实存在的真问题。二，是否揭示事物之间的真实矛盾、因果关系。真问题揭示事物之间的真实矛盾、因果关系，假问题则不能。真问题涉及多个变量，而不是一个变量；假问题则不是。三，是否具有可探讨的答案，真问题一般具有一个可探讨的答案，但目前尚没有得出这个答案，需要探讨；假问题没有可探讨的答案，也无法探讨。四，是否具有可解决性，真问题必须具有利用相关手段和资料来解决的可能性，假问题则没有解决的可能性。五，是否存在提法上的问题，问题的提法不当也会导致假问题的产生。

真问题与假问题

问 题	真问题	假问题
是否客观存在	客观、真实存在	无基础、虚无、臆想的
是否解释矛盾关系：因果关系	揭示事物之间真实矛盾、因果关系，涉及多个变量	不揭示真实矛盾、因果关系，不存在多个变量
是否具有可探讨的答案	目前尚没有答案，需要探讨	没有可探讨的答案
是否具有可解决性	具有通过研究解决的可能性	没有解决的可能性
是否存在提法上的问题	提法准确	提法不正确

4. 查阅文献聚焦关键词，生成"画龙点睛"的好选题

课题名称的表述往往不是一下就可以达到清晰、准确的程度的，有时需要一个不断调整修正的过程，才能确定下来。在选择问题时，可以先对问题进行粗略的陈述，然后通过查阅文献，系统地加以限制，最后完成课题名称的表述。需要准确地使用特定概念，并且清楚地表述自变量与因变量的逻辑关系。

如"小学生创造能力的培养"这样的题目很笼统，几乎不含有任何问题，对研究的方向和内容也几乎没有现实的指导意义。要考虑怎样才能培养小学生的创造能力，通过什么方式、途径可以培养小学生的创造能力，这样可以进一步缩小研究的范围，聚焦研究的内容。把这个题目变为"通过发散思维训练培养小学生创造能力的研究"，有"发散思维训练"这个抓手和限定，研究就比较具体了，相对可以把握了。

如"TOM 在学校管理中的运用研究"，"TOM"（全称为 total quality management，即全面质量管理）是特定概念。通过特定概念对研究内容进行限定，可以使课题研究具体而明确，便于操作。再如"以心理辅导促进学生健康品德的发展"，前半部分表明手段，是自变量；后半部分是目的，是因变量。

5. 借鉴结构模式，参考组合选题

合理的课题名称应能够反映出所研究问题的最主要的信息，包括研究对象、研究内容、研究方法、研究手段、研究目的、研究背景等。当然，一个

名称要反映所有这些信息不太现实，应根据课题的侧重点突出最想突出、最应突出的内容。根据需要对课题信息进行择取与组合，由此形成课题名称的不同结构模式。

模式 1：研究对象 + 研究内容 + 研究方法

一个好的课题名称应指明总体的中心议题和问题的前后背景，一般情况下，课题名称表明课题的研究对象、研究内容和研究方法。

如："农村地区小学生就近入学情况调查研究"

研究对象：农村地区小学生

研究内容：就近入学情况

研究方法：调查研究

模式 2：理论依据 + 研究目的 + 研究方法

这种模式表明课题研究所使用或依据的理论，理论运用目的及研究方法。

如："运用多元智能理论激发学生学习兴趣的实证研究"

理论依据：多元智能理论

研究目的：激发学生学习兴趣

研究方法：实证研究

模式 3：理论依据 + 具体手段 + 研究目的

该结构表明课题根据什么理论或条件，通过什么方式，达到什么目的。

如："运用多元智力理论通过多元评价促进学生个性化发展"

理论依据：多元智力理论

具体手段：通过多元评价

研究目标：促进学生个性化发展

模式 4：理论依据 + 研究对象 + 研究内容

如："基于建构主义的小学英语课堂教学模式变革研究"

理论依据：建构主义

研究对象：小学英语课堂教学

研究内容：课堂教学模式变革

模式 5：研究对象＋具体做法＋研究目的

如："初中数学教学中运用变式练习巩固学习效果研究"

研究对象：初中数学教学

具体做法：运用变式练习

研究目的：巩固学生学习效果

模式 6：研究背景＋研究对象＋研究内容

研究背景包括现实背景，历史背景和理论背景三种类型，以下举三个例子来说明。

如："新课程背景下农村小学语文教学设计研究"

研究背景：新课程改革

研究对象：农村小学学科教学

研究内容：语文学科教学设计

这一课题中的"新课程改革背景"，是一个现实背景。

如："改革开放以来课堂教学模式的发展研究"

研究背景：改革开放以来

研究对象：课堂教学模式

研究内容：课堂教学模式的发展变化

这一课题中的"改革开放以来"，是一个历史背景。

如："对话理论影响下师生关系的变化研究"

研究背景：对话理论的影响

研究对象：师生关系

研究内容：师生关系的变化

该课题中的"对话理论的影响"，是一个理论背景。

课题名称的表述要根据课题研究意图突出或侧重的方面来确定。上述几种常见的模式，可以根据具体情况灵活使用。

（二）中小学课题申报书撰写的规范要求与注意事项

确定研究选题后，申请书的撰写是否科学规范，是申请课题的最重要一环。高质量的申请书能够给评审专家带来第一眼的"好印象"，同时也能大大提高课题的中标率。课题申报书撰写，主要集中在选题论证、课题研究的价值、课题研究现状、课题研究可行性等方面。

1. 明确选题背景和依据，做好研究价值分析

课题申报书中开篇就需要交待清楚选题缘由、研究背景、选题依据、选题意义。专家评审时会从选题缘由、选题依据判断选题的可行性和重要性，以及选题是否有价值。研究背景主要有理论背景和实践背景。研究依据通常包括政策依据（指导思想）、理论依据、实践依据三个方面。政策依据就是依据国家的法律法规证明课题研究的合理性与现实性，理论依据是研究者对所研究问题预先赋予某种假设的理论或赖以指导研究过程的理论，实践依据是指课题是否反映了教育改革和发展实践中迫切需要解决的问题或某种实践活动可以证明课题研究的合理性、可行性。中小学教师选题往往容易忽视背景，要把问题的来源和表现写清楚，同时写清楚对此进行研究的必要性和重要性。

中小学课题研究应具有重要性、实效性、代表性、创新性。重要性表现在所选课题对于问题的解决有帮助，很必要。实效性表现在所选课题的研究成果能够帮助解决当下的实践问题和疑难，能够带来实际的利益和效果。代表性表现为所选课题不是个别的、孤立的现象或问题，课题的研究可以帮助解决同类或其他类似的问题。创新性表现为这一课题运用了新的研究视角、研究方法、研究材料等，能够带来新的成果。如果能够满足上面的一项或多项价值判断的标准，那么这个课题就值得做，满足上述标准越多，课题研究的价值越大。

当前，中小学教师对于选题价值的判断相对比较薄弱，表现为课题选题重复，缺乏创新，比如2018年北京市教育科学规划办课题申报，中小学教师申报集中在课程、教学与评价领域，选题过于集中，研究方法创新性不足，相对而言，就降低了课题立项概率。中小学课题选题应关注校本定位，从教育教学实践问题生成选题，选题定位要具有校本性、实践性、行动性、案例性等特点，此外，要选择恰当的申报层级和领域。

2. 厘清概念界定，文献有述有评

（1）概念界定是研究架构的逻辑起点。核心概念是能够集中反映课题研究主题或主要内容的概念，应是有核心的、清晰的、学界认同的、没有歧义的概念。当前中小学教师课题选题核心概念界定相对薄弱，概念界定大多引用、借鉴权威学者有影响力的概念。选取概念要符合课题研究设计，要详细分析概念内涵，必要的时候可结合自己的研究选题，准确界定概念内涵与外延。

（2）文献综述是站在前人的肩膀上前行。课题申报书设置文献综述或者文献述评内容，要求课题申报者先了解申报课题的相关研究成果，梳理与选题相关的已有研究成果，并对国内外研究情况有所分析。文献综述是对课题研究现状的分析与判断，课题研究现状是指目前国内外对该选题内容研究的深度、广度等情况，这就需要查阅大量的国内外研究资料，从而把握前人已经在该领域该选题方向上做了哪些工作，取得哪些成果，有哪些可资借鉴的地方，还存在哪些不足等。这部分内容会表现为课题申报书中的国内外研究现状的综述。如果教师认为自己所选的题目很有价值，大小也适中，结果查阅文献资料后发现他人早已研究过，而且研究得很好，那么，再研究就没有多大的价值和意义了，除非能够另辟蹊径，寻找新的研究视角、方法与路径。

专家评审时往往非常关注文献综述。一个好的申报书，要在文献综述上狠下功夫。当前中小学教师课题申报书中，经常缺乏相关研究文献综述。有些则是堆积文献而没有"述"和"评"，很难说清楚课题研究的价值；还有些申报书选择的文献权威性不足、涵盖面不够，这样就难以把握课题研究的文献基础和课题研究的逻辑起点。

中小学教师做课题文献综述时，可以尝试以"关键词"为切入点，聚焦"关键词"开展文献搜集、分析与梳理。要抓住文献综述要点：一是文献的"起点"，该选题是谁最先开始研究的，在什么背景下提出的核心概念；二是文献的"高点"，分析最有影响力的研究文献和代表性观点；三是文献的深度，梳理文献，获得该领域研究共识；四是文献的发展趋势，课题应站在前人的肩膀上持续前行，深入持续地开展研究。

3. 优化研究设计，规范内容与过程

当前中小学教师的科研设计中题目与课题设计相符度不高，有些研究偏离主题、逻辑结构混乱。研究设计过程缺乏规范与严谨设计，内容与结构不科学，研究背景、意义、目标、内容、思路经常混淆，研究方法不当，调查研究不足，数据资料陈旧，引用文献失范。有些研究预期成果比较单薄，案例集多，相应的研究结果与价值不管用，对策与建议不实。

针对以上问题，需要规范课题研究设计。课题设计部分主要包括研究思路、研究方法和实施步骤等内容。具体来讲，研究思路是就整个课题的研究实施而言的，是课题申报者对研究的整体规划，研究思路要明确清晰、有条理性；研究方法是课题研究的必要手段，课题研究往往要采用多种研究方法，常用的研究方法有文献资料法、行动研究法、调查研究法、个案研究法、经验总结法、实验研究法、数理统计法、检测分析法、跟踪比较法等，须简明扼要地阐述所选择的研究方法在课题研究中的运用情况；研究步骤是课题研究具体实施的活动安排，一般分为准备阶段、实施阶段和总结阶段三个阶段，研究阶段的拟定要科学、合理、可操作性强，每个阶段都要标明起讫时间（一般标注到年、月），以及各阶段要完成的研究目标、任务、主要研究步骤等，写清楚重要活动。

课题内容分析主要包括课题的研究目标、研究内容、研究假设、拟创新点等几个方面的内容。研究目标是课题研究预期要达到的结果，明确的研究目标对课题研究具有定向作用和指导作用，课题研究目标描述的要求是具体、清晰、有条理、适度；研究内容主要是课题所涉及的研究问题，一般根据研究目标确定，相对研究目标来说，研究内容要更具体、明确，并且一个目标可能要通过几方面的研究内容来实现；课题研究应有假设，并且假设可以验证，填写课题申报书时，研究假设须明确清晰地表述出来；课题研究的创新点主要是发展创新、开拓创新、认识创新、手段创新，解决没有解决的问题，开辟新的研究领域，新视角看待旧问题，新方法解决新问题等。

4. 注意信息对称，做好可行性分析

填写申报表时，注意信息对称，表述前后一致，能互相印证。课题关键

词与核心概念需要对应，关键词要在核心概念界定中予以界定；研究思路、方法、技术路线和实施步骤要"内在"一致，"技术路线"体现"方法"的精神，研究步骤是研究技术路线的具体化；研究方法、研究步骤、研究阶段性成果、经费预算需要互相印证，如研究方法为问卷调查法，"调查"一般应该排在若干研究步骤之前，相关"量表"、"调查报告"排在"阶段性成果"之前，经费预算也需要将问卷发放、统计等所发生的费用计算到相应的年份内。

课题论证必须考虑课题研究的可行性。可行性指的是研究该问题存在现实可能性，包括三方面的条件：客观条件、主观条件和研究时机。客观条件包括必要的资料、设备、时间、经费、技术、人力、理论准备等。主观条件指研究者本人原有的知识、能力基础、经验、专长，所掌握的有关课题的材料以及对课题的兴趣。教师要结合自己的条件，选择能发挥自己优势、特长的课题。研究时机是指抓好时机提出该研究课题，要看有关理论研究工具及条件的发展成熟程度。

课题可行性分析中，要重视研究队伍建设与组合，强调研究中具有良好的研究基础与队伍。完成课题的可行性分析要在队伍建设、经费支持、研究条件保障等方面都做出明确、细致的表述。这是专家评审判断课题研究可行性的关键，也是决定课题是否立项的重要依据。

5. 合理分配经费，做好预算

课题经费预算编制是在课题申报书填写中极容易被忽略的一项重要内容。不少课题申报者在申报时只是依据经费资助额度而并未结合实际来对经费进行分配，导致课题立项后各项开支项目额度无法满足课题研究实际需要。因此，在课题申报时，应参考课题经费管理办法等相关文件中关于开支项目及范围、特殊项目如差旅费、管理费、间接经费比例规定等内容，并结合课题研究计划实际需求合理分配。

四、中小学课题的开题论证管理

开题论证是提高课题研究质量并保证课题研究针对性和有效性的关键环

节。随着教育科研管理工作规范的不断强化，开题管理越来越受到教育科研管理部门的重视。中小学课题负责人和科研管理部门均应正确认识开题管理工作。对于课题负责人来说，做好课题开题论证，就是在课题立项后进一步对课题研究的目的、内容、方法、途径、步骤、条件以及理论与实践价值作深入、系统的评价，描绘整个课题的研究蓝图，着重论证怎样去研究。开题论证有利于吸收研究智慧，使课题组进一步明确研究目标、内容、方法，完善课题研究计划，有目的、有计划地开展研究，按期完成研究任务。

对于科研管理部门来说，开题管理工作是组织课题负责人在课题立项后及时进行开题论证，落实研究工作，并完成申请、审批、报送等工作，此外，学校还可依托开题论证会搭建培训学校科研团队和骨干的平台。上级教育科研管理部门通过审阅报送的开题报告，对课题进行评价。下面从开题准备、开题论证、报送归档等环节具体介绍中小学课题的开题管理工作。

（一）准备开题论证

各级各类教育科研课题在课题管理办法中都对开题管理做出了要求，明确了科研管理机构和课题负责人职责和工作内容。科研管理人员应熟悉本单位承担的各级各类教育科研课题的开题时限、组织流程、专家要求、开题材料等要求，在接到课题立项通知后，及时通知本单位立项课题，并对开题工作进行部署，可为课题负责人提供课题管理办法、开题报告模板、开题论证申请表等相关文本资料，为课题负责人筹备开题工作提供有力支持。课题负责人在接到通知后应尽快确定课题实施方案，按时提交开题申请，按要求完成开题论证工作。

1. 聘请专家

开题论证应当聘请在相关学科领域具有较高学术水平和良好职业道德的同行专家作为开题专家，一般所请专家组成员应不少于3人，须具有高级技术职称，本单位专家人数不能超过专家总数的三分之一。

2. 管理程序

不论开题论证是由课题发布单位组织还是科研管理部门组织，建议履行申请—审批通过—开题论证的规范管理程序，开题论证之前提交书面申请表，以便科研管理人员对开题时间有所掌握，对所聘请专家的资格和条件进行审核，确保开题论证符合管理规范。

3. 开题资料

开题论证会一般需要准备课题申报书、开题报告、开题专家建议表等会议资料，以便专家能够结合课题申报论证和开题论证给予相关指导。

（二）组织开题论证会

开题论证是课题负责人及课题组在开题论证会上向科研管理部门、所聘专家对课题研究从理论到实践的全面系统的说明，是在深入调查研究和充分掌握资料的基础上，为课题制订的研究计划，是更加翔实、具体的实施方案，规定了课题研究的具体内容、任务和步骤等。对于科研管理部门、专家及课题组来说，开题论证会的质量尤为重要。一般课题开题论证会可公开，高级别、高水平的开题论证会可作为课题开题示范，面向本单位公开，起到培训和引领作用。

1. 开题论证会程序

开题论证会一般由主办部门主持，须做好会议记录。

（1）由主持人介绍参加开题论证会的领导、专家及特邀嘉宾。

（2）课题主管部门领导介绍本单位基本情况和课题组有关情况并宣读课题立项通知。

（3）课题负责人陈述开题报告，课题组其他成员结合自己的研究工作和任务分工对课题研究的实施进行补充发言。

（4）专家对课题实施的科学性和可行性、研究的切入点、要点、成果的应用性等方面进行论证，并对研究中可能存在的困难和问题进行指导。专家论证指导是开题论证会的核心环节，课题组听取专家建议并与专家进行充分互动研讨有利于顺利推进课题研究。

（5）课题负责人对开题论证会进行简要的归纳总结，对专家提出的问题和建议做出回应和表态。

（6）总结、提炼专家意见和建议，填写开题论证专家意见表，专家签字。由专家组组长宣读开题专家意见，并宣布是否通过开题论证。

（7）课题承担单位领导对课题实施保障表态发言。

（8）开题论证会顺利结束。

2. 开题报告陈述要点

开题报告主要阐明课题研究方案的科学性、可行性，体现为问题明确、方法得当、思路清晰、分工合理。从课题的研究背景、目的和意义、理论价值和实践价值、实施过程设计和主要措施、课题研究时间和人员的分工安排、预期研究目标及预期成果、课题研究保障条件等方面进行细致介绍。重点陈述清楚核心概念界定和研究内容分解，讲清"为什么研究，研究什么，如何研究，研究要达到什么结果"等关键问题，同时还要预见研究过程中可能出现的问题及应对的思路和解决办法，保证整个研究工作能顺利推进。

（三）开题论证会后续工作

开题论证会后科研管理部门和课题组还需要完成相关工作。

1. 课题组修改、完善开题报告

课题组应在开题论证会上认真听取专家意见，做好记录和整理备案工作。开题论证会后尽快召开课题组会议，根据专家意见进行研讨，修改、完善开题报告，在规定时间内提交开题报告至科研管理部门；并做好开题论证相关工作资料档案归档，课题结题鉴定材料须提交开题报告等资料。

2. 科研管理部门审核、报送

科研管理部门在开题论证会后应及时整理会议材料，在接收到已修改、完善的开题报告后，按上级课题管理规定完成审核、报送，做好开题资料存档工作，并在课题管理台账中记录已完成开题工作。此外，还应做好开题论证会宣传工作，增强本单位教师课题研究意识，打造良好科研氛围。

五、中小学课题的研究过程管理

为了提升课题研究质量，加强课题成果实效性，中小学课题研究应加强过程管理，使课题研究成为一种有组织、有计划、真实开展的研究活动，才能取得高水平的研究成果。科研管理部门的管理工作不能只停留在传达相关课题信息、课题申报立项管理、课题经费管理和结题管理方面，应针对课题的推进形成完善的培训指导机制和过程监管机制。下面从课题研究推进培训、经费管理、中期检查和重要事项变更管理等方面具体介绍中小学课题研究过程管理。

（一）开展培训，推进课题研究

许多中小学教师对于如何开展课题研究经验不足，如不加强该方面的培训指导，会出现课题研究进展缓慢、无法按时结题的情况。科研管理部门可从以下四个方面为课题研究推进提供培训指导。

1. 建立课题研究规范

指导课题组基于学校制定的教育科研管理制度，结合课题研究实际情况，制定切实可行的制度。如：课题组定期例会制度，在总结前期研究的工作基础上，讨论下一步研究的计划，分析遇到的问题并探讨解决对策；课题组活动制度，围绕课题研究，开设研究课、研讨课；课题组参与制度，课题组成员互相观察、记录、研讨所开设的研究课；研究结果测试制度，运用观察、调查、专题检测等手段测试研究的阶段性成果是否达到预期目标；档案管理制度，及时记录研究过程所做的工作、大家的研讨情况，做好课题档案存档。

指导课题组依据申报书和开题报告论证情况对标，可按学期制定具体实施计划，利用假期检测反思，制定下一步实施计划。对课题组成员分工明确，并根据课题研究实际情况及时调整分工，做到人人有事做，事事有人做。

2. 提升科研能力

科研管理部门可定期组织科研能力提升培训，内容可包括文献资料收集处理、研究方法使用、数据分析、课题研究开展等方面。可以依托学校科研活动相关主题整合开展，在培训内容上可有通识性培训也有具体指导。

3. 研究成果表达

课题研究还应注重成果转化，加强研究成果表达，这是中小学教师十分需要的。指导教师通过教育日志、教育反思、教育叙事、教育案例、教学课例等进行日常积累，为教师提供论文写作指导和成果发表交流平台。

4. 专家库资源

科研管理部门可与课题组共享专家库资源，为在课题推进过程中论证指导提供支持。

（二）规范经费管理

随着国家对科研事业经费投入不断加大，各级各类课题科研经费每年都在持续增加，科研管理部门应加大科研课题经费使用及管理的力度，重视课题经费管理。课题经费根据其来源通道可以划分为纵向、横向和自筹经费。纵向课题经费主要是政府及各级课题或行业主管部门下拨的科研经费，横向课题经费是指学校与社会其他部门及企业进行科研合作所获得的科研经费，两者都纳入学校的科研经费统一管理，由学校统收统支。自筹经费是指学校自己资助或者课题负责人自主筹措的课题经费。下面从政策、预算编制、支出和审计四个方面具体介绍经费管理工作内容。

1. 政策意识

各级各类纵向课题都制定了相关的科研经费管理办法，课题科研管理单位应和学校财务部门一同制定本单位科研经费管理办法及横向课题管理办法。加强科研人员对科研经费属性的认识，做好科研管理人员和课题相关人员经费管理政策文件解读的培训工作，加强课题经费使用的指导工作。

2. 预算管理

科研课题申请过程中，科研预算是必不可少的一个环节。科研预算需要对未来几年内科研课题实施方案做出精确的经费支出计划，要对劳务费、材料费、差旅费等进行预算。如果预算做得不全面，将会影响科研经费报销及科研项目的进展，规范合理的科学研究预算可以为日后科研课题推进、经费支出规范化、结题审计奠定基础。

科研管理部门和财务管理部门可为课题组提供支持和指导，课题组应结合课题经费审批和研究实际情况编制合规合理的执行预算；财务、科研部门对执行预算初稿进行评审核查，对劳务性支出、差旅费、会议费等支出项目严格检查并反馈核查说明。课题负责人根据反馈情况对执行预算进行修正，经财务、科研部门审批后执行。此外，科研管理部门、财务部门、审计部门及资产管理部门可定期组织科研课题经费执行评估工作，对各课题推进和预算执行情况对标，评估是否需要调整预算，了解经费支出是否存在问题。

3. 经费支出

科研管理部门在经费管理方面除了经费支出审核之外，应加强经费执行力度的监管，定期督促课题组按进度合规合理地执行课题经费，使课题经费执行按时高效。科研管理部门可以配合财务部门建立相应的课题经费使用管理系统，完善科研经费的开支范围和比例、审批权限及成本核算等；规范科研经费报销流程，制定相应的规章制度并应用到实际报账中，避免出现扩大科研经费用途、未严格执行政府采购制度、结题时突击花钱、虚假报销等问题。

4. 审计

财务部门和审计部门应发挥其部门的职能作用，加强对科研经费的监控。依照经由财政部公布的有关于财务内部控制的规范和办法，学校应该建立并优化科研课题监督管理机制，加大约束力度，制定有效的科研经费管理办法，报销科研经费时严格把关，对科研经费的支出定期审计。

（三）组织中期检查

课题中期检查是科研管理部门及上级课题管理单位对课题研究推进的追

踪管理和问题导向的指导管理。为了提升课题研究的实效性，帮助教师解决课题研究过程中遇到的问题，科研管理部门和指导专家应注重课题研究的追踪管理和问题导向的指导管理。

课题中期检查的追踪管理是指课题组应按要求提交中期检查报告，根据课题的具体研究内容、研究计划等，对其已经开展的研究工作和取得的阶段性研究成果等进行逐一审核，并要求相关人员真实汇报在课题研究中存在的现实问题及下阶段工作计划等，对研究中所使用的各种原始资料进行集中整理后进行审核。

课题中期检查的问题导向的指导管理是指在课题中期检查中，科研管理部门通过汇报和审核发现课题实施中存在的问题并对问题的解决提出具体指导。中小学科研管理部门应对每年需要进行中期检查的课题在年初做好梳理，提前进行通知，明确中期检查要求和工作安排，培养课题组中期检查的意识，规范过程管理，并按时向上级课题管理单位报告本单位中期检查整体情况。

课题中期检查包括课题中期汇报、课题材料展示、课题问题研讨和课题实施建议四个环节。

1. 课题中期汇报

课题负责人阐述课题研究已完成的工作、取得的阶段性成果、目前存在的问题和困惑，以及下一步的课题实施计划。通过课题汇报，课题管理部门和指导专家了解教师课题开展情况并对具体的困惑提供解决方案。

2. 课题材料展示

课题组将课题的阶段性资料进行展示，并交流、探讨，专家结合展示的材料解答研究中存在的问题，并给出指导性意见。中期课题材料主要体现教师课题研究的过程性原始材料，以便了解教师课题研究的进度、过程、方法及资料的归整情况。

3. 课题问题研讨

通过课题汇报、材料展示后，科研管理部门可将一些共性或普遍存在的问题整理出来共同研讨，并请专家对难点、热点问题进行答疑，为课题下一步计划的顺利实施奠定基础。

4. 实施建议

指导专家根据课题组汇报、课题资料展示和问题研讨答疑后，可以针对性地提出课题下一步实施的建议，例如课题资料收集整理的方法、根据现阶段问题调整课题实施方案等，确保课题研究顺利实施。

（四）报备重要事项变更

课题研究过程中会出现变更课题负责人、变更课题管理单位、改变成果形式、改变课题名称、研究内容调整、延期、经费预算调整等重要事项，各级各类课题均有重要事项变更制度。科研管理部门应强化课题组的重要事项变更的规范意识，按课题管理办法在规定时限内提交申请。

1. 变更课题负责人

原则上课题一经立项，不得随意变更课题负责人。一般是课题负责人调出，不带走课题，课题负责人由于不可抗拒原因无法胜任课题负责人工作的情况下，须提出变更课题负责人申请。

2. 变更课题管理单位

变更课题管理单位主要是课题负责人调出并带着课题，需要申请课题管理单位变更，需要调出和调入单位沟通协调后提交申请，并做好课题管理交接工作。

3. 改变成果形式

各级各类课题管理办法对于各类别课题成果要求都有明确规定，课题申报时应该对照成果要求填写预期成果，如在研究过程中确实需要在满足结题鉴定要求的条件下变更成果形式，须提出改变成果形式申请。

4. 改变课题名称

课题名称原则上不允许随意改动，如确实需要调整须提出改变课题名称申请。需要写明改变的理由和变更后的课题名称，以及所涉及的研究内容的调整。

5. 研究内容调整

研究内容调整须有充分合理的理由和科学的论证以充分证明需要调整课题研究内容，按要求提出申请。

6. 课题延期

常见的课题重要事项变更主要为课题延期，在进行延期申请时一定要写明课题研究已取得的进展、成果情况和合理的延期理由，延期申请得到批复后，科研管理部门应做好备案工作，及时更新课题管理台账，并和财务等部门做好经费延期使用的对接工作。

7. 经费预算调整

调整经费预算需要提交申请，在课题经费管理办法中有对预算调整范围的说明，一般各级各类课题在经费预算总额不变的情况下，除增列外拨资金以外的所有预算调剂权限全部下放到课题管理单位，按课题管理单位课题经费管理要求执行，但会议费、差旅费、国际合作与交流费、专家咨询费、劳务费预算一般不予调增。

对重要事项变更申请批复情况，科研管理单位一定要及时做好备案，并做好和相关部门的对接工作。

六、中小学课题的结题管理

中小学课题的结题管理是指科研管理机构组织本单位承担的课题在完成研究工作后按要求完成结题鉴定相关资料、组织鉴定或报送以及结题相关培训等工作。各级各类的课题虽然有不同的结题鉴定要求和管理办法，但都遵循着教育科学课题结题鉴定的一般规律。下面从结题鉴定的意义、结题鉴定的方式、结题材料准备以及结题管理相关工作四方面具体介绍，以便中小学科研管理机构、科研管理人员和课题负责人全面地掌握结题管理的基本程序和要求，确保课题结题管理规范化。

（一）结题管理的意义

1.课题研究需要

课题结题工作主要是为了科学总结课题研究成果，并推广转化研究成果以指导实践，为主管部门提供决策依据。课题结题鉴定不仅是宣告课题研究完成，也是课题研究总结反思、研讨再提升的过程，是为新一轮研究提供研究基础的过程，也是进一步形成、开发、应用课题研究经验和研究成果的过程。依托课题结题鉴定会等平台可以加强学术交流、促进成果推广应用。

2.课题管理需要

课题研究是课题负责人和课题发布单位共同约定的研究活动，课题鉴定是课题研究过程中必不可少的环节。通过结题鉴定，课题发布单位可以不断发现优秀的研究成果，发现优秀的研究人员，通过了解课题主持人的能力和研究专长可建立专家智库；课题发布单位还可以将课题结题情况作为下一规划或下一阶段课题研究和管理的参考依据。

3.课题负责人和课题研究人员的需要

课题通过结题鉴定可以提高课题主持人和课题研究人员的科研信度。通过完成课题研究，课题负责人和课题研究人员形成研究成果，如公开发表学术论文、出版学术著作、形成成果报告、参加各类科研成果评奖等。科研课题和课题成果对课题研究人员在职称评定、学术发展等方面都起到积极作用。

（二）结题的方式

各级各类课题的结题鉴定根据课题发布单位的管理办法，有不同的规定和要求。国家级课题一般是报送给课题发布单位统一鉴定；省部级课题中重大、重点等类别课题报送结题鉴定材料，由课题发布单位统一鉴定，青年、一般等类别课题由课题管理单位组织鉴定，报送课题发布单位组织验收。由于各省市教育规划课题管理办法不同，结题方式也有所不同，但其本质都是同行专家评议，从学术性、科学性的角度评定研究成果。结题鉴定主要有以下三种形式。

1. 会议结题

会议结题鉴定是课题结题鉴定的主要形式，特别是重大、重点课题一般必须进行会议结题鉴定。这种形式一般是召开同行专家会议评议，可组织课题单独或集中鉴定。可由课题负责人先陈述研究过程，同行专家再对课题成果进行鉴定，并对课题进行咨询指导；也可由同行专家直接对课题成果进行鉴定，形成结题专家意见。会议结题鉴定的优势是同行专家可以针对课题研究中的问题、研究报告的修改，与课题组进行面对面的交流、咨询、指导，有利于课题组进一步提升研究成果的理论与实践价值，为其进一步开发、推广乃至评奖做充分的准备。

课题发布单位组织课题集中结题鉴定可将同一阶段的课题按学科领域、研究内容分组进行鉴定，形成课题间研究和成果的对比，提高效率的同时有助于形成下一阶段课题规划的基础。但是会议结题鉴定的组织难度较其他形式大、成本较通讯结题高。

2. 通讯结题

通讯结题鉴定也是课题结题鉴定的主要形式之一，通讯结题鉴定相对会议鉴定而言，组织较方便、鉴定成本较低，但课题组没有机会与同行专家面对面地交流，专家之间也没有交流机会，专家对课题研究的了解不一定全面充分，对课题所做的鉴定可能存在偏差。

一般通讯结题鉴定要求匿名评审，在鉴定材料中不能出现课题负责人的姓名信息，由科研管理部门统一组织将课题发布单位审批同意的结题成果及材料分送结题鉴定专家，每位专家都应填写书面的鉴定意见并在规定时间内返回所有鉴定材料；科研管理部门汇总专家意见形成最终鉴定意见，按课题发布单位的要求报送课题发布单位验收。

3. 免于鉴定

各级各类课题在管理办法中都明确了可以免于鉴定的条件和要求，但需要注意的是满足免于鉴定条件的课题也需要报送结题材料给课题发布单位，应在填写课题结题鉴定申请书时说明理由，并附相关证明材料。

省部级以上课题免于鉴定的条件是有课题成果的主体部分获省部级以上政府所颁发的科研成果奖，包括国家社科基金项目优秀成果奖、国家教学成果奖、全国教育科学研究优秀成果奖、高等学校科学研究优秀成果奖、国家科学技术奖以及省部级哲学社会科学研究优秀成果奖、省部级教学成果奖、省部级科学技术奖和省部级教育科学研究优秀成果奖等，课题负责人须为第一获奖人；或者课题研究成果主要结论被省部级以上教育行政部门明确吸收采纳并能提供相关证明；或者课题成果的主体部分在《中国社会科学文摘》《新华文摘》等全文转载，并有"课题类别＋课题名称＋课题批准号"的独家明确标识，课题负责人应为第一作者等。

（三）结题材料准备

结题鉴定材料一般包括课题结题鉴定申请书、研究成果、研究工作报告、成果公报及相关资料等文件，须按课题发布单位要求装订成册。结题鉴定材料要求做到"齐、定、实、美"。"齐"即文本齐全，"定"即全部文本都要定稿，"实"即文本陈述与研究实际水平匹配，"美"即文本设计、印刷、装订精美。下面具体介绍各项结题材料的相关内容。

1. 课题结题申请书

课题负责人应如实填写结题鉴定申请书的各项信息和基本情况，一般包括鉴定成果名称、课题组成员、课题完成情况、成果简介、经费决算情况等。经费决算情况应及时与财务部门核对并如实填报。如满足免于鉴定条件可在结题鉴定申请书中填写理由并提供相关证明材料。科研管理部门应做好结题鉴定申请书内容及规范审核工作，签署审核意见。

2. 课题研究成果

课题研究成果包括主件及其他成果。成果主件一般是指研究总报告，其他成果包括公开发表的论文、出版的专著和报告等。研究总报告是全面、集中、概括地反映整个课题研究所取得的最主要且最有价值的成果，是全面反映课题研究全过程经验和措施的重要成果，专著、系列论文等是研究报告中成果的补充说明和具体展示。

3. 研究工作报告

在课题结题鉴定时须提交课题研究工作报告，主要是对课题研究的主要过程和活动、研究计划执行情况、研究变更情况（课题负责人、课题名称、研究内容、成果形式、管理单位、完成时间等）、成果的出版和发表情况，采纳、转载、引用、实践情况等的总结。

4. 成果公报

成果公报是向外界公开课题研究成果的文件，要求简明扼要，一般字数要求在 6000~8000 字，并有规定的公报格式。需要包括课题基本信息，如名称、批准号、课题类别、研究领域、负责人及主要成员、课题研究的内容与方法、结论与对策、成果与影响、改进与完善以及成果细目等。全国教育科学规划课题在结题时须组织成果公开报告会，听取同行反馈意见。

5. 相关材料

课题结题鉴定时还须提供课题立项通知书、课题申请书、开题报告书、中期报告、重要事项变更申请及批复等文件，以及课题成果有关附件和其他证明材料。

（四）结题管理相关工作

中小学校科研管理部门的结题管理工作主要包括结题鉴定、结题申请报送、结题培训、档案管理、转化培育等，下面具体介绍。

1. 结题鉴定

中小学科研管理部门负责组织本单位及上级课题发布单位委托的相关课题结题鉴定工作，应熟悉各级各类课题结题要求和规范程序，积极主动与课题发布单位联系，及时沟通结题鉴定事宜，包括组织结题鉴定申请、材料报送期限等；应做好课题档案审查工作，核实是否齐全；应邀请同行专家以会议或通讯等形式组织结题鉴定工作；如有免于鉴定的情况，规范审核相关材料。

2. 结题申请报送

根据课题发布单位管理要求，一些课题结题鉴定工作须由课题发布单位组织，因此中小学科研管理部门应做好课题结题申请报送工作。各级各类科研课题在结题鉴定时都已形成较为固定的集中鉴定工作安排，负责此项工作的科研管理人员应熟悉各级各类课题结题鉴定工作时间安排，并提前通知即将结题的课题负责人以便充分做好结题准备。可为课题负责人提供相关结题资料包及结题鉴定、成果规范等政策文件，做好支持工作。对课题负责人提交的结题申请材料严格审核把关，并按时报送。

3. 结题培训

中小学校科研管理部门可邀请专家团队开展针对课题实施后期的培训工作，包括研究报告撰写培训，重点指导研究报告的要点及撰写方法；课题结题汇报培训，针对性地指导解决课题结题汇报环节出现的问题；课题结题材料准备培训，可梳理结题工作要点并总结常见问题及优秀经验供课题负责人学习等形式；也可依托本单位高级别课题结题鉴定会平台，向其他课题负责人开放，起到示范作用。

4. 档案管理

在课题完成结题鉴定工作后，科研管理人员或科研档案管理人员应对课题结题鉴定材料进行归档，并将该课题完整档案按单位档案管理要求存放或移交档案室。

5. 培育转化

课题完成研究工作，通过结题鉴定验收后并不代表课题管理工作结束。中小学校科研管理部门可依托已结题的课题进行培育及转化，从而进一步推动本单位科研水平的提升。结题鉴定结果优秀的课题可作为培训资源，为拟申报课题或在研课题的教师提供经验分享；依托有持续研究基础和优秀成果的课题研究，开发本单位科研的优势领域；将有本单位特色的校本小课题研究成果转化推广，更好地指导本单位教学实践工作；指导课题负责人以校本课题研究为基础，孵化、冲刺高级别课题。

中小学课题管理工作在学校整体科研工作中是基础也是重要的一环，规范、系统、优质、精准的课题管理不仅为教师在课题研究及科研成长方面助力，也是学校强化科研动力、营造科研氛围的有力抓手，应当予以重视。

第四章　中小学科研活动的设计与组织实施

　　中小学科研活动是指在基础教育领域中，旨在增进和积累教育科学知识、规律，并对教育科学知识和规律在教育实践中进行实际应用的、系统的创造性活动，是中小学教师利用研究手段对教育领域中的研究对象进行实践探索、应用教育科学知识及规律的行为。

　　对于中小学而言，除了教学活动，科研活动也是一个重要方面。正如世界著名科学家、教育家，我国中科院院士钱伟长先生所说："教学没有科研做底蕴，就是一种没有观点的教育。"科研是教学的"活水源头"，只有以科研做支撑，教学才会具有"灵魂"。雅斯贝尔斯说："最好的研究者才是最优良的教师，只有这样的研究者才能带领人们接触真正的求知过程乃至于科学的精神。"①将科学研究引入教育教学活动，是成功开展教学的有利保障，是指导教师"教"与学生"学"的有利依据。教师的职责不只是单纯地传授知识，而且还要引导、帮助学生获取知识，注重培养学生的自学能力、知识的综合应用能力和创新能力，达到培养创新人才的目的。这些都对教师的综合素养提出了更高的要求。他们不仅必须自觉地加强业务学习，不断更新知识，及时掌握本学科的发展动态与发展趋势，同时还必须具备成为"教育家"所应有的能力——信息转化能力、组织调控能力、教育引导能力、研究创造能力。因此，中小学科研活动的开展对于教师综合素质的提高以及中小学科研发展有着积极的推动作用。

---

① [德]雅斯贝尔斯：《什么是教育》，邹进译，生活·读书·新知三联书店，1997年版，第152页。

一、中小学科研活动的主要类别

我们可以从不同维度对学校科研活动进行分类。从活动内容角度，可以分为围绕课题申报和研究开展的课题研究活动、聚焦学校办学实践重要问题的专题研讨活动、旨在提升教师科研能力的科研能力建设活动；从活动形式角度，可以分为学术讲座、培训报告、专题研讨、案例分析、现场观摩；从活动规模角度，可以分为全校范围的科研活动、年级或者学科范围的科研活动、项目团队科研活动、个体科研活动。

（一）从活动内容角度

1. 围绕课题申报和研究开展的课题研究活动

教学、科研要深入开展，需要有一个"牵一发而动全身"的载体，而课题研究则可以实现这一目的。中小学开展的课题研究包括课题申报指导研讨活动、立项课题开题论证活动、课题研究中期检查、课题结题研究指导活动、课题论证评审结题活动、课题成果及实践转化研讨等。学校可以借助课题研究拉动教科研往细处、深处发展。教师尽早积极参与课题实践，更能自主提出科学问题，并在课题组老师的指导下完成课题设计，提高实验操作能力，增强人际沟通能力，有助于培养严谨的科研思维。参与科研课题实践的教师通过完成一个具体科研课题，经过选题确定、课题设计、文献资料查阅、形成综述、撰写项目申报书、整理数据、分析结果并得出结论、撰写论文等全过程，提升了自己分析解决实际问题的能力，并逐步形成了研究的思维。

2. 聚焦学校办学实践重要问题的专题研讨活动

中小学的科研活动主要是在教育教学实践中发现问题、解决问题，包括学术文献（著作、文章）阅读研讨活动、聚焦重要问题（重点、难点、热点问题）研讨活动、优秀学校科研工作现场学习等。这些问题来自一线实践，围绕这些问题开展的专题研讨活动，有助于提高教师的理论素养，进而改变教师的思维方式及行为方式。聚焦重要问题的研讨则有助于培养教师对现实问题的敏感程度，有助于反思自身的教育教学。优秀学校科研工作的现场学习有助于教师学习他人经验，反思自身。

3. 旨在提升教师科研能力的科研能力建设活动

科研能力建设活动包括专家学术报告、科研方法培训等。学术讲座是高等院校最常见的学术科研活动，中小学可以学习借鉴。参加学术讲座活动，是个人开阔视野、增长知识的重要途径，只有听得多了，才能把专家的理论观点和思想潜移默化地转变成自己的思想。教育教学虽然是中小学的主要工作任务，但是为提升中小学教师教育科研能力，举行多层次的专家学术讲座，能够开阔教师的视野，提高教师的教科研能力和水平，引领、指导教师进行课题研究。

（二）从活动形式角度

1. 学术讲座

学术讲座主要是围绕中小学实践需要而专门邀请相关的研究者开展的讲座，介绍一些相关主题的研究现状、进展及趋势等，引导中小学教师为开展相关研究奠定基础。此类讲座的开展有助于中小学教师扩大学术视野，了解相关研究的最新进展，以更好地把握、开展自己的研究。

2. 培训报告

培训报告是学校有计划、有目的地组织开展的相关主题的培训活动，一般要比学术讲座更通俗、主题更宽泛、参与人数更多，培训报告更多偏培训性、通识性，以此来增强中小学教师某一方面的素养。

3. 专题研讨

专题研讨是学校就某一方面的主题或问题而特意组织的研讨性活动，较之培训报告更强调专题性、学术性，旨在有针对性地解决某一方面的问题，或深化某方面的研究及产出。专题研讨更为正式，多种视角的碰撞，更能激发好的想法，从而有助于讨论或理解的深化。

4. 案例分析

相对于前面几种活动方式，案例分析生动、形象、具有趣味性，它因根植于一定的情境，更具活力，更容易吸引教师。无论是教学案例、管理案例，还是学生案例、活动案例，对其进行分析，揭示中的教育规律，对于学校发展而言都有其价值。

5. 现场观摩

中小学的科研活动是有"根"的，这"根"就是具体的教育教学实践，而对教育教学实践的学习而言，现场观摩是一种很好的方式，观摩者可以从不同的视角进行分析、总结、提炼，发现其可学之处。现场观摩根据其内容，可以分为课堂教学观摩、学生活动观摩、集体教研观摩、校本研修观摩，等等。

（三）从活动规模角度

1. 全校范围的科研活动

全校范围的科研活动具有一定的普遍性，旨在为全校教师做出示范，为教师普及科研常识，增强科研能力，提升科研素养。类似科研活动月、科研技能培训、科研讲座等活动适合在全校范围内开展。

2. 年级或者学科范围的科研活动

年级或者学科范围的科研活动是年级组或学科组专门针对本群体开展的课题研究活动、科研培训活动、科研讲座等活动，范围更聚焦，活动更具有针对性。这样的科研活动更有助于科研共同体的建设，有助于大家凝心聚力，一起攻关，建设有意义的学习共同体。

3. 项目团队科研活动

项目团队科研活动是指项目团队开展的科研活动，范围仅限于项目团队，活动相对上述两者，更为灵活、机动，是项目正常、顺利开展的有效保障。

4. 个体科研活动

个体科研活动是教师个体根据个人科研需要所开展的相关科研活动，例如查找文献、开展研究、专家访谈、文章发表、课题申报、学术交流等。

二、中小学科研活动的设计

（一）基本原则

1. 立足学校实际

立足学校实际就是立足学校发展实际、学校科研工作实际、学校科研发展需要等，一言以蔽之，校本化。中小学教育科研活动必须研究和解决本校教育教学工作中存在的实际问题。任何中小学教育科研活动都是以研究问题、解决问题为基本线索的。问题是中小学教育科研活动得以存在的基本前提，贯穿于中小学教育科研的始终。离开了问题，中小学教育科研只能成为无本之木。因此，中小学教育科研活动要承认、尊重学校面临的实际，从本校实际出发寻求问题解决的现实路径和方法。问题源于学校，问题解决产生于学校，为学校发展战略服务，这是中小学教育科研活动校本化的重要标志。问题的确定及其解决能否校本化是决定中小学教育科研的生命力的关键因素。

2. 坚持问题导向

坚持问题导向，意即指向和切实解决学校科研工作推进过程中的现实问题。教育教学实践是中小学教育科研得以生存的土壤，是中小学教育科研活动的实践场。只有坚持重心下沉，才可以使活动选题更具体，认识更深刻，实践更全面。科研活动设计的切入点要具体、可操作。面对同一个问题，不同的研究者的认识是不同的。从不同点切入，认识问题、解决问题的实效也会不同。因而，我们要从利于问题解决的原则出发，结合自身的实际，选择认识问题、解决问题的切入点。只有解决问题的切入点得以确定，活动的内容与实践操作的具体化才能得以实现。

3. 过程完整规范

对活动整个运行过程的设计要坚持系统性原则，用整体的、系统的观点指导科研活动。整个活动设计细致规范，可操作、可执行，有备选方案，能有效规避风险，考虑到了方方面面。活动的设计要符合学术规范，比如课题开题活动有明显的学术规范，要参考借鉴已有的规范，不能想当然地随意开展。

4. 明确预期产出

在科研活动设计中要充分考虑到活动的目标及产出，要可评价、可衡量。我们不是为了活动而活动，而是要达成一定的活动目标，有一定的预期产出，比如重点问题的研讨活动要让全体教师参与，提升他们对现实问题的关照能力，进而反思自己的教育教学，学校要通过研讨活动改进自身的管理，明确未来的发展方向等。总之，活动结束，我们要考量活动是否收到预期效果，如果没有，如何改进，如此才能使得我们的科研活动越来越精准高效。

5. 注重双向交流

活动本身就是双向的而不是单向的，我们设计、组织活动并不是"自说自话"，或为了完成一个任务，而是希望通过活动传播我们的理念、价值，交流我们的经验或困惑。因此，活动设计或开展得好不好，一个很重要的标准就是看这种双向的交流是否达成。

6. 整合学术资源

中小学科研活动是一种群众性的教育实践研究。研究与实践是一个问题的两个方面。研究过程既是寻求问题解决的过程，也是教育实践的过程；教育实践的过程既是验证解决问题的思路、方法正确与否的过程，也是促进教育对象发展的过程。在这个过程中，我们要注意整合相关学术资源为"我"所用，为学校的教育教学及未来发展保驾护航。

（二）关键要素

活动设计的关键要素主要包括：活动主题、活动目标、活动内容、活动人员、活动时间与场地、活动产出、活动资料等。

1. 活动主题

活动主题是科研活动有效开展的核心与关键，是活动的"眼"，所有相关的设计、组织、实施都围绕它展开。活动主题需要符合学校科研发展实际需要，符合教师专业发展需要，符合教育发展趋势，着眼于核心关键问题的研究推进。

选择主题是一个决策的过程，比如要举办一个讲座，就需要思考：要确认主题的性质是否基本上符合讲座人群的宗旨和一贯的活动风貌，如果不符合，即使是再好的活动也不要轻易举办；要确认近期校园中有没有举办过类似的，如果有，则没有必要跟风而上；要了解近期内教师的需求，考虑什么样的讲座可能会引起大家的兴趣，或者讲座的目标受众接受这一讲座的可能性；等等。对这些情况有了基本的了解后，才能确定主题的范围，包括具体的主题。这样的过程，实际上就是考察市场背景、了解受众需求的过程。

2. 活动目标

活动主题确定后，就要根据活动主题确定活动目标。活动目标是实现活动主题的重要保障，是对活动主题的细化与具体落实。主题不同，目标的分解与实施也不同。活动目标的设定要根据学校的实际情况，可操作，可实现。

目前，对于很多中小学而言，科研活动开展得并不多，而且形式比较单一。大多数学校会开展基于立项课题的科研活动，但是也只是注重开题或结题活动，中间环节往往容易忽略；大多数学校也会在一学期零星地开展基于重要问题的研讨活动，然而这样的活动次数并不多；至于提升中小学教师科研能力的科研活动则是更少或没有，大多数中小学只是注重教师的教学能力，科研能力还并未提到日程。因此，活动目标的设定既要考虑对学校科研工作的推进，也要考虑对教师科研能力的提升。

3. 活动内容

活动内容的设计需要通过活动方案来体现，活动方案要有层次性、逻辑性，一步步展开，而不只是内容的叠加。每项内容设定的背后都要有一定的指向，要可评价。活动方案再完备，到活动现场后还是会出现一些突发问题，这就需要做好活动前的突发预案及应对。突发预案的制定要有具体的相关负责人员分工安排，以确保一旦出现突发状况时，能够及时应对，保障活动的正常进行。突发预案制定的基础，就是需要做好每次活动的复盘，积累相关经验，以有效应对各种突发事件。

中小学教育科研活动内容的设计与实施是一个精心设计、周密落实和不断完善的过程。它表现为精心设计、精心实施和精心提炼，深刻地揭示问题的本质与科学地表达成果。它要求抓住问题的主要矛盾和矛盾的主要方面，全面地、清晰地、科学地反映问题的解决思路，从各个环节凸显中小学教育科研活动应有的科学性，排除无关因素或次要因素的干扰，揭示问题的本质和解决问题的规律，建立以问题解决为核心的独特的认识问题、解决问题的话语体系，使之成为众多教育教学实践中可资借鉴的典型范例。就目前中小学的科研活动设计而言，主要问题是有活动无设计，缺乏学年、学期的整体设计，以及学校层面、部门层面、课题组层面的整体设计。

4. 活动人员

活动人员主要包括活动的主讲人、发言人员和活动的参与人员。主讲人自身的学识功底、演讲口才、情绪调动等方面的素质，以及自身的知名度、影响力，对于讲座成功的意义是不言而喻的，有时甚至超过了主题本身，这就是我们通常所说的"冲着某人"才去听讲座。对于讲座组织者而言，一个必须思考的问题就是，在讲座主题确定后，由谁来主讲？需要了解主题所在专业、行业、学术领域内的专家、学者以及资深人士的情况，通过不同的渠道和方式对这些信息进行收集、调查，即使在同一领域内专家们也各有研究、擅长的不同之处，因此需要对专家们做出了甄别，最终确定人选，最好还有备选人或者其他的替代方案。这是一个信息获取、加工、利用的过程，既是知识和阅历积累的过程，也是对资源获取能力的锻炼。人选确定后，接下来的事情就是邀约，也就是联系并落实主讲者。如果能够邀约成功，则讲座已经成功了一半。

主持人是活动开展过程中的"线"，通过主持人的穿针引线，将活动整体化、主题化，一以贯之。同时，主持人要能有效化解活动开展过程中的各种突发事件，保障活动有效开展。所以，主持人的选择要考虑到这些因素。

参与人员的范围需要根据活动主题来确定，如果是比较大的、宽泛的主题，参与人员的范围就要涉及面比较广，甚至是特定范围内的全体人员参与；如果是小的、学科性的、专业性的主题，可组织相关骨干人员以及感兴趣的人员参与。

5. 活动时间与场地

活动时间与场地要根据活动主题、活动内容来确定。主题或专题讲座要根据主讲人的时间、教师的时间来统筹考虑，需要全体教师参与的，场地要足够大；只是课题组或教研组的活动，场地可以灵活，私密性强些。待前面的相关内容确定后，要提前预订好场地；活动开始前一天，要提前布置好场地、调试好相关设备。如遇突发情况，要有备选场地。

6. 活动产出

活动结束后，要认真组织复盘，并按照活动方案，反思活动预期产出是否达成，达成的程度如何，有哪些问题，总结经验，今后如何避免。有效的复盘是对未来有效组织相关活动的有力保障。

活动结束并不意味着整个事情结束，还有相关的事项需要跟进，比如会议录音、相关活动照片需要整理，相关专家劳务需要跟进，活动的新闻稿撰写以及宣传，等等，要安排好相关人员分工明确地认真跟进，为活动的真正结束画上圆满的句号。

7. 活动资料

活动结束后要做好相关材料的整理归档，包括活动前期设计、活动相关表格、活动议程及相关资料、建立信息台账、活动宣传稿及照片整理等，保证档案的完整可查。

三、中小学科研活动的组织与实施

中小学科研活动的组织与实施绝非简单的事情，需要从问题出发，最后又落脚到互动活动，才能真正让广大教师有效地参与并且受益。中小学科研活动的组织实施，包括充分准备、紧凑推进、总结提升等。此处我们以学术讲座活动为例，来谈一下科研活动的组织与实施。

（一）充分准备

活动的前期准备主要包括主题的策划、主讲人的物色、场地、材料、人员、议程等的准备。前期的宣传主要涉及海报宣传以及网络、广播等其他形式。组织者对于海报的设计，包括讲座主题的文字润色、版式设计甚至字体及其颜色的选择，不仅是一种形式上的追求，更是对讲座主题的理解和认识。一张海报设计质量的好坏甚至张贴地点的选择都会影响讲座的参与率，这已是由无数事实证明的经验。因此，讲座海报的全方位设计是组织者在物色主讲人后的另一件非常重要的事情。

讲座是在一定的空间里进行的，因此必须申请一定的场所，如教室、报告厅等。而教室的环境、容量等则要根据讲座的主题以及主讲人的身份等情况确定。在向教室使用管理单位申请活动场所的过程中，也涉及与人交往的问题，怎样向管理者陈述自己的意愿，特别是组织者预想申请的一定容量、一定地点的场所与管理者的判断并不符合的时候，又怎样进行申辩并最终如愿，这些都需要组织者事先考虑周全。

另外，讲座主持人的选择也是有讲究的，主持人虽然只是寥寥数语，但其气质与形象、得体的着装和言语、对讲座主题的认识和理解，等等，却能调动现场的气氛，为讲座的成功锦上添花。因此，主持人有必要了解主讲人的个人背景，并了解讲座主题的相关知识。

讲座的各种前期准备工作是讲座成功进行的重要保障，一方面为讲座的成功进行了一些基础性的工作，另一方面也显示出组织者推广和展示的意识与水平，包括将自己组织讲座的意图向外传达的意愿，同时也体现出对主讲人的尊重以及对教育资源应用的负责任的态度。

（二）紧凑推进

实施过程主要是基于主题把握任务进展、时间节奏等，以学术讲座的现场组织与控制为例，这一环节基本上是以主讲人为主并在其他力量的支持下完成的，所以我们前面讲主持人的选择也是非常重要的。当然，此前还有现场的一些布置工作，如讲座标题的书写或张贴、声像设备的准备等。这一过程其实还应该包括讲座正式开始前的接待工作，包括通过一定的联系方式与主讲人确认此次讲座并明确时间和地点，讲座前夕与主讲人沟通告知讲座选择的背景、教师参与的基本情况以及主讲人需要了解的其他一些情况，等等。如果由于种种原因导致参加讲座的人数与教室容量有较大的差距时，还应该采取一定的应急措施进行弥补，以免造成主讲人和组织者双方的尴尬，这些临讲前的准备工作同样是必需的。

主持人以适当的语言烘托出适当的气氛，介绍主讲人出场，此后讲座才算正式开始。在讲座进行的过程中，如果因为主讲人的水平影响了教师的兴趣以及其他一些原因造成了场面的骚动、人员进出频繁等情况，会直接影响主讲人的情绪以及真实水平的发挥，组织者、主持人应当通过适当的方式维持和稳定讲座现场的秩序。如果讲座后有一定的提问时间，主持人应当在征求主讲人的意见后对提问方式进行选择，是当场提问还是通过递字条的方式，需要根据现场的情况区别对待，并注意营造提问的气氛、提高提问的质量，使讲座互动交流能够热烈进行。根据主讲人事先的时间要求，主持人应当控制提问时间，按时结束，并致适当的答谢辞。

（三）总结提升

活动的总结提升主要是活动反馈，主持人总结、预期成果强化、后续工作布置等。讲座完毕后，作为组织者而言，事情并没有结束。对讲座全程的各个细节做出深刻细致的分析和剖解，总结得失、归纳经验，是一件非常有意义的事情。

有些没有亲自举办过讲座的教师可能会认为搞个讲座不过如此，简单得很，对他们来说这种看法多少还有一点"无知者无畏"；对组织过多次讲座的教师来讲，产生这样的想法可能并非真的是技术长进了，而是一种轻视的表现，或者说其并没有充分地意识到组织一场成功的讲座所给予人的教育机会的意义了，正是这种轻视使其自身失去了一次次能够提升的机会，也正是这些平淡和细微之处使得人在潜移默化中成长和成熟起来。

四、改善中小学科研活动的建议

基于中小学科研活动组织实施过程中存在的问题，例如活动主题缺乏设计、教师参与不够、成果固化不强、总结提升不多等，中小学科研活动改善需关注以下几个方面：一是活动开展校本化，二是活动设计精细化，三是活动管理规范化，四是活动开展常态化。

（一）活动开展校本化

问题逻辑是中小学教育科研活动开展的前提，按照问题逻辑的要求来组织、设计研究活动是对中小学教育科研活动的基本要求。"为我"是问题逻辑的基本起点，定位、路径和方法是问题逻辑的基本要素。"研究什么"和"由谁研究"是中小学教育科研能否真正校本化的两个基本点。实现中小学教育科研的校本化，要抓好选题和组织实施两个基本环节。具体地说，就是要抓好以下关键点。

一是选题思路的调整。只有研究的问题与学校的发展、与教师的本职工作紧密关联，它才会得到广大教师的真正认同，教师的主动参与和问题的真正解决才会成为可能。因而，这种问题宜从切实可行的角度，针对学校、教师、学生等不同的主体，从问题现象入手，以实地调研为基础，透过现象发现本校存在的真实问题，从问题中提炼出相应的研究课题，切忌脱离本校的实际选择课题。

二是问题的解决主要依靠本校的力量。教师是学校各种教育教学活动的实践主体，他们参与研究的深度和广度决定了研究活动与实践活动结合的程度，决定着问题解决的质量高低。因而，校本化要求问题的提出、解决过程必须以本校的教师为主体，通过本校教师的力量来完成相关问题的研究与解决。让教师在研究中借助于反思、实践、培训等手段实现问题解决和自身发展。

只有坚持以上两个基本点，以研究促进发展，才会成为可能，否则，中小学教育科研活动就存在脱离学校实际的危险。中小学教育科研就可能走向形式主义。

（二）活动设计精细化

"由粗到精，去伪存真，精益求精"是中小学教育科研活动精致化的基本历程和重要要求。实现中小学科研活动的精致化，要善于把握以下几点。

一是要广泛借鉴。通过对相关信息与研究成果的收集、整理和筛选，了解此类问题解决的基本原则、方法和相关研究所达到的水平，结合学校教师所面临的真实的问题场景，引入可利用的思路和方法，使活动的设计建立在一个更高的平台上，为问题的有效解决和创新奠定思想基础。

二是要注重反思。反思是对活动设计、具体活动的价值判断，追求对自己工作的否定之否定。因而，通过反思才能去粗取精，扬优弃劣。"全程、全面、深入"，是对反思的基本要求。研究者特别要注意抓住认识和实践这两个基本点进行反思，揭示二者之间的关联性，坚持以认识统率实践，以实践促进实践，使研究活动不断深入。

三是要适时调整。问题解决的过程并不是一个线性的过程。在这个过程中难免有反复，这需要研究者根据问题解决过程中出现的新情况，及时对解决问题的思路、策略、方法加以调整、丰富和完善，以求更有效地解决问题。

（三）活动管理规范化

学校要健全管理机构，厘清活动管理的职责，加强过程管理，完善科研管理制度。制度是工作的规范和保证，没有一套科学的管理制度，其管理体制就不健全。科研活动管理包括科研立项审批、过程检查、结题验收、经费报销、科研评价等环节，要使科研活动规范化、制度化，每个环节都必须有章可循，同时根据这些制度"有章必依，执章必严"。只有健全管理体制，提高科研管理服务意识，才能为科研工作保驾护航。此外，学校要加强保障机制的建设，主要是为科研活动提供必要的经费、设备、场地，以及建立对这些物质有效使用和管理的制度。

（四）活动开展常态化

虽然目前课堂教学活动仍是中小学活动的常态，但是伴随着教育现代化的推进，伴随着现代学校的建设及对中小学科研的重视，科研活动将逐渐成为中小学活动的常态。科研将不再外在于教师，而将成为教师的一种自觉活动。科研活动的常态化开展为教师挖掘自身优势、开发科研潜能、大胆探索教育教学等提供了契机。科研活动的常态化开展，必将提升教师的科研能力，进而提升教师的教育教学能力，改善学校的科研氛围，提升学校的教育质量。因此，我们倡导中小学科研活动常态化开展，内生于教师的教育教学活动中，成为新时代中小学促进内涵发展的重要抓手。

第五章　中小学科研成果的实践转化

　　中小学科研成果是指中小学管理者或教师开展科研工作所取得的各类成果产出。成果类型主要包括教材、课程体系、教学模式、育人模式、课例等。中小学教师开展教育科研工作，要有成果意识，高水平的科研成果和高水平的科研转化力，对于教师专业水平的提升与教育品质的提升意义重大，也直接体现了科研的效益。因此，学校和相关的课题管理部门，应该重视科研课题的转化，采取多种措施，整合多方力量，支持与帮助中小学教师实现教科研成果的有效转化，并尽可能大范围内进行推广，使教育科研真正发挥引领教育实践、解决教育难题、促进教育改革的作用。

一、中小学科研成果类型与实践价值

　　中小学教师开展教育研究，主要是基于实践中出现的难以用经验解决的问题，采用科学的研究方法与规范的研究程序进行系统的分析和研究，最后对问题进行有逻辑的回应，形成一定的研究成果。一般而言，中小学科研成果按照最后的呈现形式，主要分为经验反思、教育故事、调查问卷、观察量表、研究论文、调研报告、管理案例、教学案例、经验总结、工作方案、制度文本等。以上诸多研究成果，按照其性质的不同，有学者将其分为三类。

（一）基本认识类

　　基本认识类成果主要是指研究者对所研究的问题的基本属性的认识与理解。在中小学教育科研过程中，集中表现为研究者对问题现状的把握和所持的基本理念，常常包括研究的问题是什么、研究与实践的现状如何、有哪些类型与特点、影响或制约问题解决的因素有哪些等，并通过调查报告、论文等形态表现出来。

基本认识类成果是课题成果的基本内核，是其他成果产生的重要基础。对中小学教师的教育教学实践而言，此类成果主要是引导教师形成对问题的基本认识，形成认知基础，指导后续的问题解决与行为改进。例如，教师开展一项提升学生倾听能力的研究，首先需要对什么是学生的倾听能力、学生倾听能力的现状与基础如何、存在什么问题以及问题的成因是什么等问题有基本的认识和把握，这是后续进行提升策略实践研究的基础。比如，题为"某某小学四年级学生课堂倾听的现状与对策"的论文，就属于此类研究成果。

（二）操作技术类

操作技术类成果是指研究者用以解决问题的具体的策略和方法。它是基本认识类成果指导下的产物，直接作用于所研究的问题，并对其中存在的弊端进行革新，实施改造，具有典型的工具性、技术性，是基本认识作用于教育教学实践的主要载体，是课题研究思路的实际表现，是改造教育教学实践的工具。它一般表现为了解现状的工具（如调查问卷及使用说明、调查提纲等）、实施方案、实验内容（教材）、评估标准、监测评估量表等具有典型的技术性特征的材料，并共同构成直接作用于实验对象的内容体系，成为改造教育教学实践的重要基础。

操作技术类成果既是某一课题在研究阶段的重要成果，又是该课题成果进一步推广应用时改造和优化实践的主要技术手段。对于教师的实践工作而言，此类成果的主要价值在于为教师改进实践提供了操作性的工具。如上文所说的关于学生倾听能力的研究，在操作技术类的成果方面，主要表现为学生倾听能力的调查问卷等。教师运用调查问卷对学生的倾听能力进行系统的了解，科学分析学生在倾听方面存在的问题及未来的改进空间，并指导未来的实践。

（三）实践探索类

实践探索类成果主要是指立足于实践将某些认识或操作技术进一步具体化、个性化，以指导或反映具体的教育教学实践活动。它是认识与实践的结合，即认识的实践化、实践的认识化，具有初步抽象的特点；主要反映研究实践中的一些最基本的做法，即研究者改造教育教学实践的具体做法或实际操作，常常是研究和教育实践的真实反映。一般表现为典型案例分析、研究心得或随笔、经验论文等文字材料，或活动的录音、录像等音像材料。

它是中小学教师普遍认同和实践的成果形态，是中小学教育科研成果如何实现其价值的集中表现，也是最容易实现实践转化的成果。比如，还是上述关于学生倾听能力的研究，教师在了解学生倾听能力的基础上，制定可操作性的干预策略，并形成了改进案例，就是这类成果。

以上学者对中小学科研成果的类型划分，为学校在实践中开展科研成果转化工作提供了直接的依据。例如，基于对问题的认识形成的论文，可为今后类似问题的提出与选题确定提供依据和参考；调查中形成的调查问卷可用于类似问题的现状调查，等等。将研究所呈现的成果进行清晰界定，是探索其如何转化的前提和基础。

二、中小学科研成果实践转化的价值与意义

2019 年 10 月，教育部颁发的《关于加强新时代教育科学研究工作的意见》中明确指出"增强科研成果转化意识，引导鼓励开展政策咨询类、舆论引导类、实践应用类研究，推动教育科研成果转化为教案、决策、制度和舆论"。这从国家政策层面肯定了科研转化的意义和价值，同时对中小学科研成果的转化提出了纲领性的要求，基层实践工作者要以此为行动纲领，开展相关工作。

（一）实践转化体现科研效益

科研效益主要是指科研的投入和产出率，为完成一项科研课题工作，需要人力、物力、财力等多方面的投入，其直接的产出就是形成的课题成果

能转化为实践生产力,切实解决教育实践中的问题,对实践产生其应有的价值。从这个角度来说,课题成果的实践转化体现了科研效益,检验了成果的价值。具体表现在三个方面。

1. 高水平成果的产出,是直接的科研效益

未完成和仅产生低质量成果的课题,均做不到实践转化,所以,当一项课题的成果能够实现转化时,有一个基本的前提是研究者完成了整个研究过程并形成了达到结题标准的研究成果,这在一般意义上已经实现了基本的科研效益。

2. 成果的实践转化,证明了选题的价值性和研究过程的科学性

从研究成果反观研究过程,可以发现,如果一项课题研究取得了可转化的研究成果,首先意味着在选题方面是有价值的,也在一定程度上意味着研究过程是科学合理的。一般而言,只有这两方面条件同时被满足,才有可能产生值得转化的课题成果。

3. 科研成果的有效转化,证明了研究成果具有很高的学术价值

最后,需要强调的是,具有实践转化力的成果本身具有很高的学术价值。其学术价值可能体现在以下几方面:其一,研究问题得到了较好的回应,形成了系统化的研究结论;其二,研究结果对未来的教育实践改进具有启发意义。

综合以上三点论述,中小学教师进行教育科学研究,如果能选择一项有价值的课题,在科学的研究方式的引领下,依据规范的研究程序,最终完成了研究,且形成具有实践转化价值的研究成果,即为一项有效益和价值的研究。因此,实践转化体现了科研效益,是对成果价值的检验。

(二)实践转化促进教师专业发展

一般而言,中小学科研成果的产出主体是中小学教师,科研成果进行转化的实践主体也是中小学教师,即成果的产出者和受益者都是中小学教师,因此,科研成果转化的第二项重要意义就是促进教师的专业发展,具体表现

在提升教师的专业情意、充实教师专业知识和优化教师专业能力三个方面。

1. 提升教师专业情意

越来越多的教师参与到科研工作中来，拥有了自己的研究成果。多数时候，这些成果在被研究出来后就完成了其使命而被束之高阁，这显然是非常可惜的。如果此时，能引领教师进一步思考，将初步研究的成果进一步运用到自身的教育教学中，使其转化为一种真正的教育力量，将对教师有极大的激励作用，会激发其开展研究的积极性和内在动力，从而更自觉地加入到教育科研者的行列中，成为教育研究者。作为研究者的教师，其专业自信会不断提升，自我效能感得到发展，教师的专业情意会自然得到提升。

2. 丰富教师专业知识

高水平科研成果的产生，需要经过严谨的程序和步骤、采取科学的路径与方法，并需要研究者系统的梳理与理性的提升。这样的研究成果若要进一步运用到实践中去，转化为教师的教案、思想、行动等，需要研究者不仅要清楚自己成果中的观点、方法、操作程序等内容，还要能清晰地回顾自己在研究过程中所采取的行动、运用的方法等。在这样的凝练与再回顾中，研究者对于教育科研的过程、方法等有了进一步的思考与体会，形成了关于教育的新知识。通过转化可以在实践中进一步检验成果的价值以及科学性和实用性，明确成果的可行性和适应性，发现在研究过程、研究方法和研究结论中存在的不足或谬误，澄清问题，深化研究。教师在成果转化过程中会使本领域的知识得到进一步的丰富和深化。

3. 优化教师专业能力

从根本上而言，中小学教师开展教育科研活动，终极目标是促进教育教学工作的改进与提升，提高自身的专业能力，只有当研究成果真正运用到实践中去，转化为教育生产力后，才算实现了研究的目的。因此，可以说，开展教育科研成果转化工作是教师从事教育科研活动的必然选择和要求，教育科研成果转化能有效地推动教师专业能力提升。具体表现在：提高教师运用理论解决实践问题的能力；提高教师的认识水平，拓展教师的思维空间，增强教师解决问题的能力，扩大教师的专业自主；使教师对自己的教学行为有更高层次的反思，直接或间接地提高教学水平和能力。

（三）科研转化促进教育品质提升

教育科研成果能有效地解决学校教育变革和发展中的一些深层次的问题。而教育科研成果要想在教育教学实践中发挥其应有的作用，必须通过转化应用来实现。科研成果促进教育品质提升表现在三方面。

1. 科研课题来源于教育改革中的真实问题

我国中小学教育科研活动的兴起，与学校办学自主权的不断提升和科研兴校观念的日渐强化息息相关，在这样的宏观背景下，学校与教师的自主性和主人翁意识不断增强。学校领导与教师愿意花更多的精力去研究如何解决教育教学改革中遇到的问题，如何更好地提升办学品质，从而把学校办好，办人民满意的教育，学校的研究课题在这样的诉求下应运而生。因此，提升教育教学品质是研究成果转化天然的使命，当把研究成果恰到好处地运用到实践中去时，科研成果就真正转化为了教育的生产力。

2. 科研成果是教育问题的解决方案

一般而言，教育科研成果的生成意味着针对提出的研究问题开展了系统化的科学研究，从而产生了新的理性认识。这一般代表着在该教育领域的新知识、新发现、新思想，而这些代表"新"的科研成果转化为实践的过程，必然意味着旧框架的突破，意味着以新思想、新制度、新方法、新措施、新工具来应对新情况和新问题。很显然，科研成果就是研究问题的系统解决方案。只有通过转化应用教育科研成果，才能分析和甄别当前教育成败得失的根源，总结教育变革的经验教训。可以说，教育科研成果转化是进行教育变革的先决条件，是推动教育教学变革的强大动力。

3. 成果转化最终意味着教育品质提升

改革本身不是目的，改革的终极目的是提高教育教学质量，培养德智体美劳全面发展的社会主义建设者和接班人，培养适应面向现代化、面向世界、面向未来的创新人才。教育科研成果转化，既是一个教育思想转化的过程，也是一个教育行为实践的过程，可以充分发挥教育科研成果对教育实践的指导作用，提高教育教学的有效性和教育教学质量，促进高水平、高质量教育的实现。

三、中小学科研成果实践转化的基本思路

中小学科研成果若要得到有效的实践转化，真正形成教育生产力，要基于科学有效的思路，具体包括以下三个方面。

（一）明确成果转化意义，全员高度重视

教师的科研成果要想真正实现转化，首先需要从认识上将其放到一个重要的位置，明晰科研成果转化的重要意义，全校层面予以高度重视。为了提高全校教师的重视程度，可以从以下三方面着手对其进行强化。

1.重视多元主体参与，共同完成成果转化工作

学校层面若要将每年的科研成果都进行归类分析总结，最后进行恰当的转化，至少需要学校领导、科研负责人、教师和相关领域的专家学者共同参与。不同参与者承担着不同的任务，学校领导从学校发展角度整体把关，判断学校的课题研究成果该如何分类转化，是否值得在校内或者更大范围内转化和推广；学校科研负责人主要依据相关标准对学校的课题成果进行综合的评价；教师可以是参与课题研究的教师，也可以是未参与课题研究的教师，主要从实践价值等角度对成果进行考察和分析；专家学者主要从研究的角度，侧重对成果的科学性和创新性等做出评价和考察，最终促进科研成果的有效转化。

2.建立学校科研成果转化的基本程序，并按部就班地开展相关工作

基本的程序包括：发布成果征集与遴选的通知，让有意向的教师知晓评选活动；完成课题研究形成一定成果的教师对自己的科研成果按照标准进行初步整理；学校收集成果并归类、分析、梳理和总结；按照分类，对成果进行不同的转化方案的设计，从而进入实践转化程序。

3. 将成果转化工作制度化，成为学校一项固定工作

只有制度化，才能确保工作的持续性，从而引起教师的兴趣，重视成果转化在教育研究中的重要作用，把这项工作真正落到实处。如果三天打鱼两天晒网，时做时不做，教师会以为领导是一时兴起，因而不能真正意识到此项工作的重要性。

（二）厘清成果价值定位，明确转化方向

通过梳理各级各类课题组织单位的立项及结项课题以及各级别教育教学成果奖评选的成果情况，我们发现目前中小学的科研主要涵盖区域教育改革、学校教育品质提升、特色课程建设、教学方法创新和学生行为改进与转化等领域，因此，相应科研成果的转化，也主要在这些方向努力。

1. 推动政府决策，促进区域教育改革

每年的各类课题申报中，一大重要主体是区域教育行政部门的工作者和区域教研部门的研究者，他们研究的问题主要聚焦于区域的教育决策与改革。例如，在高中语文课程新一轮改革中，语文学习以任务群的方式进行重构，其中"整本书阅读与探讨"成为十八个任务群之首，此时，区里负责高中语文教研的教研员，设计实施一项关于高中整本书阅读实践策略的课题，对于指导区域内高中语文教学工作便具有非常重要的指导意义。

2. 转变教育理念，提升教育品质

近些年来，越来越多的学校管理者开始重视以研究引领学校发展。在这样的背景下，以管理者为主体，组织研究团队，以改进学校整体发展为基本诉求，设计实施研究课题，开展深入研究，成为当今中小学科研的重要组成部分。此类课题的转化方向是在学校管理领域，转变学校整体的教育理念，优化学校管理策略，从而全面提升学校教育品质。

3. 实现课程转化，丰富区域与校本课程

实施新课程以来，国家、地方和校本课程共同构成了中小学的完整课程体系，一部分课程的开发与实施权从国家课程权力中分解出来移交到了地方

和学校。其中，地方课程由地方教育行政部门、教科研部门等组织人力进行开发，校本课程由学校自行开发。基于此，为了让课程更好地为本区域或本校学生的发展服务，区域与学校都非常重视特色课程建设的相关研究，希望借此开发出更能适合本区域或学校学生发展需要的课程体系，以此为主题的科研课题也是层出不穷，因此，转化为区域与校本特色课程，便自然成为科研成果转化的重要方向之一。

4.丰富教学资源，创新课堂教学方法

课堂是学校教育的主战场，高水平的课堂教学是学校的核心生命力。作为教书育人的生力军，中小学教师从事教育科研，多数是从自身的教学实践出发，以解决教学中遇到的问题、改进教学实践、提高教学水平为目标，因此，教学类研究在中小学教科研中占据非常大的比例。此类研究的成果，多数表现为开发便捷可用的教学资源、创新课堂教学方法等，因此，其转化的方向为丰富教学资源，创新课堂教学方法。

5.指导学生发展，丰富学生实践活动

在"立德树人"作为教育根本任务的大背景下，研究中小学如何实现"育人"，是基础教育研究重点关注的领域，该领域课题主要从学生德育和心理健康等关乎学生人格发展的方向入手，以期通过理论与实践研究，探索出涵养学生健全人格的多元路径。"社会网络视角下同伴对青少年暴力行为的影响研究""明暗环境对青少年道德行为的影响及其作用机制"等立项课题都属于此类研究。对此类研究的侧重点和研究内容分析发现，此类研究成果的转化方向是丰富学生实践活动和育人机制，以指导学生的发展。

（三）分析成果影响范畴，确定转化范围

一般而言，科研成果的价值体现在理论意义和实践价值两个方面。因此，我们在讨论科研成果转化时，需要从其理论意义和实践价值两个维度去考察和分析，判断其适合在多大范围内进行转化。

1. 科研成果的理论意义

一般而言，高品质的科研成果需要具备以下品质：第一，成果的产生依循科学的程序，经过理性分析，不存在科学层面的错误和硬伤，这是最根本的要求；第二，成果要超越已有研究成果的观点和发现，在原有基础上有所创新；第三，研究成果不能是单摆浮搁的一项反思、一个案例或一份调查报告，而应是基于研究问题的系统性的成果。因此，科学性、创新性与系统性，构成了科研成果质量的基本评价指标。从转化的角度而言，科学性、创新性与系统性与成果可转化的范围基本成正比。

第一，成果的科学性。它要求成果符合客观实际，有扎实的事实基础而非主观臆造，反映事物间规律性的联系而不是现象和表面的联系，结论是客观真实基础上的合理引申而不是根据主观的构想而任意挑选的事例堆砌。可以从以下几点考察科研成果的科学性：研究问题是否符合客观实际，是否经过系统思考和严谨论证后提出，有没有进一步探究的价值；研究计划和设想是否有理论或实践经验为依据，研究方法是否科学，研究程序的设计是否严谨；研究过程是否按计划执行，收集的资料是否客观、可靠和完整；是否对所得到的资料进行了科学的整理和分析，并由此得出合理的结论。科学性是科研成果的首要条件，关系到科研成果是否成立。

第二，成果的创新性。这是评价科研成果水平高低的核心和重点，在实证研究中的新发现和新见解，在思辨研究中的新论点和独到的分析，运用新的研究方法和研究思路，提供新材料（新的事实依据）等，均可视为成果的创新性。评价创新性可从以下几个方面进行考察：是否解决了别人没有解决的问题，是否形成了新概念、新观点、新见解和新结论；有没有在各概念之间建立起规律性的联系，得出规律性的认识；有无切实可行的操作方案，是否建立了明确的研究图式；理论是否具有完整性、系列性、形式美。

第三，成果的系统性。所谓系统性，主要是指针对研究问题，在课题组成员共同努力下，经过严格的研究过程，最终形成的系列化的研究成果，而非一个人或者针对一个具体的细节发表的一些观点和见解等。评价成果的系统性可以从以下几方面考察：是否针对研究问题进行了系统的分析和研究，最后对研究问题是否进行了系统化的回应；是否课题组成员共同参与，研究过程大家共同献计献策，研究成果为共同努力所得；研究成果的类型是否包括基本认知类、操作技术类、实践探索类等多种类型，有利于在多个维度上转化为实践生产力。

2. 科研成果的实践价值

科研成果若要具备比较强的实践指导性，至少需要具备以下几方面特征：第一，科研成果为实践所需要，找到了供需的结合点；第二，科研成果能真正对实践产生指导意义，而非空中楼阁式的空想；第三，科研成果转化为实践的过程中，需要具有较强的可操作性，能实现一步一步的转化。因此，需要程度、指导性和可操作性，共同构成了科研成果的实践价值的考察指标。

第一，成果的需要程度。教育科研成果能够被转化，一个基本前提是实践需要。一般而言，只有当教育实践满足不了社会发展和进步时，它才需要变革。只有当学校的教育教学实践需要变革时，才会需要教育新思想或新理论的指导。因此，如果某项研究成果的研究方向与相关的发现与学校和教师所渴望改变的教育教学工作现状相吻合，研究成果提供了问题的解决方案，那么成果的转化和推广便不再是纸上谈兵，而是形成了供需的市场、达成了供需的默契。如果离开了这种需要，成果的转化与推广就无从谈起。

第二，成果的指导性。指导性成就了研究成果的先进性和生命力，科研成果只有对教师的工作实践具有较强指导性时，才具有可转化的空间。课题成果的指导性时常受到研究问题的实效性的影响，在真实的情境中，时常会出现由于实效性导致成果丧失指导性的现象，这种实效性往往与国家政策的变化有关。

第三，成果的可操作性。我们在推广成果时应当选择适合于自己应用的、可行的和可操作的成果。教育科研成果一般可以分为两类，一类本身就具有可行性和可操作性，拿来就可以用，如属于技术形态的，以实施细则、方法、技术等可操作形态存在的成果（教育行政法规、教学仪器设备、测验量表、声像制品、计算机软件等），但是目前这类成果还不够。大量的则是属于知识形态、以理论概括性存在的成果（实验报告、调查报告、论文、专著等），研究者在理论与实践的结合上做了研究，取得了很好的成果，揭示了新的教育规律，但是还没有成为完全可以操作的技术开发性成果，还需要进行拓展性研究，需要把成果进行转化，最大限度地提高转化推广的成功率。

四、中小学科研成果的实践转化机制

厘清科研成果转化方向和范围后，需要建立实践转化的机制来确保转化工作的顺利开展。成果转化机制是联结中小学教育科研成果研发与中小学教育教学实践的中间环节，是中小学教育科研成果推广应用的有机组成部分。

（一）中小学科研成果转化机制的特点

机制的基本内涵是各要素之间的结构关系和运行方式，中小学科研成果转化机制即中小学课程成果转化过程中涉及的各要素之间的结构关系和运行方式，这些要素包括教育科研成果与教育实践、科研成果的创造者与成果使用者、转化机制运行的外部支持者与各支持条件等。从本质上来看，中小学科研成果转化机制具备以下特点。

1. 中小学科研成果转化机制具有关联性

中小学教育科研成果先经由研发的程序而生成，再经过"转化机制"的中介作用，到达教育实践中，对其发挥指导作用，作为成果研发与实践应用之间的中间桥梁，"转化机制"具有天然的关联性，具有承上启下的功能和作用。一方面，它直接承载着中小学科研原生成果，并对原生成果的品质、功能、适用性等进行全面的判断，识别出能最大程度与实践发生联结的原生成果。另一方面，它又直接连接着教育实践，为教育实践输入解决问题的基本方法。基于这一机制，中小学教育科研成果的转化推广才能将原生成果与新教育实践直接联系、与具体的教育场境相对接，此时如果成果应用者不能及时地理解成果的本质与内涵，将会削弱成果应用的价值。

2. 中小学科研成果转化机制具有整合性

围绕着对原生成果的有效转化，中小学教育科研成果转化机制内部诸子系统彼此依存，既相互联系，又分工合作，共同构成一个整体。各子系统内部诸要素之间亦聚焦于原生成果的有效转化，进行第二层次、第三层次的分工与合作。通过不同层次不同要素不同方式的作用，原生成果与现实问题得以结合成为一个整体。同时，中小学教育科研成果推广应用的转化机制根据自身工作的实际状况进行自觉的调整、优化，以发挥其最大效益。离开了任何一个子系统及其彼此的关照，这一机制就变得残缺，失去其应有的功能，乃至根本无法运转。

3. 中小学科研成果转化机制具有人本性

中小学教育科研成果的转化机制是与人（教育工作者）的素质紧密联系的。成果转化的实践者是教育工作者，他们对成果的价值判断与认可以及自身所具有的研究素养是这一机制得以运转的重要基础，是决定这一机制运转效率的重要因素。成果应用者立足于对原生成果和自身面临的教育场景的理解、判断，通过内隐的反复比较、筛选、具体化等思维活动，才能将原生成果转变为应用状态。离开了人的主观能动性，这一机制的运转就会变得形式化，乃至成为空想。

（二）中小学科研成果转化机制构成及运行

中小学教育科研成果推广应用的转化机制由动力系统、技术系统、支持系统这三个子系统构成。

1. 中小学科研成果转化的动力系统

中小学科研成果转化的动力系统，是由为成果推广应用提供原动力的要素而构成的子系统，它是转化机制的关键组成部分，承担着成果转化的启动任务。动力源包括教师自身发展需求的内在动力和学校及行政力量推动的外在动力，二者共同发挥作用，动力系统才能更好地运转，发挥其应有的作用。其中，作为内在动力的教师自身发展需求是核心与基础动力，直接推动着教师将自己的科研成果转化为实践改进行为。教师科研成果转化的外在动力主要包括学校和行政力量，例如，学校将教师的科研成果转化作为教师绩效考核与评价的重要指标，以此激励和督促教师开展教育科研活动并推进成果在实践中的转化。再如，教育行政部门在制定教师的职称评审制度时，将教育科研作为重要的评价指标，以此推动教师开展科研工作。这些作为外部力量，共同推动教师重视科研成果的实践转化。

2. 中小学科研成果转化的技术系统

中小学科研成果转化机制中的技术系统，是指是由对原生科研成果进行加工的策略及其详细的操作性要点等构成的子系统。它是转化机制的核心组成部分，承担着对原生成果的具体加工任务。技术系统运行将会使原生成果的相关理念、认识聚集于解决问题的技术，具有真实的操作性和解决问题的可能性。

3. 中小学科研成果转化的支持系统

支持系统是由为实现原生成果顺利转化提供相应的支撑条件的要素所构成的子系统。它是转化机制正常运转的重要前提和基础，为成果转化提供相应的平台。支持系统中的基本支撑条件是由场境支持和设备支持共同构成的。支持系统的存在将会使原生成果从一般到特殊、从抽象到具体，反映成果在特殊环境中的存在与应用状态，反映成果在新环境中的个性与特色。

三个子系统构筑成完整的转化机制，各子系统既相互独立又密切联系，按照特有的方式进行运转，以实现其固有的功能。

（三）强化中小学科研成果转化机制的三大系统

基于以上对中小学科研成果转化机制中三大系统的分析，分析实践中如何通过三大系统的构建和强化，切实提升中小学科研成果的转化力。

1. 建立校本培训与区域推广机制，完善动力系统

作为科研转化内在动力源的教师自身发展与教育改革诉求，是科研成果转化的根本动力。因此，要通过校本培训的方式，强化教师们的科研意识，提升其科研能力，更新其教育观念，让老师们更多地意识到先进科研成果与

教育理论对其自身教育教学实践的重要指导意义，挖掘出教师学习和运用先进教育科研成果的内在诉求。作为外部动力要素的教育行政力量，可以通过评估、激励等多种方式，推动和引导教师重视先进科研成果的力量。内外部共同发力，完善动力系统，使科研成果转化能更好地得以启动。

2.开展科研成果的"项目化"转化机制，强化技术系统

技术系统承担着将原生成果转化为适应新实践的"场景化成果"的任务，是整个转化机制的核心，如何探索出常态化、精细化的机制，确保成果转化过程中技术系统的先进，是科研转化机制高效运转的关键。上海市黄浦区在这方面做出了很好的探索，积累了先进经验。2013年起，黄浦区开始探索在区内推广和应用优秀教育科研成果的项目运行机制，接续常态化、精细化的课题管理，将成果研发与投放应用并举，以期形成区域教育科研课题研究、成果评优、推广应用、深化发展的良好生态。2016年黄浦区正式立项市级重点课题"区域教育科研成果推广应用项目制的探索与实践"，在用"项目制"推进区域教育科研成果推广应用的实践中提炼经验，归纳方法，研究科学、合理、有效的成果推广项目运行机制。

3.群策群力，建立科研成果转化与推广服务机制

一般而言，成果推广不是成果创造者主动所为，成果接受者在信息沟通不够的情况下，也很难主动登门学习。各级科研管理部门、教师培训部门是成果推广最重要的组织者，尤其是教育科研管理部门，有义务、有责任推进成果推广工作。为此，需要建立相应的保障机制，实现成果推广的可持续跟进，其策略包括课题立项的支持性策略、成果评选的优先性策略、工作考评的标准化策略等。例如，建立优秀成果资源库，分类别、分领域、分适用层次聚集优秀成果，以菜单方式向外广泛宣传，让更多的单位和个人知晓成果方向，以便于遴选和交流。对于入库的成果应予以相应的肯定与激励。

五、中小学科研成果转化的实践过程与行动策略

有了以上的宏观方向和机制，针对某项或某几项科研成果，究竟怎样实现实践转化，可以依照以下策略来进行。

（一）关联分析，找到成果转化的实践落点

科研成果实现实践转化，首先需要找到科研成果与实践需求之间的契合点，即找到科研成果的实践落点，这是转化的前提，也是实现成果转化首先要完成的工作。一般而言，中小学教科研成果的实践转化落点，可以分为以下三种。

1. 转化为工作理念

作为教育研究成果，其出发点是教育，其落脚点也应该回归到教育教学活动中。很多课题研究成果，回归到教育教学活动中，转化为一种全新工作理念，给教育教学活动以更多的理论支持和科学指导。例如，有教师经过研究发现，提高学生的课堂倾听能力是提高课堂教学有效性的重要途径，那么就可组织有相关研究兴趣的老师在自己的教学实践中对整个结论进行实践性的检验，看能否成立，如果成效显著，就可转化为一种工作理念，在课堂教学中重视学生倾听能力的提升，以此提高课堂教学的有效性。再如，清华附小开展的语文主题教学实践研究获得第一届基础教育国家教学成果奖，这个研究始于对传统语文教学忽视语文的育人价值等弊端的探索，找到了在语文课堂上同时实现"教书"与"育人"的路径，研究取得的诸多理性经验，被很多学校学习，成为指导很多语文教师开展教学工作的全新工作理念。

2. 转化为实践工作模式

教育科研工作产生的研究成果，是对教育实践的理性认识，结合教育实践并糅合一线教育管理者、教师的经验，可以形成科学的实践工作模式，包括管理模式、教育模式、课堂教学模式等。实践工作模式以教育理论为指导，可以很好地承载教科研的成果，为学校的实践活动提供规则引导和模式支持。教科研成果是个人经验和集体智慧的结晶，有很高的理论和实践价值，如果将其结合实践进行科学的转化，让其回归到实践，则能在教师成长和学校工作效率的提升等方面发挥积极的作用。

3. 转化为实践案例

教科研的理论成果由于其抽象性可能造成理解的偏差，如果能将其转换

成实践案例则可能使学校管理者和一线教师设身处地体会其内涵，也便于其在实践中进行借鉴和模仿。实践者首先要全面深入地理解相关教育理论，然后结合学校教育教学实践，筛选出最能体现该理论的课题，糅合该课题充分展现理念的精华和应用，形成典型实践案例。例如，"深度学习"作为一种先进的教学理念受到诸多研究者与一线教育实践工作者的青睐，其究竟在课堂当中如何实现，不同的老师经过研究可能形成不同的模式，但若仅介绍模式，学习者可能很难理解和把握，如果结合具体的课例加以展示，会使学习者产生直接的经验，减少误解的发生，提高转化成效。

（二）系统谋划，设计实践转化的具体方案

找到实践落点后，就要明确实践转化的目标，并依据目标形成具体的转化方案。比如，闻名全国的十一学校选课走班制改革，经过多年实践探索与研究，形成了丰富的研究成果与实践经验。高中新课改与新高考的背景下，选课走班成为所有高中都必须实行的学校管理机制，在这种背景下，学习十一学校的先进研究成果，从中汲取经验，并将其转化为自己的实践工作方式，便是一种典型的科研成果的实践转化。需要变革的学校在系统学习十一学校的经验后，就要制定自己的具体方案。比如，先要厘清学校开设的所有选修和必须课程都有哪些；然后了解学生的选择意愿；接着进行教师、教室、时间等的调配与安排；学校管理制度的系统变革，等等。将每一步都梳理清楚，才能在实践中加以落实，在落实的过程中，还要对实践方案进行适时的调整，从而不断进行优化。

（三）试验先行，尝试性拓展科研成果的转化场域

学校的科研成果，在校内取得一定程度的实践转化经验后，要学会借力，通过借助多种平台，推动科研成果在小范围内（比如区域）的推广，尝试拓展科研成果的转化场域。

1.借助区域内教科研部门的学术力量，搭建成果推广平台

区域教科研部门承担着引领与指导区域内中小学开展教科研活动的基本

功能，他们通常会组织各种展示交流会议或培训交流活动，学校要善于利用这样的机会，为学校老师搭建平台，让学校的研究成果能在区域平台上发声。

2. 学校以教育学会为平台开展推广研究

鼓励学校参加教育学会等群众性学术组织，加入并参与教育科研成果推广的活动，利用这一阵地积极对外交流，把自己的推广心得、研究成果对外发布。同时，要利用这一阵地开展内部交流，建立研究共同体。

3. 充分运用学区、教育集团等学校协作模式，构建发展共同体

鼓励学校充分运用学区化管理、集团化办学等教育治理模式的优势，积极与协作共同体内的其他学校进行互动合作，构建发展共同体，将学校科研成果在伙伴学校乃至更大范围内进行推广。

（四）整体推广，扩大成果转化的辐射范围

经过上一阶段的试验，科研成果已经在一定范围内得到推广，为了进一步提升成果的影响力，需要在更大范围内进行整体推广，以扩大成果转化的辐射范围。其中，比较常见的方式有对外宣讲、发表成果、申报奖项等。

1. 参与学术会议，公开宣讲研究成果

学校和教师可整理自己的研究成果参与各类学术团体组织的全国性学术会议。在会议上系统介绍自己的研究，让同行了解自己的科研成果与实践转化过程，为有类似实践改进需求的同行提供可供借鉴的经验。例如，在某次基础教育改革与发展全国论坛上，成尚荣研究员以《立德树人根本任务下的地方课程开发与实施》为标题，介绍江苏省为实现立德树人根本任务在地方课程领域所做的探索与实践；于伟教授以《率性教学的理念与行动》为主题讲述了东北师范大学附小在教学领域的实践研究成果；程红兵校长的报告聚焦面向未来的课程改革，向与会者分享了其关于未来课程改革的思考与研究。这些分享都是基于中小学教育教学改革而开展的深入的实践研究，对参与会议的教育同行有很好的启发，有利于教育科研成果在更大范围得以转化。

2. 通过多种途径，公开发表研究成果

为更好地宣传自己的研究成果，研究者可通过论文发表、图书出版、媒体报道等多种方式公开发表成果，让同行可通过各种途径了解到符合自身需求、能对自己在实践中遇到的问题有指导意义的研究成果，并在实践中加以运用，使研究成果在更大范围内得以转化。例如，具有源源不断创造力的清华附小，多年来针对小学语文教学中单篇教学支离破碎、目标不清、教学方式僵化、工具性与人文性割裂等问题，尝试开展小学语文主题教学研究，经过多年探索，形成教学方面的创新：建构了"四位一体"的主题教学体系，其中包括明确指向语文素养与核心价值观的教学目标，重构语文课程内容，实施"长、短、微"课时设置，建立多元的评价体系；创新教学模式，包括"主题·整合"的单元教学、"预学—共学—延学"的课堂操作；建立课程资源库，包括《目标手册》《乐学手册》及其他。可见，清华附小即是在多年研究基础上形成了个性化研究资源和课堂教学策略，并在实践中不断深化。基于该研究撰写的学术论文，发表在国内核心学术期刊上，产生了较大的影响力，为同行提供了借鉴。

3. 申报奖项，扩大科研成果辐射范围

为了梳理优秀的教育实践研究成果，让优秀的实践经验与研究成果在更广泛的范围内推广，国家和地方各级教育行政部门或教研部门，纷纷组织各种成果评选。对于学校而言，此类奖项的申报与参评，是进一步梳理科研成果，扩大科研成果辐射范围的主要途径。

在各类评选中，权威性最大的是备受全国教育界关注的国家级教学成果奖，这是基础教育领域最高级别的奖项。1994年国务院发布的《教学成果奖励条例》，明确了教学成果奖的概念：反映教育教学规律，具有独创性、新颖性、实用性，对提高教学水平和教育质量、实现培养目标产生明显效果的教育教学方案；申明了申请国家级教学成果的基本条件：国内首创的，经过两年以上教育教学实践检验的，在全国产生一定影响的。从要求中可以看出基于研究的首创性以及在教育教学中的实践，对于教学成果奖的评审都非常重要。对于研究成果的实践应用及效果的考察，要求学校提供相关的支撑材

料来证明所提交的研究成果已经在实践领域发挥了重要的指导作用并取得了很好的成果。

最新一次（2018年）国家级教学成果奖评选中，上海市教育委员会教学研究室的《走向世界的中国数学教育——义务教育阶段数学课程改革的上海经验》和重庆市巴蜀小学的《基于学科育人功能的课程综合化实施与评价》两项成果获得特等奖。其中重庆市巴蜀小学的研究从2001年开始持续探索18年，不仅在校内课程改革实践中成效显著，还辐射到其他兄弟学校，研究的实践转化力非常强。清华附小《成志教育：小学立德树人的校本实践》、史家胡同小学《〈中华优秀传统文化·博悟课程〉开发与实践》等50项成果获得一等奖。其中，清华附小从1915年的成志学校历百年而成今天的成志教育，率先提出兼具理论性与实践性的成志教育系统育人模式。以成志为纲，厘清立德树人的小学价值追求；丰富"成志"的时代内涵，明确"有理想、有本领、有担当"的成志使命；确立"儿童站立在学校正中央"的教育哲学，形成指向理想与抱负、意志与品质、实践与行动的成志方略。在成志育人实践中，具化"十个一"成志教育目标，细化标准，保证国家课程高质量实施；确立"启程—知行—修远"学段三进阶、学科与活动育人的"1+X课程"、主题课程群立体化实施路径；建立具有挑战性、周期性的问题驱动、工具撬动等策略体系；创新儿童内生机制，形成"过程数据+关键事件+榜样引领"评价系统。在理论与实践的双向建构中，学校明确成志教育的内涵与时代价值，挖掘成志与立德树人的内在联系，使之成为逻辑主线和核心机制，揭示了立德树人的基本规律。

为了孵化出更多优质的教学成果，各级地方政府或教育行政部门，也设置了同样的奖项，希望学校能参与奖项的评审，分享自己在教育教学改革与发展中所做的探索。同时，各级科研管理部门与教研部门也组织了各种奖项与评选，例如，北京市教育科学研究院课程中心组织的课程建设先进单位和优秀课程成果的评选，是针对学校课程建设相关实践改进与研究而设计的评选。

学校要多多参与此类奖项的申报，借助申报奖项的机会，对学校的科研成果进行系统的梳理，将研究的阶段性成果展示给更多的学校和教师，让更多人有了解和学习的机会，扩大研究成果的辐射范围。

第六章　中小学科研管理者的专业能力及其提升

中小学校长（泛指校长、书记和副校长等学校管理团队）和中小学科研主管（多为中层干部）作为中小学的科研管理者，对于学校的科研乃至教育教学起着至关重要的作用。然而，目前中小学科研管理者的专业化程度及管理理念亟待更新。中小学科研管理者要基于自身的岗位职责，不断更新科研管理理念，明确科研管理定位，强化科研管理培训，完善科研管理机制，以提升科研管理能力。

一、中小学科研管理者的构成及其能力现状

（一）中小学科研管理者的构成

1. 学校科研管理机构设置

学校组织教科研活动，应做到组织到位，人员到位。也就是说，要有专门的机构和人员负责本校的教科研。大部分中学已建立了教科室作为学校科研组织，一些小学的科研组织是教研组。为促进科研组织的统一化管理，应倡导统一设立教科室作为学校科研组织，便于学校教育科研工作的顺利开展和校与校之间的沟通交流。

现在有关教科室与教研组、教导处之间的设置并不完全统一。有的学校是校长或副校长直接分管科研工作，就形成了教导处和教科室平行的机构设置，有的学校是将教科室纳入到教导处之下，由教导处直接管理教科室。不

同的机构设置都有其优势所在。不过从促进教研与科研融合的角度而言，应倡导将教科室纳入到教导处之下，在教导处又可分为教研室与科研室，这样便于教研部门与科研部门的融合和配合。有的学校将学校教导处与科研室合二为一，成为教科处，主持学校日常的教科研工作，下设语文、数学、综合三大教科组，也是一个有益的尝试。两个班子一套人马，便于教科研工作的开展。

教科室是学校教育科研的管理机构，是教师与上级科研机构、专家联系的桥梁和纽带。它负责规划和组织本校的教科研活动，为教师从事教科研活动提供服务和指导，其具体职能如下：负责学校教育科研的常规管理工作，例如课题的申报、科研经费的支出和发放等；科研情报的搜集整理工作，定期收集、编写与学校教科研相关的情报资料，包括当前的热点问题、学校改革的动向和趋势、学校课题的相关资料等；掌握本校的教科研需求状况、存在问题、如何发展等信息，并及时总结汇报，向学校提出参考性建议；为本校教师进行科研提供服务和指导，定期组织学校的教科研活动，包括科研方法的交流、科研成果汇展、举办专家讲座等。

2. 学校科研管理者构成

中小学校长（泛指校长、书记和副校长等学校管理团队）对学校的教育科研管理应该具有规划、领导、组织、参与、协调、监控和评价的作用，通过管理优化学校的人力、物力和财力等各种资源，以实现学校的科研目标。教育科研是一种探索教育规律的认识活动，校长在带领学校开展科研的过程中，自身需要较强的科研理论素质、管理能力、丰富的文化知识以及人际交往的综合能力，这些能力和素养在科研管理的过程中会不断地得到强化和提升。

中小学科研主管（多为中层干部）是中小学科研管理的主要执行者，他们负责中小学科研管理的整体运行，主要体现在科研战略管理、科研组织管理以及学术文化营造等方面。战略管理能力体现在战略规划制定、战略与资源匹配、资源整合和战略执行等方面。组织管理能力主要体现在目标决策、人际交往、沟通系统、计划执行、资源配置、绩效评价激励、选人用人育人、文化建设等方面。

（二）中小学科研管理者的能力现状

1. 科研管理理念亟待更新

一方面中小学科研管理者数量缺乏，另一方面科研管理者的能力素质亟待提升，管理者对教育科研的定位不准。管理者的科研理念、对科研的认识和重视程度也影响科研管理者对科研缺乏应有的主动性。在人们的意识中仍然存在着重理论、轻实践，重学术、轻应用的错误倾向。由于科研管理者的思想陈旧，一方面重管理、轻服务，认为中小学科研管理部门是一个行政部门，它的管理任务就是按程序办事，发表格、盖公章、送报告就了事；二是重制约、轻激励，认为科研管理工作就是按规定办事，而忽视了管理过程的人性化；三是重结果、轻过程，把科研管理工作看成是静态的，按程序进行立项、结项就行了；四是重开发、轻转化，大部分中小学校科研管理部门都比较重视争取项目，但对于科研成果的转换和应用，认为不属于科研管理部门的工作了。总之，管理者对科研的看重，更多地表现为一种对形势的追逐、对形式的追求、对学业指标提升的追赶，从本质上扭曲了教育科研的性质，异化了科研的功能，没有从思想深处认识到教育科研是推进教育改革、提高师资的重要途径，是造就名校、名师的最好平台，是促进师生终身发展的重要依托。

2. 科研管理专业化程度亟待提升

目前，大部分的学校没有为教育科研设置独立的教科研组织机构，很多学校是由教导处兼管，还有一些学校对教科研机构没有明确地说明由谁来管，如此一来，管理科研的重任就自然落到了教导处（副）主任或者（副）校长的身上，而不是由专门的管理科研的专业人员来主管学校教育科研的开展。然而，科研管理者的主动性与自身的专业性密切相关，中小学科研管理者虽然有较为深厚的学科专业知识，却没有系统地学过教育科学研究的专业理论知识，此外，科研管理向制度化方向发展也远远不够。好在中小学科研管理者拥有较为丰富的学科专业知识背景及实践经验，经过短期的培训和实践，他们会很快掌握中小学教育科研的基本理论和操作技能。当前教师在职教育培训机构的功能不够健全，主要集中于对教师教学素质方面的培训，而对教师教育科研素质的培养缺乏足够的重视，所以要完善这方面的功能，以确保对管理者科研素质的有效培养。

3. 科研管理执行力亟待加强

没有执行力的机构是无法长久存在的，没有执行力的科研管理者是无法顺利完成科研管理任务的。科研管理的顺利开展，需要管理者执行力的保障。对于科研管理者而言，科研管理的执行力主要体现在：合理可行的管理计划、合理细致的工作任务分解、及时可靠的管理跟踪，等等。反观目前很多中小学科研管理者，由于他们并非专职从事科研管理，加之对科研管理的流程不甚熟悉，所以在现实中，以下各种问题频频出现：没有管理执行计划，随意开展管理工作；缺乏细致任务分解，"眉毛胡子一把抓"；对项目执行缺乏跟踪，"临时抱佛脚"，等等。由此可见，中小学科研管理者的执行力亟待加强，以更好地保障科研管理的有序开展。

二、中小学科研管理者能力提升的意义

（一）有助于加强学校科研管理队伍建设

以科学研究的态度，运用科学研究的方法，对教育教学实践中的新问题进行不断的反思和研究，形成在教学中研究、在研究中教学的工作新常态，已成为促进新时代教师专业发展和推进教育综合改革的有效途径。在中国特色社会主义进入新时代，应试教育向素质教育转型综合改革全面深化的大背景下，要适应变化了的学生的新需要，要有效解决教育教学中的新问题，需要中小学教师乃至科研管理者具备较高的科研能力。科研管理者能力的提升不仅是教师自身专业发展的内在需要，也是学校实现长足发展、不断提高教育教学质量的保证，更是对新时代教师全面理解和贯彻国家教育政策方针，切实解决教育转型中各种现实问题，提高工作适应性、有效性和创新性的必然要求。

2012年，教育部公布的《中小学教师专业标准》对中小学教师科研能力

培养做出了具体要求。一是明确了"坚持实践、反思、再实践、再反思，不断提高专业能力"的基本理念。二是细化了"反思与发展"专业能力的三项基本内容：主动收集和分析相关信息，不断进行反思，改进教育教学工作；针对教育教学工作中的现实需要与问题，进行探索和研究；制定专业发展规划，积极参加专业培训，不断提高自身专业素质。

参考《中小学教师专业标准》，科研管理者只有提升自身科研能力，具备科学研究的意识，掌握科学研究的方法，才能及时掌握基础教育改革动态，才能引导教师提升科研水平，具备科学解决教育教学实践问题的能力，才能引导教师在实践中逐渐形成自己的教学特色和教学风格。科研管理队伍不断提升自身素质与能力，才能提供科学、有效的科研管理与科研服务，才能更好地推进教师队伍的专业化，进而提升整个学校教师队伍的专业化水平。

（二）有助于提升学校科研管理品质

传统的科研管理工作是科研后勤工作，包括组织科研人员进行新项目的申报、实验过程的督导检查、结束项目的验收、成果和专利申报、科研人员培训学习、对外业务交流、相关信息的上传下达、课题之间的工作协调等，基本是事中和事后管理。顺应新时期科研发展的需要，科研管理人员要提升自身专业能力，下大力气学习了解各学科的国际、国内研究新进展，有效指导科研人员谋划科研课题，确保研究工作的新颖性和前沿性，进而提升学校科研管理的品质。

科研工作不单纯是写文章发表或获奖，也不是临时搭个班子，找个主笔，凑成一篇课题研究报告。真正意义上的科研必须要有明确的主题（即有价值的选题），要有充分的调查研究，要有理论和实践的积累，要有对问题深刻的认识，要有针对性的研究探索，要有思想的光辉或实践的突破。在这个过程中，个人能力和努力很重要，但打造团队、优势互补、形成合力更为重要。科研管理的规范化有助于形成科研团队，整合科研力量，取长补短，形成"1+1>2"的格局，同时也要借助外部力量提升科研品质。

科研工作还有一个客观规律，那就是需要一定时间的沉淀和积累，在科研的每个阶段有着不同的特点和工作需求，科研管理的规范化有助于使科研各阶段更加有效、合理。同时，规范化的科研管理也能起到奖勤罚懒、鼓励优秀科研成果的客观作用。

此外，培养和提升科研管理者的科研能力，对于提升学校的综合实力，在激烈的学校竞争中脱颖而出具有重要作用。有效的科研管理能够实现对学校资源的综合利用，使其效能最大化；能够实现对教师队伍的聚合，使其团队效应最大化；能够实现对学校特色的凝练，实现错位发展和特色发展。

三、中小学科研管理者的专业能力

中小学科研管理者作为学校科研工作的引导者和管理者，需要在日常科研管理中将科研目标与学校实际相结合，切实提高教师素养和教学质量，实现学校的长足发展。

（一）中小学校长的专业能力

中小学校长对组织开展教育科研有重大的职责，校长在学校教育科研中起着示范和引领的作用。苏霍姆林斯基曾经说过："校长对学校的领导首先是思想上的领导，其次才是行政上的领导。"校长的领导尤以对教育科研的领导为重，其次才是行政层面的领导。校长对一个学校教育科研的成败起着很大的作用，如果校长支持科研、愿意带头做科研，并且做出成绩来，这样便会形成很强的说服力和感召力，更多的教师会愿意参与进来，形成"中央凝聚，四周弥漫"的学校科研氛围。

1. 统筹科研规划，服务教师科研

作为学校科研发展的负责人，中小学校长应全面熟悉学校科研发展战略目标，了解学校中长期科研发展规划，熟悉学校研究领域、科研方向、科研团队等，在专家推荐、指南筛选、计划制订、团队选配等方面具备全局规划能力。中小学校长应根据学校的发展规划目标、教师研究需求的调查访谈等情况，制定学校三到五年的科研规划，形成学校的"小课题库"，一方面为教师展开研究指明方向，另一方面，这些课题是基于学校的实际问题而设立的，又与学校中长期的发展规划相互呼应，可谓"一举数得"。

中小学校长在科研管理中要树立以人为本的管理观：一是应以教师为本，把为教师的科研服务作为学校科研管理工作的出发点和归宿，努力调动教师的科研积极性，推动教师科研素养的发展。二是校长还应熟悉和了解教师科研工作的现实境遇和状态，这是做好科学管理的前提和基础。以教师为本是校长落实科研管理的关键。在中小学，教师是进行科研的主体，他们身处教育教学的第一线，对教育教学中存在的问题有着直接的了解和感受。

对教师来说，选取自己教育教学中遇到的实际问题进行研究，是进行课题研究的重要途径，这样才能真正提升学校的教育教学质量。当前一些中小学在进行科研时并没有真正做到以教师为本，往往是校长或科研主任牵头申报课题，研究过程中找几个骨干教师参与，绝大多数教师没有真正参与。这种情况下，大多数教师从事科研的积极性并不是很高。

2. 理顺管理体制，建立健全管理制度

在中小学，教育科研活动要想有序进行，需要有一整套相对完备、规范的科研管理体制作为制度保障。在当前的很多中小学校中，科研管理中的规范意识比较欠缺，没有形成相对完善的科研管理体制。一些中小学虽然也设立了相关的教育科研机构，而实际中的职能发挥并不充分，最终成为了"摆设"。因此，中小学校长在科研管理工作中，要具备规范意识，建立健全教育科研管理体制，规范学校的科研管理，真正实现其引领和规范科研活动的意义和价值。

中小学校校长在对科研进行规范管理时要注意从以下两个方面入手：一是在制定教育科研管理制度时，首先从学校科研和教师的实际情况出发，对学校已有的各种规章制度进行梳理，将科研管理制度与现有的教学制度、考核制度等相统一，形成一套完整的制度体系，从而有效避免教育科研制度游离于学校群体规章制度之外。二是要制定全环节的科研制度，在课题立项、开题、日常监督检查、结题、经费资助、成果评价以及表彰鼓励等环节，制定符合学校实际的规章制度，从而增强制度的针对性与有效性。三是建立相对独立的教育科研管理机构。为保证科研制度落到实处，学校还需要形成一套完善的组织体系，特别是在条件允许的情况下建立专门的科研管理机构。

在中小学校，可以建立校长直接负责的科研职能部门，配备专门人员从事教育科研、指导和管理工作。这些专门人员要与教师之间建立长效联合机制，共同研究和探讨研究过程中所遇到的困难，形成由专门科研人员和教师共同参与的组织体系，并充分利用各个学科教研组的优势，定期开展主题研讨、课题研究。在比较规范的管理下，既可以科学有效地管理学校的所有科研课题，又可以协调教师之间的科研，避免重复性的课题研究，发挥教师集体的科研力量。

3. 搭建科研平台，营造科研氛围

在当前的中小学校，许多教师的科研意识比较薄弱，缺乏从事教育科学研究所必需的研究意识，甚至有的人还排斥教育科研。中小学校长要通过构建校本科研的新平台，培养教师的研究意识。

一是把教育教学看作科研，在教学中研究，在研究中教学。虽然中小学教师的日常教学任务繁重，但这并不是放弃教育科研的借口。恰恰相反，从本质上讲，教育教学活动本身就具备教育科研的特征，许多教育科研活动就是从教师的日常教育教学实践中生发出问题，进而展开研究的。而研究的成果，最终也要经过教育教学实践活动的检验，并为解决日常教育教学中的问题服务，而不仅仅是为了发表文章。因此对于中小学教师而言，他们日复一日的教学恰恰是从事教育科学研究的源头活水。中小学教师的日常教学貌似平淡，但若将教学视为一种研究性活动的话，教学活动就成为了"研究式的教学"，教师也就成为研究者。这种研究是一种基于教育教学实践的教学研究，是教师对自身教学行为的反思，其目的是为了解决教育教学中的问题，提高教学的有效性。

二是在校本课程开发中开展科研活动。校本课程开发是培养中小学教师教育科研意识的又一条重要途径。校本课程开发是新课程改革以来对教师提出的新的要求，我国并不具备中小学教师开发课程的传统和优势，这种情况下就需要教师进行研究，在科学研究中学习开发校本课程。中小学校长要充分发挥校本课程的优势，有效利用校本课程资源，积极鼓励教师以此为基

础进行相应的教育科研活动。具体而言，可借助形式多样的活动，如教研活动、公开授课、听课等，使校本课程开发和使用的过程成为教师积极参与教育科研活动的过程。

三是在校本教研中培养研究意识。通过校本教研活动，教师可以锻炼解决教育实践中的具体问题、提高自身教学水平的教育科研能力，促进专业发展。因此，中小学校长要将校本教研作为科研工作的重中之重。

4.打造科研团队，培养科研共同体

从目前来看，很多学校的教师还未形成科研所必需的合作意识和团队精神，教育科研的学习共同体尚未完全形成，基本上还是少数教师的单打独斗。其中重要的原因包括：一是教师之间缺乏必要的沟通和交流，二是学校没有为教师搭建科研上沟通与交流的平台。因此，校长在日常的管理工作中要有合作意识，善于构建合理的科研团队，培养和构筑教育科研的学习共同体。

中小学校长想培育科研的学习共同体，要注意把握以下几点：

首先，要建立校长和教师之间的联系。校长只有与教师建立畅通的联系渠道，才能了解教师的科研现状，也才能在科研管理中真正做到以教师为本。校长要在纵向上打通与教师在科研上的隔离状态，形成以校长牵头、各教研室为单位、教师为主体的科研组织网络，真正发挥教师在科研中的主体作用。

其次，要建立教师之间的科研共同体。通过多种方式打破以往教师独立搞科研的不利局面，积极鼓励和指导教师之间的合作与交流。为保障科研团队的发展，校长要建立行之有效的科研管理制度，规范教研活动，建立教师科研成长记录，引导教师在合作与交流中发现问题、解决问题，促使教师通过教育科研实践活动实现自身的专业发展，提高教育教学质量。

最后，校长还应指导教师和学生之间的合作。教师和学生作为教育教学活动的直接参与者，在教育科研过程中具有重要的作用。学生作为教育活动的旨归，只有以平等与合作的方式与教师进行交流，教育科学研究才能具有真正的活力。

中小学校长在科研管理过程中，要学会将平等、合作的理念贯穿于科研管理工作之中，积极调动和发挥学校管理者、教师和学生的作用，形成教育科研的学习共同体。

5.整合科研资源，加强沟通交流

很多中小学在教育科研中相对封闭，画地为牢，对他人的相关研究并不了解，因而做了很多重复性的研究工作。因此在从事教育科研活动的过程中，中小学校长要有开放意识，学习和借鉴国内外一切成功的教育科研成果，寻求和整合各方力量，努力打破学校封闭的圈围，构筑一个全方位开放的科研平台，为提高学校的整体教育科研水平奠定坚实的基础。

具体而言，校长要树立合作意识，全面提升学校的教育科研水平，一是要打破关起门来搞科研的陋习，开放搞科研，通过开展各种形式的主题研究活动，如研讨会、交流会、推介会等，加强与兄弟单位的合作与交流，开阔本校教师的视野，做到教育科研中信息资源和成果的互通和共享。二是学校要聘请专家定期到学校进行实地指导，并将这一活动制度化、规范化。同时，在条件允许的范围内，可以分批派出相关人员到外地学校进行实地考察和学习，特别是要到与自己学校发展水平相近而科研相对较好的学校进行考察，开阔教师的视野。三是积极与区域内的教育科研管理部门合作，如区县教科室、教育中心等，他们对本区域内的中小学教育科研情况比较熟悉，可以对科研课题进行统一管理。中小学校长要争取他们在行政方面的支持，加强课题的研究指导，并请他们提供外出学习和交流的平台。

（二）中小学科研主管的专业能力

科研管理人员是基于管理开展服务工作的，需要具备一定的管理、法律、经济知识，能全面掌握国家及学校出台的包括项目、财务、设备、合同、招投标、保密、成果转化、内控等各项规章制度，能为科研人员进行精确解读、专业指导。

中小学科研主管主要负责全校科研管理工作，很少有学校会专设科研管理岗，基本都是由学校科任教师或相关行政岗位的领导兼任，他们多是中层干部，同时还承担了很多其他业务，对接学校很多部门，工作繁忙，基本上只起"二传手"的作用，主要工作就是转发工作通知、汇总收集项目材料等，缺乏主观能动性和创新性，他们的科研管理能力亟待提升。

1. 专业指导能力

（1）引导教师明确教育科研的本质和内涵。明确教育科研的本质和内涵有利于强化教育科研工作者的积极性，有利于提高教育科研管理人员的效率。教育科研以探索培养人、教育人的规律为目的，因此不管是教育科研还是科研管理都离不开人。事实上，任何教育理论工作者和实践工作者，都在工作中不同程度地参与了教育科研工作，只是不同的人研究的层次、水平，以及研究所面对的具体问题不同。

教育科研具有重要的意义，主要体现在两个方面：首先，对于学校，通过教育科研可以满足学校教育的需要，促进学校发展，有助于创立学校品牌；其次，对于教师，教育科研可以促进教师的专业成长，增进教师的教学能力。在教育科研中，教师是主体，教学中的具体问题为客体，学校的发展为研究目的，教师为解决学校的教育实际问题而工作，从而给学校的发展带来强大的动力，促进学校发展。苏联教育家苏霍姆林斯基曾经说过，如果你想让教师的劳动能够给教师带来乐趣，使每天上课不至于变成一种单调乏味的义务，那你就应该引导每一位教师走上研究这条幸福的道路上来。教师通过参与学校的教育科研，个人的素质得到提高，教育观念得到及时更新，并且个人成就得以实现。在教育科研过程中，教师结合教学中的实际问题进行研究，从一个"教书匠"成长为"科研型教师"。

区别于专职研究机构"探索未知，获取新知"的价值取向，中小学教育科研的价值取向是以学校发展为本、多元整合，其实践价值有三：一是解决学校教育改革发展的实际问题，促进学校教育实践的创新；二是通过引导教师参与教育研究，提高教师教育研究的意识和能力，促进教师专业发展；三是通过学校教育科研形成促进学校自我发展创新的文化和机制，促使学校成为学习型组织。

在研究类型上，中小学教育科研更倾向于是应用性研究，而不是基础性研究。基础性研究旨在认识世界，增加科学知识本身，它不必考虑自己的研究结果能在什么地方付诸实践，它不一定会产生直接有用的结果。应用性研究则旨在改造世界，解决某些特定的实际问题，为实践者提供直接有用的知识。学校教育科研直接指向解决学校改革发展中的实际问题，提高课堂的教育教学质量。在研究方法上，从理论上讲凡是教育科学研究的方法，中小学教育科研都是可以采用的，但限于学校教育科研的独特性，应倡导以行动研究为基本范式，在行动中研究，在研究中行动，注重对具体教育情境、教育案例的探寻、分析和解释，通过反思来改进教育教学过程，提高教育教学质量，促进学校的有效发展。在成果表达上，中小学教育科研的成果表达是具体的、可操作的和浅显易懂的，从一堂生动的课例展示到一个富有创意的教案展示，再到学期学年的教学经验总结或工作总结，都可以是教师教育科研的成功表达。

中小学教师参与教育科研是出于以下几个基本目的：一是解决自己在教学中遇到的实际问题，提高教育教学质量；二是在总结反思中不断修正自我的专业认识，提高专业素养；三是实现教师自我的专业发展。因此，中小学教育科研的成果表达可以是论著、论文、研究报告，也可以是教师主动思考精心写就的经验总结、教学案例，等等。[1]

中小学教师的科研主要是围绕教学实践创新的微观研究。首先，中小学教师的科研要立足本校实际，以校本研究为主，为提升学校办学水平服务；其次，中小学教师的科研要基于学生的发展需要，充分考虑学生的地域性、特殊性、差异性，以案例研究为主，为提升自身教学水平服务；再次，中小学教师的科研要密切关注理论动态，了解国家教育政策方针的新变化、新趋向，在理论与实践的结合上做文章，确保科研活动与教育改革方向的一致性和科研成果的先进性、时代性；最后，中小学教师应明确自己的科研优势，建立科研自信——作为基础教育的直接践行者，中小学教师主要研

---

[1] 周翠萍：《关于改进中小学教育科研现状的研究》，华东师范大学硕士学位论文，2006年，第30—31页。

究的问题是教育教学实践过程中的问题，是只有在教育实践中才能被发现或挖掘的问题，也只有中小学教师才能够更迅速、更准确、更切合实际地解决这些问题。[①]

（2）服务于教师的科研能力提升。教师水平和教师发展的不均衡性是现实存在的，也正因如此，简单的管理模式不能覆盖到每一个层面，这也就给科研管理方式提出了新课题——怎样的科研管理模式才能促进不同发展阶段教师的有效发展？怎样将每一位教师的发展都纳入到管理者的视线并为教师提供有效服务？我们可以加强"中层干部团队建设"，探索有效的管理模式、教研模式、人才培养模式，实现有效的科研管理，最终达到促进教师、学生、学校发展的目标。[②]

"中层干部团队建设"涉及校长对学校实施综合管理的模式、策略，包括中层干部培养和具体的工作指导。科研室处在此研究链条的关键环节——既参与研究方案的制定和实施，又能在研究中进行相关文献资料的查阅或各种形式的学习以拓宽管理视野，还可及时在专家、校长的直接指导下将预设的方案付诸实施，并通过总结、反思等方式进行管理实践。

从团队的角度分析，科研管理既需要对日常工作做"事务性管理"，如工作流程设计、研究工具开发、档案收集保存，又需要对参与科研工作的人员（教师）进行"服务性管理"。这里所说的"服务性管理"，就是在团队建设的同时为教师提供有利于其专业化发展的服务。服务性科研管理包括校长（科研室协助）、中层干部团队、教师团队三个层面。第一层面，科研室协助课题承担人探索适合学校的"中层干部"培养策略，即针对课题事务进行科研管理；第二层面，中层干部探索教师团队培养模式和团队工作模式，即为参与研究的干部及教师提供科研服务。

基于"科研室→中层干部团队→教师团队"的基本管理框架，科研管理的工作包括三个方面。

第一，分析教师需求，协助教师设计规划，制定团队及干部规划。无论

① 王成营：《生态位理论视域下中小学教师科研能力培养与优化策略》，《中小学教师培训》，2018年第 5 期。
② 李颖，杜丽鸿：《借助团队建设实施服务式科研管理》，《北京教育（普教）》，2013年第 10 期。

是处在哪种工作状态的教师，都需要有内驱力促使其自主发展。在团队建设研究初期，科研室以规划为载体，通过个人规划的制定，了解干部、教师的工作预期；将教师的成长与教育教学工作的开展、学校的发展紧密结合起来；便于干部及时了解教师的想法，有利于开展下一阶段工作。在行动落实时，可以采取"逆推法"，即先从教师个体制定规划入手，逐级向上形成"团队/干部规划"，最终形成"学校规划"。为了能及时了解教师的想法，并减轻教师负担，在设计"规划填写表"时要征求干部团队、教师代表的意见和建议，力求形式简洁；在制定规划的过程中，并不急于求成，而是在"初定→参照→调整"的过程中酝酿、实施。中层干部所制定的团队规划，就是该团队的管理目标，管理目标是为了帮助教师实现个人发展需求。研究过程中，制定规划起到了重要的作用，表现在：研究初期，中层干部根据教师个人规划协助教师确定研究专题，并进课堂听课、评课，切实做到了为不同发展需求的教师服务；研究中期，教师再次回顾自己制定的发展规划，然后着手调整、完善，同时，中层干部参与指导，同步完善团队发展规划。

第二，根据教师规划及教育教学实际情况，为不同梯队的教师提供具体指导。在个人及团队规划的制定、实施过程中，学校可以根据具体情况，将学科教师进行梯队划分，实现按不同现状对教师进行有针对性指导的管理模式。

策略一：采取层级、协同管理模式，学校整体推进。层级，指的是"校长/科研室→中层干部团队→教师团队"这三个层级；协同，指的是凝聚中层干部的力量，为教师团队提供科研服务。有些教师由于没有得到及时、有效的教育教学指导，而导致工作不积极。我们借助团队的整合模式，将学科主管干部的关注点聚焦在所带领团队的每一位教师，将科研管理者的关注点聚焦在中层干部团队。换言之，科研管理服务不再是科研管理者一人牵动全校所有人，而变成了科研管理者一人面对几个团队提供科研服务，再由该团队负责人为团队教师提供有针对性的指导。这样一来，就由科研室单一管理转变为中层干部协同管理。管理减少了头绪，使科研服务的针对性更加明显。同时，科研室在学校领导的支持下，有效地团结其他中层干部的力量，共同开展科研工作。例如开展"课堂观察表"研究实践，就可以由科研室与教导处共同为中层干部、教师提供服务，再由语文、数学、科任学科主管与科研管理者一起带着研究专题走进教师团队，进入课堂提供科研、学科等综合指导。此外，"以点带面"也是在层级、协同管理模式下比较有效的做法。"以点带面"是指在团队内选定重点实施人（一人或几人）开始实践，待经验成熟后，再向团队或全校推广。

策略二：采取梯队管理模式，开展适合教师的"草根式"科研。梯队管理，指的是根据教师实际情况及个人需求，将教师情况进行归类，设计不同的管理方式和指导内容，以帮助教师发挥其最大的潜能。研究问题的方式因主题不同而多种多样，但最受教师欢迎的还是传统的听课、说课和评课的研讨方式，有的教师喜欢参加这种方式的教研活动，因为它质朴、简单、操作性强，是适合大多数教师开展的"草根式"研究活动。因此，科研室和学科主管根据教师特点，协助教师选择适合其自身情况的小选题、真问题，开展跟踪式、重点式指导，用持续跟进的具体指导代替原来的科研表格，其过程就是由干部引领教师一步一步开展实践研究，边研究实践边记录总结，既锻炼了干部的指导力，又使教师有机会反思。通过服务式管理模式的实践，增强了团队的凝聚力，中层干部团队的科研意识提升明显，教师不再认为科研就是"课题"或者"表格"，而是能在中层干部的领导下，静下心来用科学的工作方法，解决教育教学实际问题。因为有了科研意识，所以科研管理者的服务作用得到更充分的发挥。

第三，唤醒、激发教师主体的研究意识。教师的研究意识是推进科研文化建设的重要一环。"没有问题就是最大的问题"，如果不能唤醒教师的"专业自觉性"，那教师研究就无从谈起。所谓"专业自觉性"就是指教师能在习以为常的教育实践中觉察到真实的问题，觉察到问题背后的契机和资源，觉察到自己的责任。能提出问题，主动改善实践的专业能力，是教师从无意识到有意识，让研究成为教师职业习惯的前提。要形成教师反思性教学的常规教学制度，督促教师进行教学反思，可以从"教后感"开始，到"教学日志"、"教学总结"，形成反思的习惯；要鼓励教师善于捕捉教育教学中的"小事件"，编写典型案例分析，评析案例中的问题和困惑；给教师适当的危机感，有压力才有动力，为教师创设适当的危机，可激发教师更大的创造性和突破常规的勇气。形成开放、合作的教师群体研究氛围，它既需要历史文化的积淀，也需要制度建设的促成。

2. 课题指导能力

（1）选题指导。体现科研管理的一个关键环节就是学校教育科研方向的确定、内容的选择是来自学校内部这个系统，是学校自决自立的，而不是由外而内强加于学校的。要真正实现校本科研，就必须健全校本科研的启动制度。要建立学校教师科研需求调查访谈制度，要引导教师发现问题，叙述问题，讨论问题，确定问题，最后尝试解决问题。对教师在实际工作中所遇到的问题进行调查了解，是学校组织教师开展科研的第一步。科研管理者可以在教研活动中发现问题，共同探讨问题，可以让专家来诊断问题，等等。同样，可建立学校确立问题的一般程序，由教科室牵头制定教师教学问题调查表，下发到各教研组，再下发到每一位教师的手中。教师完成调查表后，在教研组中集中讨论分析，确定本教研组的重点问题和共性问题，在教师们达成共识后，汇总到教科室，以确定各年级各教研组需解决的突出问题。重点问题和共性问题就可在教科室立项成为备选的校级课题。

（2）课题指导。为提升学校科研的实效和质量，一方面要求学校科研是贴近中小学的校本科研，另一方面也要求随着学校教育科研水平的不断提高，能逐渐由微观研究到中观或宏观研究，从单学科的教学研究到综合学科的多侧面多角度综合研究，从教学经验的总结、案例编写到较高层次的有一定理论水平的教育科研。学校教育科研课题管理制度的制定既要体现"校本"的特点，又要体现学校教育科研发展的潜力和前景。学校教育科研课题要体现"自下而上"的特性。具体而言，学校教育科研课题要以校级课题为基础，在校级课题的基础上，逐步形成由校级、区县级、市地级、省级、国家级的课题网络。各类课题的申报、立项等相关工作均由校教科室负责。校级以上的立项课题按相应级别的课题管理制度管理。课题管理制度的内容包括课题规划、申报论证和立项、研究过程的检查指导、研究成果的鉴定评审和优秀成果的推广等。

校级课题的申报坚持"自下而上"的原则，由教师个人根据自己在教学实践中存在的问题，由教师向教研组提出，经过教研组的共同讨论后，明确其研究的价值、意义及操作过程后，由教研组进行筛选并推荐到学校教科室参与校级课题的申报立项。推荐到学校教科室的参评课题，由学校的科研评审委员会进行筛选，最后确定校级课题的立项。

校级课题的立项有几个原则：一是解决学校目前具有典型意义的问题。二是综合考虑各学科组、各年级组、学校管理机构的比例配置，尽量满足和调动教职员工参与教科研的积极性。校级课题的过程管理主要由教科室和教研组来进行。校教科室要对全校的所有立项课题进行定期的检查，了解课题研究的情况，提供有关情报资料的研究，指导课题研究的科研方法。教研组可定期召开课题研究的进展报告会，由课题相关负责人汇报课题进展情况，由教研组的同事提出建议与置疑，保障课题的顺利开展。

校级课题的时间一般为一年。课题结题时，结题报告的形式可以是多种多样的，可以是研究报告、科研论文、专著等比较规范的形式，也可以是教学案例的评析、行动研究报告、研究过程中制作的音像制品和实物模型，等等。校级课题成果的鉴定由学校科研评审委员会承担。被评为校级优秀成果者列入教职工的年度考评成绩，学校给予物质和精神上的奖励，并作为评职称的条件之一。校级的优秀科研成果选送到区级、市级科研课题申报立项，使校级科研能向纵深拓展，也便于优秀科研成果的推广。

建立校级课题的成果推广制度。每年的教科研成果推广都要确定一项在本校重点推广的科研成果。可以利用广播电视、开讲座、座谈会等形式来宣传，也可以进行专题的培训和互动式的探讨等。优秀的科研成果还要推广到校外去，成为学校教育科研的亮点，推动区级层面教育科研的发展。

3. 组织协调能力

（1）组织科研活动。教科研项目立项后，科研管理者按计划组织项目组成员分工合作展开项目研究工作。组织实施能力是科研管理者的关键能力。组织实施能力主要体现为计划能力、实际操作能力、沟通协调能力等。计划能力是指设计详细、可行的项目研究计划方案，以求"人尽其才，材尽其用"，从而确保整个项目研究工作有序而高效地进行。项目研究计划方案既是项目研究工作开展的依据，也是检查项目各阶段工作完成质量的标准。实际操作能力亦称为实施研究工作的能力。实际操作能力的强弱不仅直接关系到研究方案的落实，还直接关系到研究工作的效果和效率，进而直接关系到整个项目完成的效果。离开实际操作能力，研究方案再完善，也只是一纸空文，没有实际价值。沟通协调能力，一方面是指项目主持人与相关部门沟通，以获得项目研究工作开展所需要的人力、物力及财力的能力；另一方面是指与项目组成员沟通，充分调动项目组成员的积极性，及时解决研究过程中所遇到的问题，从而带领项目组全体成员共同努力，实现项目预期研究目标的能力。沟通协调能力贯穿项目组织与实施的全过程，是组织与实施中的关键能力。

（2）组织专家资源。学校科研最容易犯的错误就是低水平的重复，因此校本科研一定要构建起专家指导制度，来保证学校教育科研的质量和水平。专家分为两类：一是指校内专家，二是指校外专家。校内专家是指那些熟悉学校情况、具有丰富教育教学经验、具备一定科研能力和基础的优秀教师和管理者。校外专家主要是指来自上级教育科研部门、高校等专职科研机构的科研人员。校内专家是指导学校科研的主力和基础，他们既了解学校的现状问题，又具备一定的科研能力，是指导学校科研不可替代的力量。校内专家指导在时间上具有随机性和便捷性，随时随地都可以进行，但也要以制度的方式加以确定，保障其带头和示范作用。

以校内专家为核心组成课题组，在实施课题的过程中应发挥校内专家的科研骨干作用，以点带面，促进课题组教师的科研素质的提高。可以定期举办科研方法讲座、座谈会等形式的集中学习，介绍校内专家的科研心得和方法等。还可借助校园网络、互联网、专家信箱等，开辟多渠道的交流通道，充分利用校内专家资源为老师解难答疑。

校外专家与校内专家相比，具有很大的不稳定性和不确定性。因此，可根据学校的实际情况，构建"校外专家流动库"。根据学校不同阶段的不同需要，建立校外专家的指导机制。校外专家理论功底扎实，掌握着学科的前沿动态，对提高学校科研的水平和层次功不可没。例如在制定学校的科研规划和课题指南时，可聘请专家对课题选题的意义、研究计划、科研规范等方面提出建议；也可在课题研究的中期阶段，借助专家来帮助教师发现课题研究过程中的问题，进行问题的归因诊断，及时调整研究的思路；也可在课题的评估与反思阶段，邀请专家指导教师进行数据资料的科学分析，对措施的有效性进行评估，并协助教师进行有效的反思。学校经常采用的方式就是请校外专家以专题讲座、集中座谈等方式，进行有针对性的理念更新、科研方法介绍等指导。

校外专家指导存在的不足就是其并不了解学校的具体情况，或者说不能在短期内全面而深刻地了解学校的情况，专家讲座时讲得头头是道，教师听过后却无法运用于具体的教育教学实践中，只能是听听了事。因此，不能迷信校外专家，不能完全依靠校外专家。"专家的干预最终是为了不干预"，要善于借助专家的科研规范、理论功底，将其转化为学校的具体行动，方能见效。

（3）组织交流合作。学校教育科研不是教师的"单打独斗"，其主要方式应是团队合作研究。为广大教师彼此交流与分享各自的科研经验、研究成果等搭建平台，以制度的形式保障和促成教师的团队合作是学校科研交流制度的目的所在。

要抓好常规教研活动。教研组是学校教研活动的基本单位，也是教师进行课题研究的基层单位。学校要制定教研活动常规，为教师之间的交流分享提供平台。在常规教研活动中要避免两个极端，一是一味向教师们灌输理论知识，另一个是单纯停留在备课、说课、评课的层次。这两种现象都是有其实践价值的，但我们要力求教科研的统一，在教研中提升科研的含金量，让科研促进教研的成效性。在每次的教研活动中，可安排一些小专题活动。例如，让一位教师介绍其课题研究的进展，让其他教师提出质疑和建议，这样的研讨过程对其他教师同样具有启迪作用。再例如，每次的教研活动安排半小时的科研方法介绍、情报资料介绍、热点问题讨论等。在每一次生动而富有成效的教研活动中，可以培养教师群体的协作精神，捕获稍纵即逝的智慧和灵感。

华东师范大学第一附属中学的科研"行动层"包括了教研组、年级组和课题组的全体教师。在行动层面有效展开教育科研的运行机制为"低起步、有后劲"。"低起步"要求教师特别是新教师从具体的教育教学工作出发，从工作问题入手研究。"低起步"可以是设计一堂教学研究课，关注一种教学模式，结合自己的教育教学实践，精读一本教育专著，参加一项课题的研究，准备一个教育讲座，结合实际存在的问题写出经验总结性的"一得"之见。学校规定，教师每年都要撰写"教学一得"，参加组室和大会交流，并在交流的基础上评出一、二、三等奖。得奖材料进教师业务档案，获奖文章编入《教师论文选》。"有后劲"是"低起步"所追求的教师研究的"自然"发展。有了"低起步"的开端后，才有了教师的发展"后劲"。从"一得"到"数得"，从教育教学的经验总结上升到关于教育本质和规律的研究，从单一学科的研究发展到学科之间综合关系的研究。

教科研经验总结交流会是学校阶段性的总结科研成果、交流科研经验、奖励科研骨干、总结学校阶段性教科研工作、展望下阶段工作所举办的大会。在大会中，展示并介绍学校本阶段科研骨干的优秀教科研成果并对他们进行奖励，由各年级组和教研组组长总结本阶段的教科研工作状况、出现的问题、存在的困惑等。一些重要的普遍性的问题提到学校层面上，由全体教职工共同讨论加以解决，最后形成学校本阶段的教科研工作总结和下阶段教科研工作展望及安排。定期编印学校的教科研刊物，将学校的教科研成果汇编成册，有条件的学校定期出版反映学校教科研成果的刊物，是促进学校教科研交流的又一重要平台。它是学校与上级教育行政部门、学校与学校之间、教师与教师之间、专家与教师之间、教师与家长之间的交流渠道。

在完善校内交流制度的同时，也要将校与校之间的教育科研交流平台搭建起来。这一方面需要区级教科室的协调和管理，另一方面学校也要有协作共享的意识，主动积极地构建校际"联片教研""校际互动"的制度，促进学校教育科研成果的转化与推广，避免低水平的重复和资源的浪费。

四、中小学科研管理者专业能力提升的主要策略

（一）更新科研管理理念

第一，学校应针对教育科研的紧迫性与效益性开展思想教育，做到自上

而下，明确教育科研的目的。教育科研的目的应是提升中小学教师专业素质，提高学校教育质量，促进素质教育的全面深化。学校应围绕教育科研目的开展教育科研活动，坚持科研与教学结合，解决教育教学中的实际问题，使学校教育科研能见到实效。选题也应该从中小学教师的实际出发，从范围较小的、比较容易解决的问题开始，逐步提高，既有利于解决中小学教师教学工作中的问题，又能让中小学教师尝到成功的喜悦，从而激发中小学教师参与教育科研的热情，教育研究能力在参与中同时也得到了提升。

第二，学校领导要重新审视教育科研工作的重要性和必要性，端正科研态度，力求弄清四个关系，树立四个新观念。一是明确教育科研与振兴教育的关系，树立"科研兴教"的观念；二是明确教育科研与教育改革的关系，树立"教育要改革，科研须先行"的观念；三是明确教育科研与提高教学质量的关系，树立"向科研要质量"的观念；四是明确教育科研与中小学教师的关系，树立"中小学教师是教育科研主力军"的观念。有了正确的教育科研工作意图和观念，学校领导和中小学教师才能为实现教育科研目的而共同努力。

第三，学校科研管理要树立人本管理的理念。所谓人本管理，是在深刻认识人在活动中的作用的基础上，突出人在管理中的地位，实现以人为中心的管理。科技竞争最终是人才的竞争，人才的竞争归根到底是创新的竞争。教育科研工作的关键在人才，而科研创新的关键在于具有创新能力的人才。中小学科研工作者主要是在岗教师，学校重视教师的科研，并尽最大可能发挥教师的科研创新能力有利于教育科研的健康发展。同时，营造一个舒适轻松、能够最大程度发挥教师潜能的工作平台和发展环境也很有必要。针对科研人员，要坚持竞争激励与崇尚合作相结合，促进科研人才的有序流动；坚持"人尽其才"的用人之道，发挥老、中、青科研人员各自的优势与积极性，实现教育科研人才队伍的"生态"平衡。

（二）明确科研管理定位

一是以科研为先导，促进教学与科研协调发展。长期计划经济体制下形成的惯性思维模式和管理模式束缚着人们的思想，在人们的意识中仍然存在着重理论、轻实践，重学术、轻应用，重教学、轻科研的错误倾向。科研管理工作也存在重管理、轻服务，重制约、轻激励，重结果、轻过程，以及重开发、轻转化的倾向，在这样陈旧的观念下，中小学科研管理存在严重问题成为了不可避免的趋势。随着社会的急速发展，传统教育模式难以适应新的社会需求，教育的规模、目标、制度、内容等都发生了巨大改变。此时，要适应素质教育的需要，培养具有创新意识和创新能力的高素质人才，就必须确立教育科研的先导地位，促使教学与科研协调、同步发展。可是，要将奉行多年的"教学至上"理念完全转变为"以科研为先导"的理念是件不容易的事情。

二是明确学校科研管理工作的范畴。科研管理工作涉及方方面面，因此，学校科研管理的优化也不能仅仅是科研管理者自己的工作或者自己能力的提升，而是需要科研管理者协同学校的其他相关人员共同努力为学校科研管理的优化争取完善的保障措施。具体包括：第一，争取高校和其他教育机构的专家的帮助，为学校科研工作及科研管理工作提供一定的理论支持，提升科研管理工作优化的内在动力；第二，通过相关的讲座和培训，端正学校教师的科研态度，协助教师树立科学合理的科研观念，从而为科研管理的优化奠定良好的基础；第三，与学校周边的社区及教育行政部门搞好关系，加强联系，争取更多的教育资源为"我"所用，从而为学校科研管理的优化提供必要的物质保障；第四，奖励与约束机制的保障，学校乃至上级教育行政主管部门应该制定相关政策去推动或鼓励那些因为职称已尘埃落定而不愿进行科研的教师去投身科研，这样做可以真正做到学校科研队伍的阶梯化，从而真正实现科研队伍的优化建设。如要求职初教师定期撰写教育教学案例及反思并参与课题研究，高级教师的定期课题研究及相关成果呈现等，如果做不到这些将实行职称缓评和高职低聘等相关措施。这一点在现实科研管理中尤为重要。

三是明确科研管理者的定位。目前从事学校科研管理活动的包括校长、分管副校长、科研室主任、课题组长、教师等，但在学校实际的科研管理工作中，科研室主任通常是最为直接的科研管理者。而在学校工作日益复杂的今天，很少有学校的科研室主任是专门从事科研管理工作的，他们往往还要兼任学科教师等其他角色，这样的任职结构尽管有助于人力资源的充分发挥，但是却不利于科研室主任作为科研管理人员的专业发展。实际上，科研管理同学校乃至任何组织的管理一样，是一种兼具科学性和人文性的工作，其科学性的属性呼唤科研管理人员掌握一定的管理技术与方法，不断提升自己的管理能力。在某种程度上，我们甚至可以认为，一所学校科研室主任的水平，决定了该校科研管理的整体水平。鉴于此，明确科研室主任的管理者角色，减轻其不必要的负担，从多元渠道入手提升其管理能力与素养，是学校科研管理优化的应然举措。

（三）强化科研管理培训

一是要完善科研培训体系。中小学的科研管理者并非专职从事科研管理，多为兼职，并不熟悉中小学的科研工作。而中小学的科研管理需要科研管理者具备一定的专业背景知识、科研管理知识、财务制度知识、保密要点知识、合同管理知识、科研系统使用知识等。这就需要科研管理者采用边做边学的方式进行积累，参与一定的培训学习。科研管理者在科研管理方面的知识和技能薄弱、职业化程度不高、专业化水平低，将很难为科研活动提供高质量服务。因此，中小学应建立完整的岗前培训体系，对新入职的科研管理人员进行全方位的培训，使其能完全适应科研管理工作。通过思想道德方面的培训，使其拥有对党绝对忠诚的品格、高度自觉的大局意识、认真负责的工作作风、无怨无悔的奉献精神以及廉洁自律的道德情操；通过政策制度方面的培训，使其熟悉学校工作纪律、保密常识、财务制度、合同规定等；通过业务技能方面的培训，使其掌握学校各类信息系统使用、各种文本流转章程，了解学校科研规划、科研方向、科研团队和科研平台。

二是培训内容要有针对性。亟需科研培训的主要内容有：如何选题；如何设计研究方案；如何查阅、分析、整理资料；教育研究方法的选择与应用；科研报告与论文的写作；教育科研成果的推广与应用等。根据科研管理者的不同需求、不同层次、不同发展阶段，学校应积极寻求有针对性的教育科研培训讲座或课程。培训一方面要让科研管理者感受到教育主管部门对于教育科研工作的重视，使其全身心地投入到科研培训中去，努力在培训中汲取养料，补充自我所需；另一方面要尽量节省大家的宝贵时间，努力获得良好的培训效果。

中层干部必须提升自身的学科专业水平。只有充分了解学科自身及其发展历史，才能更好地把握学科现在的发展态势，才能更好地在学科教学实践中为学生的发展提供服务。只有充分把握学科，才能够正确解构学科体系，从而进行有效的本学科重组和跨学科重组，为学科创新、教学创新乃至学生的创新素养培养提供条件。

中层干部还要加强教育科研方法的学习和探究。在中小学教育科研中，研究范式一般有两种，一种是基于自然科学的研究范式，适合于用数学工具来分析经验的、可量化的观察。研究的任务是确定因果关系，并作出解释，通常称之为定量的研究范式。另一种范式是从人文科学推衍而来的，所注重的是整体和定性的信息，以及说明的方法，称为定性的研究范式。当然，中小学科研管理人员学习教育科研方法一定要结合具体的科研实践来进行。只有这样，他们才能内化教育科研方法。事实上，不同的课题适用于不同的研究方法，如果方法不当，研究会无疾而终。

三是培训形式与方法要多样化。传统的培训基本上是单纯的讲授式培训。这种培训方法因过于强调教育科研相关理论知识的传授，而忽略了教育教学实践中的实施与运用，从而导致了"教育理论与实践脱离""理论与实践'两张皮'"的现象。因此，科研培训形式应该既注重科研理论知识的传授，又注重科研实际动手的操作，同时还要给不同层次的科研管理者进行不同的科研培训。

可以采用以下形式：一是研训一体化式培训。这种培训以提高科研能力为目标，通过教育专家深入学校进行指导，将科研管理者的管理、学习与研究融合为一体。其主要特点是在进行课题研究的同时，教育专家根据研究的进展情况，开展相应的科研知识与能力的培训。这样，一方面教师获得了教育科研理论知识，科研实践避免陷入盲目；另一方面教师进行了科研实践，并在科研实践中内化科研理论知识，从而有利于形成较高的科研能力。二是分层培训。分层培训是针对科研管理者教育科研水平的差异性，进行不同层次的培训。进行分层培训可以为科研管理者铺设研究的阶梯，有效地指导各层次的管理者不断成长，满足不同层次管理者对培训的实际需求。在科研培训的过程中，应采取多样化的手段或方法，使科研培训活动丰富多彩。具体来说，可以采取学术专题系列报告、理论学习辅导讲座、学术研讨交流、教学专业咨询、观摩与模仿、合作课题研究等多种方法；也可以利用现代信息技术平台，如网络视频辅导、QQ在线交流、微信交流、教育科研博客平台等多种手段。

科研管理工作的政策性比较强，科研管理人员需掌握从编制科研发展规划到制度制定、从项目申报到验收、从经费预算到决算、从成果鉴定到奖励申报、从平台立项到评估等各个环节的具体要求。由于科研管理工作的时效性，科研管理人员往往处于疲于奔命的工作状态，忙于事务性工作，没有系统的学习，缺乏对学科领域前沿知识的了解，缺少对相关政策方针的学习，无法深入理解制度文件，难以领会所做工作的深层意义，无法为科研人员提供高层次服务。

因此，中小学应丰富科研管理人员学习方式，培养其与时俱进的意识和开拓创新的精神，熟练掌握国家最新科研导向、政策文件、现代化管理技术和管理学等方面的知识，了解科研过程的各个环节的工作要领及具体细节；通过到上级主管部门、科研院所等部门挂职或借调，使其了解最新的国家政策、教育科研前景；通过参加交流会议、技能培训、管理知识讲座等，使其学习不同的管理技能。此外，还可让科研管理人员多参加新媒体方面的学习，使其熟练掌握办公自动化方面的知识，包括微信、计算机检索、多媒体技术、远程传播等新技术的使用方法，不断提高管理水平。

（四）完善科研管理机制

目前中小学校对科研管理人员的待遇机制、绩效考核机制不健全，使得科研管理人员工作积极性不高，事业心不强，阻碍了科研管理水平的提高。有效的科研评价与激励机制能够极大地促进中小学教师教育科研能力的提高。所以，学校要改革、完善教育科研评价与激励机制。

首先，学校应以科研评价手段引导中小学教师开展教育科研活动，把中小学教师的研究水平、研究成果纳入教师业绩考核的项目中，适当调整当前中小学教师评价的相应权重，将科研成果与教学成果放在同等重要的位置，二者并列作为评价中小学教师的考核标准。在开展教育科研评价时，要注重科研成果的质量，不能让质量低下的成果滥竽充数，以保证中小学教师的科研水准。

其次，学校还应该完善科研奖励机制，让中小学教师保持良好的研究状态。学校不仅要奖励教学工作有成效的优秀教师，也要奖励有科研成果的教师。学校可以采取精神奖励（即利用语言、态度、表情等方式进行表扬和发证书）、物质奖励（即建立科研基金）和政策性奖励（即将中小学教师的科研成果与教师评职、评优、晋升等挂钩，实行科研工作成绩好评职、晋级优先的政策）等多种方式，激发中小学教师参与教育科研工作的热情和积极性，进一步全面提高中小学教师的教育科研能力。

第七章　中小学教师的科研能力及其提升

2012 年教育部《中小学教师专业标准》中，对中小学教师科研能力培养提出了具体要求，细化了"反思与发展"专业能力的三项基本内容等。2019年 11 月，教育部专门印发《关于加强新时代教育科学研究工作的意见》，要求充分发挥学校在教育科研中的实践主体作用，鼓励支持中小学教师增强科研意识，积极参与教育教学研究活动。从中央政策导向看，既强调了教育科研的实践性特征，要面向基层一线、解决实践问题，又强调了学校科研的实效性特征，要真正改进教学方法、提高教育质量，这对中小学教科研工作提出了更高要求。但中小学教师专业素养尤其是科研能力的提升，仅靠自我驱动的自然生长还不够，还需要外力支持，需要探索出与学校发展、教师成长相适应的有效校本研修路径，构建学习共同体。

一、中小学教师科研能力现状分析

中小学教师开展教育科研的出发点和落脚点是解决教育教学实际问题、改进学校现有的实践状态、改善师生的生存状态，这些都具有鲜明的实践品格和强烈的实践关怀。因此，中小学教育科研应该是一种教师以自觉自主状态进行的、旨在提高学校教育质量、促进师生发展的创造性实践活动。换言之，中小学教育科研首先是融教学、科研于一体的实践活动，着眼点在于改进课堂教学，整体推进学校教育教学改革与创新，也可以说是研究与实践合一。

中小学教师的科研能力是中小学教师基于自身经验反思现实的教育实践

问题，在一定教育理论指导下运用一定的方法和工具，对学生、课程、环境以及教学目标、内容、过程、方法等基本教育要素及要素之间关系的一种探索和解释，具体表现为教师发现、分析、解决问题的综合性能力，即"教师对自身教育实践和周围发生的教育现象的反思能力，善于从中发现问题、发现新现象的意义，对日常工作保持一份敏感和探索的习惯，不断地改进自己的工作并形成理性的认识，是教师在专业工作中自主性和自主能力的最高表现形式。它的进一步发展则是对新的教育问题、思想、方法等多方面的探索和创造能力，运用多方面的经验和知识，综合地创造性地形成解决新问题方案的能力"。[①]

北京教育学院"中小学科研管理现状与对策"研究课题组，为摸清中小学教师能力发展现状，有针对性地设计提升教师科研能力素养的研究计划，满足教师专业发展需求，系统深入地了解中小学教师专业发展科研需求，助力教师成为研究者，2019 年 11 月，针对北京市 300 余名中小学骨干教师开展科研发展现状调研。调研中，30.64% 的教师认同科研是学校非常重要的工作，必不可少。55.49% 的教师认为科研是学校教师专业发展的重要"支撑"。就科研对于教师专业发展的价值分析和判断调研，教师们一致认为，从事科研工作可以提升教师的专业能力、专业知识，提升研究能力。科研有助于解决教学实践中存在的问题、深化对学科教学的理解、优化教学环节和教学过程，可以提升学科教学质量。

调研显示中小学教师缺乏科研自信，只有 10.4% 的教师认为自己完全胜任科研工作，39.31% 的教师认为自己科研整体研究能力较好，45.66% 的教师认为自己科研整体研究能力一般。调研还显示 86.12% 的教师具有良好的科研基础和教育教学创新能力。28.9% 的教师具备文献梳理与分析能力，能借助学术期刊网、学科专业书籍去搜集材料，进行梳理与分析提炼。43% 的中小学教师反映，将教育教学中的问题转化为研究课题来开展实践研究的能力较为薄弱。

整体来看，教育科研理论基础知识薄弱是制约中小学教师科研能力发展

[①] 叶澜：《新世纪教师专业素养初探》，《教育研究与实验》，1998 年第 1 期。

的重要因素。不仅在职前教育阶段缺乏系统学习教育科研方法的知识，教师的在职培训也很少组织教育科研专题培训，这使得中小学教师对教育科研知识的了解程度偏低，对一些基本的研究程序和常用的研究方法掌握不到位。从本次调研结果看，教师对教育科研有较为明确的认识和积极参与的热情，应当加强教师教育科研的专题培训，拓宽教科研视野，以促进教师的成长。

二、中小学教师科研能力提升的意义

（一）教师专业发展能力结构完善的内在诉求

2017 年，教师专业标准中提到教师应具备的专业能力结构包括：立德树人的能力、教育教学能力、课程开发建设的能力、教学资源整合运用的能力、现代教育技术运用的能力、教育教学评价能力、分析和解决教学中实践问题的能力等。中小学教师科研能力的提升可以使教师专业知识和能力结构不断优化与完善。对中小学教师科研能力进行针对性、系统化的提升，可以使教师自身的专业能力结构更为完善，推动教师整体专业能力结构的更新，助力于教师专业发展。

（二）学校科研工作品质提高的必然要求

评价一所学校，绝不能只看升学率，还要看学校有没有自己的办学特色，有没有自己的科研成果。从某种意义上讲，科研是学校发展的根本动力和关键生长点，也是激活学校生机与活力的重要因子。随着素质教育的深入推进，新课程改革的全面深入，学校科研品质的现实状况越来越体现出学校的办学水平、教育教学质量以及可持续发展水平。可以说，学校科研工作品质依赖于教师团队的科研能力，一所学校中教师队伍的整体科研水平决定了这所学校的科研工作品质，因而教师科研能力的提升，将对学校科研工作品质的提高起到决定性作用。

当前，中小学校均比较重视教科研工作，关注教师科研能力的培养提升，学校也积极搭建平台、寻求智力支持，聘请专家进行校本研修指导成为主要的借力方式。不可否认，专家支持在帮助学校提炼办学理念、指导课程建设、推进课堂教学改革等方面发挥了较好作用，也形成 U-S（University-School，大学－学校）协同、UDS（University-District-School，大学－政府－学校）联盟等多种合作模式。

例如，北京市奋斗小学依托多元立体化的课程体系建构，引领教师科研素养的发展，促进教师专业化成长。在"问题引领学习"中，通过专家引领、核心组老师身先士卒、任务驱动、骨干影从、全学科推进等方式开展研究，促进教师由知识本位转变为素养本位，由行动型转变为总结反思型。近三年间，学校教师参加培训约 280 次，160 人次在全国、市、区做经验介绍，102 人次在全国、市、区做公开课，156 篇论文在全国、市、区级获奖。随着教师科研能力的整体提升，全校也形成了浓厚的科研氛围，目前学校立项国家级课题 1 项、市级课题 3 项、区级课题 4 项、校级课题 14 项、教师个人小课题 186 项，实现了学校科研品质的提升和内涵式发展。中小学教师科研能力的提升对于引领学校科研工作品质发展，实现科研兴校，起到重要的推动作用。

三、影响科研能力提升的因素分析

（一）个体层面因素

个体层面的因素主要包括：参与科研工作的意识和意愿、承担科研工作的机会、科研工作的实际历练、学习能力、教师的专业发展阶段等。

教师的科研意愿和科研参与机会，影响着教师科研能力的提升。在调研中，中小学教师对于科研价值的认同较高，就科研与教学的关系而言，普遍认同科研对于教学的促进作用。就科研意愿而言，67.1% 的教师具有较强的科研意愿。教师的科研项目参与度和科研机会，也是影响教师科研能力提升的因素。在中小学教师科研参与度的调研中，科研传统优势校教师科研参与机会多，学校有科研发展目标和教师专业发展要求，教师能够集中有序地参与科研，也有部分中小学校的教师科研参与度不高，这直接影响到中小学教师科研能力提升。

（二）组织团队层面的因素

教师工作中的组织团队包括正式组织，比如教研组、年级组、备课组等；也包括非正式组织，比如项目组、课题组等。组织团队是教师个体成长的小环境，影响教师能力的方方面面。组织团队的影响因素主要包括：组织团队的研讨和科研活动组织情况、组织团队成员整体科研能力情况、组织团队负责人的引领等。

学校教师科研团队的年龄结构、专业结构构成影响着教师科研能力的提升。教师科研团队年龄结构合理，梯队分布，有利于教师整体科研能力提升。青年教师专业新理论的学习和实践创新相对有优势，骨干教师和老教师更倾向于依赖自己丰富的教学经验。老教师在教师团队中愿意分享教育教学经验，将会极大促进青年教师的专业发展。在学校中，一般以教研组和年级组构建教师科研团队。学科教研组是中小学教师从事教学与研究的合作团体，担负着教学与研究、学习与培训、管理与服务等职能；年级组是学校管理中的基层行政单位。教研组科研团队在学习和研究等科研能力的体现上更为突出；年级组科研团队在评价和管理等科研能力上更具优势。因此，应该根据不同的科研目标，组合和构架不同专业结构的科研团队。

（三）学校层面的因素

学校层面的影响因素主要包括：科研氛围、科研资源、科研传统、科研管理制度（包括激励、评价等）、科研培训与指导等。

良好的学校科研氛围有利于引导教师积极主动地从事教育科研，并在参与科研活动的过程中主动积极地促进自身的科研能力发展。学校科研经费投入也影响着教师科研能力提升。如果学校的科研经费投入不足则会减弱教师参与科研的基础性动力以及直接动力。由于科研研究的周期一般较长，而科研成果的获得又具有不确定性，一些学校往往担心投入大量科研经费后没有较为可靠的成果回报，因而在科研经费方面投入不够，对教师个体和科研团队的支撑和鼓励略显不足。

优质的科研平台和研究资源是教师科研能力的重要支撑。例如，在科研项目的初始阶段，教师最希望得到的培训是关于科研能力的，包括科研选题、科研方法等方面的指导和培训，而目前很多中小学教师接受的培训内容仍然围绕上级教育主管部门的政策性文件在本校的落实展开，只有少部分学校能够为一些重点项目的参与教师主动寻找和链接资源。再如，教育的线上线下互动模式已经逐渐成为主流，这也给教师的科研活动提供了更高效的交流平台，然而一些学校的信息平台较为陈旧，配套资源和系统无法与时俱进，也对教师科研能力的提升造成一定的制约。

四、中小学教师科研能力的构成与要点

（一）研究意识

研究意识，主要包括问题意识、方法意识、研究设计意识、成果意识、成果转化意识和创新实践意识。

1. 问题意识

所谓问题意识，就是指教师在教育教学活动中，根据教育能力和实践经验，通过观察等方法，对教育事件采取反思批判、积极探究的一种态度倾向。在中小学教育研究过程中，应该把教育问题、教育现象和规律作为主要的研究对象，围绕教学内容、教学方法、教学过程等教育教学问题进行研究。这就要求教师要从教育改革、课程改革、教育教学实践等影响教育发展的核心问题出发选择具有理论或实践价值的问题，善于从教育教学实践中发现问题、提出问题，在实际的教育教学情境中进行研究，寻求解决问题的方法。教师只有长期保持这种对教育教学实践问题进行探究的欲望和敏锐的职业敏感性，才能够不断发现新的问题，更加深入地对问题进行分析研究，并提出解决问题的思路和举措，有效提升自己的教育教学能力。

2. 方法意识

中小学教师的研究是根据教育教学实践开展的，主要解决微观、具体的问题，研究主要体现在如何将教育教学研究成果尽快转化到教育教学的实践过程中，解决实际问题，提高教育教学的效率。因此教师的研究主要是以实

证研究为主，将教育理论与实践经验相结合来思考问题，并学习使用教育叙事法、个案研究法、教育实验及行动研究法等研究方法，根据实际问题选用合适的研究方法。在教育教学实践中具体分析研究问题的性质和特点，选择适当的方法进行研究能够使科研更加科学高效。

3. 研究设计意识

研究设计意识是中小学教师科研能力的重要体现。要做一项研究，首先要考虑先由哪里入手，一步一步怎么做，需要什么条件，要做哪些分析，要做哪些实验，达到什么目的……把这些写出来，就是研究设计。研究设计是对教育研究活动开展的全过程的设计，是确保教育研究质量的关键环节。尽管不同类型的教育课题研究，对设计有不同要求，但从现有的教育课题研究设计来看，主要包括以下几个方面的工作：提出研究假设、选择研究对象、明确研究变量，确定研究方法，最后形成研究方案。

4. 成果意识

科研成果是中小学教师科研能力重要的外化体现。中小学教师无论是评职称还是参加专业活动，都需要一定数量的科研成果。科研成果是指科研人员通过实验观察、调查研究、综合分析等一系列脑力和体力劳动所取得的，并经过评审或鉴定，确认具有学术意义和实用价值的创造性结果。科研成果是科研工作者辛勤劳动的结晶，是人类重要的精神财富和物质财富；也是衡量研究任务完成与否，质量优劣，以及科研人员贡献大小的重要标志；是国家的财富、智力的资源。科研成果应符合以下三方面的条件：一是应具有一定的创造性、先进性；二是必须具有社会价值，并得到社会的公认；三是必须经过技术鉴定或评审。

5. 成果实践转化意识

教师在科研过程中要具备成果转化意识，论文、案例、反思、研究报告等成果的特点是有新知识的产生，揭示一种新规律，其成果往往具有创新性和实效性，对于微观问题的解决更具意义，因此要重视研究成果的推广应用。中小学教师在教育教学方面的成果是非常丰硕的，但是往往停留在评奖和评职称阶段，没有对成果进行进一步加工转化，教育教学的经验无法推广开来，这是对科研成果的一种浪费。因此应该积极寻求高效的方法对科研成果进行进一步的转化。科研成果通常比较抽象，可以借助如教育案例的方式将教育理论进行转化，教师通过对教育理论进行深入研究，结合教育教学实践，筛选出最能体现该教学理论的课题，在课题中筛选出最能体现教育理论的精华和应用，形成典型的教学案例，更有利于推广和应用。中小学教师在参与科研的过程中，应该牢固树立成果转化意识，寻求更加高效的成果转化方法。

（二）选题能力

选题既是一种教育思想、观点、情感的表达，也是体现课题价值和功能的有机组成部分。中小学教师都有自己特定的学科领域，所以他们的选题基本是在自己特定的学科领域内。结合工作实际，中小学教师可以从自己工作领域中的难点问题着手选题、从自己工作领域中的优势和创新点着手选题、从当前宏观教育理念在自己工作实践中的落实着手选题、从基础教育改革与发展最新政策设计的实践落实着手选题等。

1. 从工作实践中的难点问题着手选题

教师在德育实践中难免遇到困难和困惑，通过课题研究可以找到解决办法。比如学生的早恋问题，这个问题是真实存在于某一特定年龄段孩子身上的具体问题，是学生的生理和心理发育到了一定阶段的必然产物。很多老师方法不当，被动应付，对此问题采取"一刀切"的强硬方式进行处理，效果往往不好，还造成师生关系紧张、亲子关系紧张等新问题。而有的老师则能够对此问题进行深入研究，遵循这一阶段孩子的身心发展规律，找到恰当的预防与疏导方法。这就要求教师做个有心人，善于从工作的困惑中发现问题，善于研究，总结规律。

如北京四中高中语文教师针对青春期早恋问题，以班会形式开展"当我们谈爱情时，我们在谈些什么——以一次班会课为例讨论高中情感教育"的研究。青春期教育是高中德育工作中非常重要的一部分，而情感教育又是青春期教育的重中之重。十六七岁的青年，无论在生理还是心理上都会发生非常大的变化，而这变化又会促使青年在心理层面对自我产生关注，他们会更在乎别人对自己的想法和评价，尤其是异性。因此，高中阶段的情感教育在一定意义上就是自我教育，是心理成长的一部分，研究旨在从爱情这一情感类型入手，通过访谈、故事、小组分享和师长经验交流等方式，开展一个关于如何面对自我情感问题的主题班会，从而引导学生正确认识情感，掌握处理情感问题的有效策略。

2. 从工作领域中的优势和创新点着手选题

教师在日常教育教学实践中积累了丰富的经验，这些经验未经科学验证总结，不便于推广，因而教师应该运用经验总结法或实验法对个别教育现象进行总结归纳和提升，形成科学的、有推广价值的研究成果。具体来说，教师将自己在教育教学中感触最深的真实案例、情感体验和经验总结，通过课题研究进行梳理和归纳，提炼选题，经由科研论证后才能更好地判别自我经验的正确性和科学性。这种选题方法是教师教育实践经验的总结与提升，来源于实践、论证于理论、作用于实践。此外，教师在教育教学过程中要善于对教育现象进行观察，如特殊家庭学生问题、留守儿童问题等，总结教育教学规律，形成研究课题。由于课题和教师的教育教学实践紧密结合，教师更会积极总结交流，勤于实践，乐于探索，课题研究也会真正服务于教育教学实践。

3. 从当前宏观教育理念在工作实践中的落实着手选题

立德树人既是教育理念，又是教育的根本任务。要抓住立德树人这个基本出发点，结合教改过程遇到的新的问题和挑战，形成新的研究课题。此类课题的研究能够为教育行政部门提供建议，也有利于解决实际问题。例如，教师的旧有教育理念、教学方法与立德树人的要求不一致等，教师可以将立德树人教育理念与教育实际问题结合，并进行延展、丰富，作为课题研究方向，通过研究来解决实际问题，总结经验并将研究成果进行推广，提高教育教学质量。

4. 从基础教育改革与发展最新政策设计的实践落实着手选题

学科教学实践中蕴含着可以挖掘的课题，从学科教学课程标准、学科教学模式、学科教学方式、学科教学知识建构、学科教学评价等都可以生成课题。教师申报的教育科学规划课题中，基于学科教学的选题和立项课题比例也是最高的。在学科教学中，教师经常会遇到一些实际的或潜在的课题，有待教师用心挖掘，深化学科教学研究。如英语教师可以从提高学生听说读写几方面的能力入手进行研究，数学教师可以研究如何培养学生的逻辑思维能力，音乐、美术教师可以从提升审美能力入手进行研究。

从教师自身的学科教学实际中发现问题，加以研究，教师的科研工作会更加得心应手，极大地提升科研效果。例如，北京师范大学附属实验中学蒋瑞老师2018年获得北京市教育科学规划课题立项"思想政治课中学生逻辑思维能力培养的实践研究"，课题提出，课堂教学中要注重培养学生在真实社会情境中解决问题的能力，以及在面对挑战、不确定性和复杂性时的审辨思考与创新思考能力，现阶段已在各类选修课、研究性学习、公民教育与社团活动中设置了思辨和探究课程，学科课程中对逻辑思维能力培养的重视与强化不仅有助于学生思维发展，也有助于学校推进课程改革与教学创新，实现育人目标。基于国家人才培养目标、思政课程的改革动向以及学生发展和学校教育的需求，本课题以逻辑思维培养为核心抓手，提升学生的思维能力，培养科学精神，尝试为中学政治教学中核心素养的落地提供新思路和新方法，为学校课程建设以及学科课程改革积累有益经验。

（三）课题设计能力

课题设计能力就是指对整个研究过程进行全面规划和对主要工作进行合理安排的能力。它初步规定了课题研究各方面的具体内容和步骤，是研究人员为了完成研究任务而进行的总体谋划。通过对研究方案进行设计，能够对课题研究的方向和进程有清晰的认识，做到心中有数，稳步有序地向目标迈进。好的研究方案是成功的一半，然而在中小学教师的课题立项书中，往往存在方案概念不清晰、陈述缺乏逻辑性、整体规划欠佳的问题，这样的研究方案对后续研究进展并没有实际性的帮助。上述问题的原因主要在于教师对研究方案的构成要素和设计思路不够清晰，对研究方案在整个研究过程中的重要程度认识不清。课题的研究方案并没有统一格式，但可以确定的是，方案设计的基本构成要素必须包括以下几个方面：研究什么、为什么研究、怎样研究、研究条件有哪些以及研究结果是什么。这些问题即方案设计的基本构成要素之间形成一个具有内在逻辑关系的统一整体。

研究方案设计基本步骤和构成要素

基本问题	构成要素
研究什么	课题名称、变量界定、研究目的、研究假设、研究内容
为何研究	课题研究背景、研究意义、文献综述、理论依据
怎样研究	研究方法、研究步骤、资源配置
研究条件	物质条件、人力资源和前期成果等
研究成果	预期成效、研究应达到的成果和表现形式

方案设计的基本构成要素并不是相互孤立的，它们彼此联系而成为一个具有内在逻辑关系的整体。一般而言，课题研究要根据以上元素整理出这样的思路：提炼新颖并具有实践研究意义的主题→阐释研究背景、理清文献综述和理论依据→将研究主题分解成明确具体、可操作性的研究任务→根据任务特点，贴合实际制定研究步骤，选择恰当的研究方法实施→前期局部实施效果评价→研究成果形成结论。

1. 研究什么

"研究什么"主要包括课题名称、变量界定、研究目的、研究假设、研究内容。这其中，关键是研究的假设。研究假设是研究者依据一定的科学理论、相关文献、实践经验，对研究问题的规律、原因做出的一种推测性论断和假定性解释，是在研究之前预先设想的、暂时的结论，是研究者所希望得到的某种结果。如"实践性作业提升小学生数学学科素养的研究"这个课题，研究者推测：实践性作业可以提升小学生数学学科素养。这个结论是预先设想的，暂时性的，是研究者希望的，最终能不能提升小学生数学学科素养，需要通过研究与实践来验证。研究和实践后，可能会出现三类结果："可以提升""不能提升"或者处于某个中间状态。研究假设可以保证研究方向一致性，可以增强研究的成果意识。

2. 为何研究

"为何研究"主要包括课题研究背景、研究意义、文献综述、理论依据等。其中，关键是文献综述。文献综述简称综述，是对某一领域或某一专业或某一方面的课题、问题或研究专题搜集大量相关资料，然后通过阅读、分析、提炼，整理当前课题、问题或研究专题的最新进展、学术见解或建议，对其做出综合性介绍和阐述。好的文献综述，不但可以为下一步的论文写作奠定一个坚实的理论基础和提供某种延伸的契机，而且能表明写本综述的作者对既有研究文献的归纳分析和梳理整合的综合能力，从而有助于提高对论文水平的总体评价。文献综述主要是总结和综合该方向前人已经做了的工作，了解当前的研究水平，分析存在问题，指出可能的研究问题和发展方向等。文献综述可以指导开题报告和论文的写作。

3. 怎样研究

"怎样研究"主要包括研究方法、研究步骤、资源配置。其中，关键是研究方法。教育科研方法是指研究教育现象及其规律所采用的方法。教师能否选择合适的研究方法进行科研直接反映了教师的研究素养，体现其是否具备尊重科学规律的理性精神，同时也决定了研究进程能否顺利推进。那么如何才能选择合适的研究方法进行研究呢？研究方法一定是根植于研究问题之中的，研究问题的性质和规律决定了选择何种研究方法，而科学、恰当的研究方法能够高效地解决研究问题，因此教师在选择研究方法时，一定要根据实际，紧贴研究问题的性质和规律。

目前中小学教师采用的研究方式有：案例研究、实践研究、行动研究、反思研究。应用的具体研究方法有问卷调查法、访谈法、观察法、文本分析法、实验法等。中小学科研基于校本实践问题开展研究，一般以针对个体的案例研究、针对群体的实践研究、在工作中开展的行动研究、不断追问是什么和为什么的反思研究为主要研究方式。

（1）案例研究，主要是针对个体开展的研究方式，主要关注案例的深度挖掘，如学困生转化个案研究，一步步挖掘事件背后的影响因素。一般教育故事、教育案例等旨在探寻背后的理论和原则。

（2）实践研究，一般针对教育管理中的主要问题，进行现状描述、聚焦问题、设计方案、实践改进。

（3）行动研究，这是主要研究方式，与教育教学工作紧密融合，设计行动方案和分析材料。行动研究其实包括多种具体方法的综合运用，如在行动中经常采取观察法、问卷调查法、文献法、实验法、比较法等。行动研究的基本思路主要有：提出困惑、凝练问题、行动改进、成效分析、反思总结。值得注意的是，行动研究与实践研究存在交叉重合，也可以说，实践研究是一种不规范的工作研究，行动研究相对而言是比较学术的研究方式。如果再详细界定，行动研究是行动导向，研究为主，重视成果梳理与凝练。实践研究是工作导向，重在实际问题解决。

（4）反思研究，确定"是什么—为什么—又为什么"思维路线，运用相应的理论和策略，不断对教育教学问题进行反思，通过反思提炼出有效路径与策略。

4. 研究条件

"研究条件"主要包括物质条件、人力资源和前期成果等，是开展某项研究所必需的基本条件。其中，研究团队及前期成果很重要，是进一步研究的基础，也是确保研究持续开展的基本要素。

5. 研究成果

"研究成果"主要包括预期成效、研究应达到的成果和表现形式。例如，北京市第四中学某专项课题名称为"以探访北京古迹为载体进行多学科资源整合形成初中校本课程的研究"。课题方案由选题缘由、概念界定、文献综述、研究目标、研究内容、问题解决设想、方法与推进、研究预期成果和研究预期成果形式几大要素构成，每项要素都加以详细阐述，如研究最终成果包括四种形式：提出某一古迹多学科的讲解方案，形成校本教材；学生作品集册；积累视频、图片材料；完成最终的课题结题报告。这几大构成要素之间由课题题目作为核心而呈现一脉相承的关系。

（四）课题研究实践推进能力

中小学教师科研实践需要依据研究选题，选择正确的研究方法，并在研究实施中注重研究过程管理。既要有利用正确的研究方法，深入实践开展实验的能力，又要有善于在过程中捕捉问题信息和分析材料，做好数据搜集与分析，把握科研过程管理和研究节奏的能力。

1. 按照既定课题研究设计开展课题研究

课题研究设计是对课题开展的预先谋划，是经过了认真论证后的可行的实施方案。因此，课题启动后，就要按照预先的安排实施。同时，也要根据实际情况，及时调整研究方案，保证研究的顺利进行。

2. 按照既定课题研究阶段开展课题研究

课题研究方案中会对课题研究的阶段进行细分，包括具体的实施计划。课题启动后，要按照原先的安排实施。同时，也要考虑现实情况及各种时间冲突的情况，及时调整。

3. 课题研究和工作实践密切结合

对于中小学教师而言，课题研究多是在特定的学科领域开展的，或者结合自身的工作实践开展。课题启动后，研究者要立足自己的学科领域或工作实践，在将工作与研究相结合，切实推进课题研究。

4. 充分发挥课题研究团队的力量

目前中小学教师开展的研究，极少数是教师个体开展的行动研究，大多需要团队合作完成。因此，课题启动后，要充分发挥课题研究团队的力量，发挥各自的优势，从各个不同的视角，协同推进研究的开展。

5. 及时总结和提炼课题研究成果

课题要结题时，要及早总结和提炼课题研究成果，一方面保障课题任务及时完成，能够顺利结题，另一方面也保证研究有所产出，促进教育教学实践的改进。

（五）科研成果总结提炼能力

中小学教师在进行科研时不能只会"输入"性研究，也应该能够将研究结论进行"输出"，即拥有输出教育科研成果的能力，也就是研究者采用研究报告、研究论文等形式把自己所取得的研究成果表述出来的能力。研究成果的展示与呈现是对研究过程的总结与提炼，是对关键问题的科研分析归纳而成的结论。

1. 研究成果的呈现类型

研究成果可以以多种形式呈现出来。主要形式如下：第一，报告类，如研究报告、调查报告、实验报告等。研究报告主要论述某一课题的研究经过，展现和讨论研究结果；调查报告是描述、记录某课题的调查资料，并从中得出理性结论；实验报告是描述、记录某项实验过程和结果，并对结果作出分析与讨论。第二，论文类，如论述、评述以及综述等。第三，著作类，如专著、编著、译著等。第四，教材类，如工具书、教材等。第五，政策咨询类，如政策建议、发展规划方案等。第六，技术产品类，如资源库、课件、网络课程、系统平台等。

研究成果呈现类型

报告类	研究报告、调查报告、实验报告等
论文类	论述、评述以及综述等
著作类	专著、编著、译著等
教材类	工具书、教材等
政策咨询类	政策建议、发展规划方案等
技术产品类	资源库、课件、网络课程、系统平台等

2. 优秀研究成果的标准

优秀的研究成果应该具备以下几项基本标准：一是标题明确。揭示问题，直达主题，凝练特色。二是框架明确。做好研究构架，条理分明，步骤明确。三是术语专业。语言表达要体现专业素养和研究素养。四是言之有据。用量化数据和定性案例共同支撑结论，切忌空谈。五是呈现有法。巧用图示、图表、访谈记录等多样化方式进行呈现。六是详略得当。文章重点突出，不是材料的简单堆积。七是观点创新。要做到人无我有，人有我新。八是文献规范和格式工整。

（六）科研成果实践转化能力

科研成果实践转化能力是中小学教师科研能力的关键体现，对于教学资源优化、师资队伍建设、教育教学质量提升及人才培养等具有重要意义。转化为课堂教学资源是中小学科研成果实践转化的主要形式。教师的科研能力、科研成果自身的适用性及局限性、学校激励机制、服务制度及评价体系等都影响着成果的实践转化。中小学教师应树立正确的科研观、提高科研能力，学校须建立健全激励、服务及评价体系，确保科研成果的有序转化。

1. 重要意义

科研成果一般是学科前沿的观点、结论、成果、研究现状或知识，将其转变为教育资源融入教学内容中，不仅能很好地弥补教材的滞后性、丰富课程内容，而且可促进高水平教材的产生与学科建设。同时，将新知识融入教学中不仅可培养师生的科学精神、人文素质、对科学执着的情感态度、创新意识等，且有助于形成求真、求美、求善的校园文化。

提高中小学教师的科研成果实践转化能力可改进教师的教学方法，提升其教书育人能力。将新知识融入课堂教学和实践中，可使教师进一步加深对科研成果的认识和理解，进一步创新和完善科研成果，从而提升教师的科研能力。科研学术与课堂教学中的互动交流可增强教师的教书育人和科学研究能力，提高其自身素质，实现专业化发展。因此，科研成果转化为教学资源对提高教师素质、优化教师资源、建设师资队伍具有重要意义。

2. 转化方式

科研成果转化为课堂教学资源是成果转化的主要方式。课堂教学是中小学教育最重要的形式，对培养学生各方面的能力极为重要，学生主要通过课堂教育来接受知识和提升能力。教师讲授时，在讲完基本理论知识和方法后，应该结合最新科研成果不断更新教学内容，列举一些具体实例，把实际和理论相结合，可以提升学生的学习兴致，化解教学的重点难点，提高教育质量。中小学教师的科研成果是在科研活动和教学实践中产生的创新成果和实际经验，充分反映了教师的专业知识水平，体现了教师的个性特色。把这些科研成果转变为课堂教育资源，带入课堂教学，可以拓广学生知识面，开拓其视野，激发其探索未知领域的激情。教师通过科研成果转化工作可以表现出科研能力和专业素质，不仅可以提升自己的个人魅力，还可以提升课堂的吸引力。

五、中小学教师科研能力提升的实践策略

（一）以教师专业发展带动科研能力提升

从教师专业发展的视角来看，要提升教师的科研能力，需要强化教师的自主发展意识，丰富教师的科研知识，培养教师的科研关键能力。

1. 强化教师的自主发展意识

一些教师科研意识不强，其原因还是没把科研当作一种教育责任。因此，在日常教育教学工作中，要着力提升教师的科研意识。一是要树立角色意识。教师要积极主动承担学科课题研究，逐渐由过去单纯教学型向教学科研结合型发展，改善自身的生活质量，让研究成为一种生活方式。二是要树立问题意识。教师要关注课程资源、关注教材、关注学生、关注教育教学中生成的各类问题，要善于抓住关键性问题进一步研究思考，实现教与学的无缝对接。三是要树立合作意识。教师在工作、学习中要加强合作，在解决各类问题的过程中加强合作，对研究的课题加强合作等，通过合作来实现知识与能力互补，达成共识，解决问题。四是要树立学习意识。信息时代要深刻理解终身学习理念的深刻意义，通过学习获得信息、知识、技能、价值观和态度，实现自我发展和进步。五是树立自我反思意识。包括教师对教育教学观念的反思，对教师角色地位的反思，对教育教学行为的反思，对组织与开展教育教学活动过程的反思等。

2. 丰富教师的科研知识

如前文所述，教师专业理论知识既包括教育类理论知识，也包括科研方法等科研专业知识。只有将二者放在同等重要的位置上，同时学习积累，才能对科研能力的提升起到推动作用。一方面，中小学教师要加强教育理论知识的学习，内容包括心理学、教育学、社会学、哲学、教育科研方法、现代教育技术等方面，力求具有心理科学的理论基础，懂得教育科学的原则与艺术，掌握教育科研的方法和技术，拥有哲学的头脑和社会学的视野；另一方面，中小学教师要根据科研实际学习科研规范，并加强科研训练。中小学教师通过培训学习在教育教学中如何发现问题、如何选择教育科研课题、如何设计教育科研方案、如何组织教育科研活动、如何收集处理教育科研信息、如何表达教育科研成果、如何评价与推广应用教育科研成果、如何管理教育科研工作等，根据实际问题，结合教育教学经验，根据教育教学相关理论，参考他人研究经验，对问题进行深入探索和思考，总结反思，开发缄默知识，变缄默知识为显性知识，对实践性知识进行总结，积累教育科研实践经验，提高教育科研能力。

3. 培养教师的科研关键能力

是否具有创新性是衡量中小学教师教育科研成果的实践意义和理论价值的重要标准。一方面，教师要用发展性思维看待教育教学实践活动，在教育教学实践中总是会遇到突发事件和从未涉足的知识、技能领域，要进行积极探索和反思，创造性地寻求解决问题、增长知识的方法，不断进行创新和自我超越；另一方面，教师不是知识的"搬运工"，而应该在日常教育教研工作中主动地将知识进行分解、深化和拓展，培养主动探索精神，要在教育教学实践基础上，选取前人没有涉足的研究领域，或者已经研究但是尚未完善的领域，要关注教育教学最新理论、政策方面的具有创新性意义的选题。在教育科研过程中，教师要本着求真务实的科学态度开展研究，在选题、文献检索、研究方法选择、研究方案制定、研究成果呈现等方面，突出教师在教育教学实践中所形成的新观点、新举措，凸显研究的理论价值和实践价值。

（二）以科研团队发展促进科研能力提升

1. 学科教研组和年级组

中小学校的学科教研组和年级组是学校中最基本的行政性质科研单位，由于学科教研组和年级组二者职能和任务关注有所不同，因而形成了学科教研组科研团队和年级组科研团队这两种团队模式，但相同之处是两类科研团队都具有贴近教育教学实际的特点。

学科教研组科研团队，以学科为基准，以教育教学改革核心问题为主题，并通过对教学中遇到的实际问题集中攻坚，开展实践研究，旨在促进优秀教学经验分享、优质教学资源共享，进而提高教育教学质量。

学科教研组科研团队立足教育教学实践问题，尽可能选拔教育教学能力强、科研经验丰富并且具备组织领导能力的教师作为团队负责人，整合教师队伍，形成由学科组长、骨干教师、优秀青年教师等不同层次人员组成的高质量科研团队，以便将教科研一体化，在教研中发现问题，在科研中研究问题、解决问题再指导教育教学实践。中小学学科教研组是开展学科教学研究工作的基本单位，是学校各科教师发挥集体智慧，提高教学水平和效益的教学研究组织，学校应该重视学科教研组在科研团队组建过程中发挥的作用。

北京市通州区贡院小学在学校的课程建设工作中，主要以科研课题立项的方式，逐层展开。通过总课题"基于核心素养的学校课程体系建构"的研究，推动核心素养与学校课程建设的深层次融合；鼓励教师依托总课题开展相关子课题的研究，如"学校多学科'整本书'阅读校本课程的开发与实施""语文生字书法视频和字帖在小学语文生字教学中的应用与研究"等区级课题，推进了学科整合，很好地统整了全校的教育教学及科研工作，学校各学科教研组形成了以提升核心素养为目标的课程研发团队。

年级组职能定位是依据学校工作计划，负责年级教师队伍建设与教学管理，负责组织年级学生活动，为师生发展搭建平台。年级组构成科研团队是以组织本年级教师经验交流、协助教研组开展学科教研活动、承担对本年级教师的指导工作以及组织年级集体活动为目标而形成的年级组研究团队。主要研究任务是学生发展与指导、学生德育常规与活动、班级组织管理与创新发展等，年级组科研团队人员构成主要涵盖德育副校长、德育主任、年级组长、班主任。随着立德树人根本任务在学校、班级、家庭层层落实，社会主义核心价值观进校园、进班级，未来将基于年级组科研团队，着力开展五育并举、学生发展与指导、家校社区活动实践等研究。

2. 项目组、工作坊

教育科研必须团结协作、分工实施、合作攻关。在年级组和教研组的科研团队基础上，重新搭建科研团队工作坊，目的是让不同专业特长的教师在学习研讨的过程中获得实质性的收获，提升科研能力。教师自愿参加工作坊，工作坊的氛围强调平等互动、和谐奋进，强调学术影响。在工作坊中，教师可以线上或线下学习研讨，头脑风暴，就教育教学过程中的困惑进行集中讨论，努力将问题转化成研究课题，共同推进课题进程，在合作做科研的过程中，教师们相互学习，互相启发，促进全校教师科研能力的提升。

3. 科研项目团队

教师在思维方式和科研素养方面各有所长，互有差异。因而可以以一个个科研项目作为科研团队的组成依据，根据不同课题的需要，选用不同学科、年级和教龄的教师，构成科研团队，启动科研专题学术会议，参与会议讨论，组织学术沙龙，引发思维碰撞，这是培养和提高教师教科研能力的一个重要途径。科研专题学术会议中，大家会就一类问题进行集中研讨，发表各自的学术见解，不同研究者之间会碰撞出智慧的火花，产生新的见解和认识。教师积极参与到这类主题突出、思维碰撞的学术会议及研讨过程中能够拓宽科研视野，相互启迪，学习到新知识新方法，触类旁通，促使自己能够更加辩证、更加全面深刻地认识问题和思考问题，从而促进自身科研素养的培养及科研能力的提升。

学校要紧密围绕新课改的核心理念及教育教学实际，开展多种多样的教育教学项目研究，通过项目引领，聚焦教育教学中的实际问题，组建科研团队，交流互助，共享智慧，使每位教师的专业能力在项目研究的过程中得到有效提升。

学校通过开展科研讲座、专题培训、专家引领、教学能力评比、课题引领等多种形式且任务明确的教科研活动，为教师搭建学习发展的平台，在任务引领下，激发教师学习奋进的动力，也帮助有相同研究兴趣的老师能够在项目任务中认识彼此，加强交流合作，进而组建科研团队，共同探讨研究，发挥团队的力量，通过同伴互助和骨干教师引领，在完成任务的过程中，促进专业实践创新能力和科研能力的提升，实现科研团队的整体发展。

（三）以学校科研管理优化激发教师科研能力提升

1. 做实科研专题培训

科研专题培训是促进中小学教师科研能力提升的有效途径。专题培训内容要紧贴中小学教育教学实际，了解中小学教师开展教育科研的困惑，开展有针对性的培训。据调查，目前中小学教师培训需求主要集中在如何选题、研究设计、文献检索、研究方法选择、科研成果提炼与推广等方面。学校应充分调研不同层次以及发展阶段的科研学习需求，开设有针对性的科研培训讲座和课程，由此才能调动起教师培训的积极性，努力在培训中补充自我所需，大大提高培训效果。另外，专题培训的方式也要丰富多彩，可以采取主题系列报告、专家一对一指导、学术论坛交流、观摩学习、学术研讨、线上视频指导等多种的方法，满足不同教师的学习需求，增强培训效果。

2. 拓展科研资源

充足的科研平台资源是教师进行科研活动的重要保障。中小学教师的平台资源包括以下几种：第一，专家指导平台。教师在专家有针对性的科学引领下能够更加准确地找到自己的科研定位，掌握有效的科研方法，少走弯路，提高科研效率。第二，科研讲座论坛。可以为教师提供专家讲座及同行之间相互交流的平台。一方面，教师可以通过该论坛学习到前沿的教育理念和科研方法，在培训中有计划地开展专家讲座有利于教师科研能力的提升；另一方面，教师通过论坛相互交流、展示自我，在专题研讨、互动思考的过程中开拓视野，提升科研的信心。第三，科研比赛平台。该平台为教师提供了一个成果展示的阵地。通过科研论文、课题申报等多种项目的科研竞赛，激发教师的科研热情，鞭策教师在教育教学实践中积极发现问题，研究问题，解决问题，在实践中开展教育科研。高效先进的信息交流平台能够为教师提供线上互动学习、沟通交流及成果分享，平台能够进行学科前沿研究成果信息推送，支持互动答疑，提供多项教育科研指导服务，能够有效提高教师科研的主动性与实效性。

3. 完善科研工作机制

学校要建立科学有效的科研机制来确保教师能够积极参与科研活动，减少其他因素对教师参与科研的不利影响。第一，充足的时间是教师科研活动顺利进行的重要保障。学校要集中预留出教师教研的时间，制定科研推进计划表，便于教师集中研讨，高效做科研。第二，学校应该开辟出专项资金来支持教育科研活动的开展。学校应该将科研费用纳入学校的财政预算，确保每年都有一定数额的研究经费。第三，学校要营造公平、公开、公正的科研氛围，从经费保障、课题申请、培训机会等方面给予每位教师平等参与、公平竞争的机会。只有每位教师都能够积极参与进来，才能保证科研活动更加全面。

第八章　中小学科研资源管理

教育是一种复杂的社会活动和现象，对教育的研究也须放在广泛的社会背景下进行。科研资源属于狭义层面的教育资源，即教育活动开展及进行过程中所使用和消耗的人力、物力及财力资源总和。但从教育系统论的角度看，科研资源又属于教育系统的范畴，因此对科研资源的思考不能仅仅停留在概念本身，更应从教育系统内外联系的角度来看待教育资源。

一、中小学科研资源的内涵和特点

（一）中小学科研资源的内涵

从广义上讲，中小学科研资源就是指在义务教育学段，支撑、维持、组成义务教育科研活动的一切资源，它既包含人、财、物等基础类教育资源，也包括科研系统内外支撑义务教育科研活动的其他资源。从性质上，中小学科研资源又可分为显性科研资源和隐性科研资源。显性科研资源包括科研的人力资源、物力资源、财力资源和信息资源等，隐形科研资源包括发展科研的政策和科研工作者的精神面貌。

从狭义上讲，中小学科研资源是指中小学开展科研活动所需的人力、物力和财力，主要包含科研环境资源、科研信息资源、科研人力资源。科研环境资源是组成科研活动的物质材料和设备、相关科研工具，比如计算机设备、网络设备、通信设备及各类系统软件和应用软件，等等。科研信息资源是指与科研相关的知识、信息、文件、情报、资料等信息。科研人力资源是指具备开发、建设、管理、应用科研资源的个体。本书主要从狭义上讨论中小学的科研资源管理。所谓科研资源管理，就是运用决策、计划、组织、控制等基本管理职能，有效地发挥人、财、物、时间、信息等要素的效用，以完成科研任务的活动。科研资源管理的具体内容包括：决策与规划计划管理，人员管理经费与设备管理，情报信息管理，成果管理，等等。[①]

（二）中小学科研资源的特点

一般意义上的科研资源具有公共性、流动性、稀缺性、差异性等特点。

首先，科研资源的使用是为了最大程度地满足教育教学研究的目的和目标的实现。因此，任何层次的科研资源都具有一定的公共属性。其次，科研资源本身的多元性和复杂性就决定了科研资源不稳定的特点，无论是人的因素、社会条件的因素还是政策的因素，都会对科研资源的投入和配置产生影响，而资源本身也只有在流动中才能真正地发挥作用，因此，科研资源本身也具有流动性。再次，稀缺性是所有资源共有的特性，但稀缺不是稀少，它并不代表资源在绝对数量上的多寡，而是强调资源在人们无限增长和多样变化的需求面前满足这些需求的多寡程度，因此，它是一种相对意义上的稀缺性。最后，所谓差异性主要表现为科研活动过程和效果的差异性，其本质还是科研资源在分布和流动过程中的不均衡性。这种差异性深刻地存在于科研活动的各个阶段和各个方面，从对象来看包括师资差异、经费差异、生均资源差异等；从区域来看包括地区差异、城乡差异等；从差异属性来看包括阶层差异、历史时期差异、资源水平差异等。

中小学科研资源较之高校和科研院所的科研资源，有其独特之处。

首先，从学科领域来看，中小学科研资源主要属于教育学和教育管理学，特别是教学论、学科教学论、德育和学校管理学等，这些与中小学的教育教学实践密切相关；而高校和科研院所的学科比较多元，即便是侧重教育学科的高校及科研院所，也是强调学科的交叉融合，而非单一的教育学科。

其次，从性质来看，中小学科研资源既包括揭示教育规律的理论资源，也包括大量反映教育实践经验的实践资源，特别强调或侧重理论资源的转化

---

① 顾明远：《教育大辞典（第七卷）》，上海教育出版社，1990年，第310页。

应用；而高校及科研院所则主要侧重宏观的理论研究或学术探讨。

最后，从应用价值来看，中小学科研资源一方面用于研究学校管理和教育教学实践中的现实问题，另一方面用于改进学校管理和教育教学实践；而高校及科研院所则主要侧重于运用科研资源研究及解释重大现实问题，推动学科建设，提升学科影响力。

二、中小学科研资源及其有效使用

基于中小学的科研工作实践，中小学目前普遍使用的科研资源主要包括人力、项目、资金、成果、设施设备等。科研资源是学校实施发展战略的重要基础，应根据科研发展战略定位与各学科研究方向的需要进行系统布局，配置相应组织资源，充分发挥人才的科研能力、创新能力、管理能力，促进组织资源与战略的最佳匹配，从而保证战略的顺利实现。

（一）人力资源

1. 中小学人力资源的基本构成

中小学的人力资源主要包括两类：一类是学校自身的科研力量，一类是外部专家资源。高校及相关科研机构的专家是某一研究领域的专门研究者，他们熟知该领域的最新进展及存在问题，能够在该领域的研究、规划、指导、咨询、建设、评审等方面发挥积极的作用。对于中小学而言，学校的教育管理、学科教学、质量评价、教育科研等方面需要相关领域专家的示范引领和辐射带动，以促进学校教育教学的改革与发展。因此，中小学需建立自己的专家资源库，专家库成员可根据学校科研工作实际需要，分为三类："教育管理"类、"学科教学"类、"教育科研"类。学校要充分利用好这些专家资源，发挥他们的聪明才智，助力学校的改革与发展。

2. 中小学人力资源的有效使用

（1）加强科研人才配置。当前，大多数中小学已成立了科研室。中小学科研室旨在指导学校教师开展学科项目研究，引导教师以推进学校发展为己任，这就决定了科研室的人员构成应走向专业化、职业化，而不能仅仅将教育科研作为课堂教学工作的附庸或是装饰。

首先，中小学教育科研组织结构是由主体和非主体要素以一定结构组成，在人员的配置上建议突出"三个为主"，即以专家、学者为主的理论指导队伍，可以和师范大学开展经常性的合作；以教育实践专家和行政部门领导为主的实践指导队伍；以青年教师为主，老中青结合的实践教师队伍。同时配备相应辅助人员，加强相互之间的交流和探讨，建构一个良好的合作型团队，形成点、线、面结合的教育科研组织机构。

其次，从科研团队整体看，组建科研团队时应充分考虑团队人员的年龄结构，职称结构和学历层次，做到不同层次、不同结构的人员搭配合理，打造一支学术积淀深厚又充满朝气和活力的科研团队。从科研管理人员个体来说，首先要具备较强的教育科研能力，具有一定的学术造诣和实践经验，掌握基本的教育理论，具有指导他人科研的能力。其次要有较强的组织管理能力，协调科研团队内部和外部关系，组织好科研团队完成教育课题。再次还要具备高度的事业心和良好的道德品质。

最后，应加大对教育科研者培训的投资力度，争取教育专家的技术指导和理论支持。规划对各级学校教师和科研员的科研培训，增加培训投资，扩展教育科研培训的广度和深度。充分利用校外教育资源，与大学、教研机构建立合作伙伴关系，通过名师带教、讲座、参与课、现场指导等形式帮助教师提高科研水平。

（2）加强科研人才开发与储备。中小学科研人才是学校科研发展的重要保障。中小学应当根据科研发展战略目标进行相关人力资源管理，尤其需要建立起科研人才的开发与储备机制。

中小学应当根据学校科研发展重点和各科研领域的发展目标对学科带头人进行定位，明确各科研方向、各层次的学科带头人、学术带头人等的选拔条件和目标考核要求，并逐步建立结构合理的学术梯队。对于学术带头人，可主要从其在某一学科研究方向上的学术成就、学术声望等方面予以考察，要求其有更高的综合素质，研究能力和领导能力是对其进行考察的两个重要方面。首先，学科带头人必须具有很强的研究能力，有一定的学术积累，有相关的研究成果。其次，学科带头人还必须具备较强的学术组织和领导能力，能知人善用，充分调动梯队中每一个成员的积极性，能组织梯队成员共同承担相关课题，推动学科向前发展。最后，学科带头人还应该有良好的学术道德和高尚的人品，能推进不同观点的发展。中小学还应根据可持续发展的目标和要求，以学科带头人为核心培养和引进学术骨干、后备力量，以免出现学术断层，影响学术竞争力的有效发挥。学术队伍只有形成有层次的梯队结构，才能实现合理分工。在年龄结构上，坚持老、中、青相结合的原则；在学历结构上，注意高低学历搭配，优化高级职称和高学位教师的比重，进而为学术梯队蕴藏后劲与潜力。

对于教师整体而言，一方面要合理地安排教学与科研工作，保证他们有较为充足的科研时间，同时提供持续的专业引领，但是对于不同层次和阶段的教师，要提供"因需与分层"的保障条件。如：同样是对专业引领的期待，刚入职的教师更希望获得科研知识及其应用，那学校应为其提供更多的理论学习机会与运用科研解决问题的平台；骨干教师侧重于个人科研风格的形成以及研究内容的精与深，所以应为其提供更为专业的诊断、为其提供更加开阔的视野。根据教师发展的不同层次，对于刚入职的青年教师，学校应该多关注他们的真实想法，帮助形成积极的科研观念和动机，同时提供合理的经费支持、开展符合需求的培训活动、创设易于融入的科研氛围；对于中年普通教师，应创设基于物质和精神的奖惩制度，提供必要的科研进修机会等；对于中年骨干教师，应为其提供更专业的支持和培训，同时在精神上给予更多的鼓励，促其将科研内化为一种事业和追求，同时为其提供展示、交流和科研成果分享的平台，激励其科研的进一步发展；对于已经获得荣誉且年龄较大的教师，应以精神鼓励为主，让其获得尊重与被需要感，获得成就动机。

（二）项目资源

1. 中小学项目资源的基本构成

从中小学的科研实际来看，中小学的科研项目主要包括：各级各类的科研课题，教育行政部门的教学改革项目，高校、科研机构及相关学校的联合课题，委托课题，等等。各级各类的科研课题主要有国家级、省级、地方、教育学术团体和校本等。教育行政部门的教学改革项目是指教育行政部门为推进教育教学改革，以项目课题形式进行的教育教学改革的研究与实践活动。所谓联合课题是指高校、科研机构及相关学校与学校合作开展的课题，所谓委托课题是指教育行政部门、高校、科研机构委托学校开展的课题。

2. 中小学项目资源的有效使用

学校要加强自身已有的各类课题的总量、级别、重复研究及主要困惑等现状的调研，围绕学校中心工作和重点改革项目，对各类项目各级课题作系统的集成和规划，列出指导性的研究项目指南，避免教师在课题申报立项时的盲目跟风。良好的项目资源配置机制，应能实现对已有资源的优化组合。基于整合、共享和转化的科研项目资源使用策略，中小学要想进一步拓展项目资源，可以从科研资源发生的角度去考虑，以教育教学问题为主题任务开展研究，拓展起点资源；从成果评奖、课题设立、学术活动、网络平台建设、阅读活动、智库建设（教师培训、专家引进）等方面，拓展实施资源；从成果（论文、著作、课程、教材）、教学行为、学校文化等方面，拓展结果资源。无论如何，中小学项目资源的拓展都是基于学校实际的需求，都是服务于学校的教育教学实际的。

（三）资金资源

1. 中小学资金资源的基本构成

中小学科研经费是指用于发展中小学科研工作而支出的费用。中小学涉及科研资金方面的资源主要包括：课题经费、教学改革项目专项经费、学校科研经费、社会赞助，等等。中小学科研经费主要来源于地方财政经费。中小学的科研经费又可分为纵向科研经费和横向科研经费，纵向科研经费实行预算管理，执行国家相关经费管理办法，严格按照项目主管部门批复的预算范围和开支比例规范使用。横向科研经费实行合同管理，必须按照项目合同书中约定的经费使用用途、范围和开支标准，执行国家和学校相关办法，合理、规范使用。从中小学的科研经费实际来看，主要是纵向经费的管理和使用。中小学要加强预算编制、经费使用及经费管理等方面的能力。

2. 中小学资金资源的有效使用

一是加强科研经费管理意识。较强的科研经费管理意识是有效管理科研经费的基础。如果科研管理者不重视科研经费的良好管理，将会造成大量科研经费浪费的现象；如果科研管理者的经费管理意识薄弱，大部分精力放在课题本身的管理上面，往往就会疏忽了科研经费的管理；如果科研管理者没有形成经费管理的良好习惯，将会使得科研项目的经费分配不均衡。

二是提高科研经费管理人员的专业化水平。人员是管理的主体，其专业水平、管理能力对有效的科研经费管理起着至关重要的决定性作用。目前中小学大部分没有独立的教科室，也没有专业的负责人来管理教育科研，因而使得学校缺乏专业的科研经费管理人员成为必然，从而导致科研经费管理出现问题。即使有教科室，负责教科室的人一般由教导主任或校长兼任，他（她）们因事务繁忙而没有足够的精力进行科研经费的有效管理，从而影响科研经费管理的规范性。

三是健全经费管理制度。制度是指要求组织成员共同遵守的、按一定规程办事的规则，如工作制度、学习制度、管理制度等。制度的作用不可忽视，在某种程度上是制约和协调机构或组织之间及其内部的各种关系的。影响中小学科研经费管理的，除了人员、意识因素，还有制度方面的因素。大部分学校的科研管理制度不完善，多数学校现有的经费管理制度由一两个兼职的科研管理负责人制订，有些甚至没有订立书面的制度文件，这样的经费管理制度极其不健全，在很大程度上会影响管理工作的开展，甚至影响教师正常参与学校的教育科研。

（四）成果资源

1. 中小学成果资源的基本构成

中小学科研成果资源主要是各类学术文献和学校自己的研究成果。学术文献是从事学术研究的相关文献资源，主要包括学术论文、学术著作等。

2. 中小学成果资源的有效使用

学术文献资源是科研工作者进行学术研究、查找资料不可或缺的工具。对于中小学而言，学术研究虽然不是中小学的主要工作，但是通过学术研究能够促进教育教学的改善。中小学可以根据研究及实际工作需要，到书店购买相关的学术著作，可以订阅相关学术期刊来了解教育教学研究的相关进展。为方便学术文献查阅，促进学术交流，很多平台开发了相应的学术搜索引擎。通过这些学术搜索引擎，可以快速寻找学术资料，如专家评审文献、论文、书籍、预印本、摘要以及技术报告，等等。

中小学科研工作者可以通过学术平台的搜索引擎，快速掌握相关领域的研究进展，以更好地转化利用这些学术资源。目前，中小学可利用的学术搜索引擎有中国知网、维普、万方、百度文库等。

中国知网（www.cnki.net）是以实现全社会知识资源传播共享与增值利用为目标的信息化建设项目。由清华大学、清华同方发起，始建于1999年6月。中国知网已经发展成为集期刊、博士论文、硕士论文、会议论文、报纸、工具书、年鉴、专利、标准、国学、海外文献资源为一体的、具有国际领先水平的网络出版平台。中心网站的日更新文献量达5万篇以上。

维普（www.cqvip.com）自1993年成立以来，业务范围已涉及数据库出版发行、知识网络传播、期刊分销、电子期刊制作发行、网络广告、文献资料数字化工程以及基于电子信息资源的多种个性化服务。迄今为止，维普公司收录有中文报纸400种、中文期刊12000多种、外文期刊6000余种；已标引加工的数据总量达1500万篇、3000万页次，在国内同行中处领先地位。维普数据库已成为我国图书情报、教育机构、科研院所等系统必不可少的基本工具和获取资料的重要来源。

万方数据库（www.wanfangdata.com.cn）是由万方数据公司开发的，涵盖期刊、会议纪要、论文、学术成果、学术会议论文的大型网络数据库，也是和中国知网齐名的中国专业的学术数据库。

百度文库是百度发布的供网友在线分享文档的平台。百度文库的文档由百度用户上传，需要经过百度的审核才能发布，百度自身不编辑或修改用户上传的文档内容。网友可以在线阅读和下载这些文档。百度文库的文档包括各种资料，当前平台支持各种主流的文件格式。平台于 2009 年 11 月 12 日推出，2010 年 7 月 8 日，百度文库手机版上线。2010 年 11 月 10 日，百度文库文档数量突破 1000 万。2011 年 12 月文库优化改版，内容专注于教育、PPT、专业文献、应用文书四大领域。2013 年 11 月正式推出文库个人认证项目。

（五）设施设备资源

1. 中小学设施设备资源的基本构成

科研设施设备是从事科研工作所需的相关设备设施等物理性条件资源。对中小学而言，主要从事的是教育方面的实践性研究，所需要的设施设备主要包括理化生等学科的探究性实验室及相关的仪器设备、用于观评课的拍摄设备、用于访谈的录音及电脑设施、用于科研工作的会议室设备设施，等等。

2. 中小学设施设备资源的有效使用

传统的中小学科研资源管理的方法基本为控制管理，即科研的目标、研究方法和研究内容都由中小学教育主管部门制定，教育科研带有很强的行政色彩，难以调动教师参与科研的积极性。我们应构建更为科学的科研资源管理，如充分挖掘网络平台的潜力，构建富有创新精神和开拓意识的研究——实践共同体，通过网络把教育科研机构、教育行政部门、各个课题组联系起来，提高建立档案、利用档案的效率。

网络信息资源建设主要是指提供良好的网络科研环境。在充分调查研究教师、科研人员以及学生的网络信息资源利用情况的基础上，结合学校教学、科研发展等目标，构建实用、合理的网络信息资源体系。有条件的中小学可以购买、引进学术性和权威性较强的国内外数据库，如中国期刊网数字图书馆、电子期刊全文库等，可以充分整合利用各高校科研资源，组织网上资源，建立在线图书馆等信息库，将分散各处的文本、超文本、音频、视频、多媒体等多种载体形式的信息，按学科或专业进行组织分类标引，建立相关的链接，建构各种类型的网络信息资源库，开设在线阅读等栏目，使网络信息资源的利用更具针对性、实用性。

三、中小学科研资源的整合与共享

（一）学校内部整合与共享

学校内部的科研资源一方面来自学校发展过程之中积淀下来的科研资源及科研传统，另一方面也来自学校当下的科研成果、科研经验等。对于学校内部的科研资源，要做好总结、提炼，逐渐形成学校的发展特色。

1. 总结科研工作

在科研管理过程中应抓好总结工作。总结科研成果、交流科研经验、奖励科研骨干、总结阶段性教科研工作、展望下阶段工作均是很重要的科研环节。有针对性地对每项课题进行测评，及时对科研态度、科研方法等进行总结，有利于统一思想，起到示范、引领、辐射作用。可以将难以解决的问题交由全体教职工共同讨论，集体的智慧汇集起来能够引导全校教师不断改进教学与科研的思路与做法，对形成学校阶段性的教科研工作总结和下阶段教科研工作展望也大有裨益。为避免科研初衷与教学实践"两张皮"，在总结科研经验和成果时还要做好解读、运用、示范、推广工作，使科研真正落实并服务于教学工作。

另外，对于那些申请延期结题的科研项目，应持以宽容的态度，在理解研究人员难处的同时，及时总结管理工作上的不足并积极引导项目负责人细化研究计划、分解研究步骤、完成阶段目标。需要说明的是，中小学教师科研成果的呈现方式不必仅局限于研究报告和发表学术性论文，可以采用多种方式，如做案例分析、调查研究、过程描述甚至是教学经验总结，且后者作为结题支撑材料的应用价值可能更大。

学校采用多种研究形式、交流方式来进行科研，有助于提高教学水平、巩固教师的科研积极性，创造出更多具有实用价值的成果。

2. 推广科研成果

教育科研成果作为一项复杂的创造性活动，具有连续性、系统性和完整性的特点。作为一种科研资源，教育科研成果的转化、共享能够促进教育教学的改善，促进学校教育质量的提升。然而，目前大部分学校基本上没有科研成果的推广和应用制度，甚至没有制定和印发相关的科研成果推广和应用的政策或文件，使得学校的科研成果缺少必要的转化应用及共享的制度保障。

中小学教师的研究是一种应用性研究，是为教学服务的，其成果能为广大一线中小学教师所借鉴、应用。一些学校鼓励教师开展教育科研，却在取得研究成果后对其不作为，未能充分尊重教师的研究成果，也未能实现学校的教学与科研的融合，这是极不明智的。教育科研成果必须回归到实践中进行检验，才能真正彰显它的价值。因此，学校应该积极为推广科研成果创建机会与平台，对教师的科研成果应予以足够的重视，真正让科研成果发挥它应有的作用。

学校可以采用多种多样的形式为推广科研成果创建机会与平台，大体归纳起来有两种，即直接推广和间接推广。直接推广由学校、教育行政部门等主办，有目的地组织各种大小会议直接交流或传播教育科研成果，最终各学校结合本校的实际情况加以参考和借鉴。直接推广主要包括建立研究基地，召开教育教学经验交流会、科研成果专题汇报与讨论会、科研成果展览会（如教学案例、教具、学生作业、图片、模型等），科研成果展示活动（如公开课、观摩课）等。间接推广是把教育科研成果报告（如反思笔记、教育叙事）统整起来并装订成册，或者录制教学视频，由学校组织向教育报刊、出版社、广播电台、网络多媒体推荐，广泛宣传，扩大影响。间接推广主要包括书面经验交流和录音录像的播放。通过这些机会与平台，能使校内与校外教师或专家熟悉、了解科研成果的内容，进一步参与到研究的交流与讨论中，激发群体的智慧，使研究的问题更好地得以解答，研究的结论更臻于完善，研究成果也更容易普及与推广。这一过程也是中小学教师学习新理论、接受新观念、掌握新方法的过程，他们的理论基础和包括教育科研能力在内的职业能力也将得到提高。

3. 创设科研氛围

一是可以充分发挥领导、骨干教师在教师群体中的示范引领作用，利用业务学习时间开设科研讲座，形成百花齐放、百舸争流的研究氛围，使教师进一步掌握科研常识，提高参与科研工作的自信心。

二是中小学科研不能狭隘地闭门造车，网络论坛、学术沙龙、草根对话都有可能是教研的可利用资源。还可以聘请学者、专家举办理论讲座，针对调查研究方法、实验方案撰写、实验过程操作、实验材料积累、实验报告总结等内容进行具体详实的介绍。探讨的空间大了，教师们的科研视野也随之开阔起来，能更好地促进教师科研能力的提升。

三是开展校本研究，使"青蓝工程""师徒帮带"从教学指导扩展到科研工作，促进"科科有课题，人人有专题，个个搞研究"的格局形成。为促进"教—研—培"一体化教师培养模式的构建，还可以通过抓好一项教改课题、一篇经验论文、一节教改汇报课等方式来全方位培训科研队伍。一项教改课题是指让所有任课教师都有一项研究课题，扩大了研究的队伍；一篇经验论文，是敦促教师及时总结经验教训、在校内外进行推广的重要方法；一节教改汇报课，能够鼓励教师互相听课、深入探讨教研方法，锤炼新人、历练骨干。

（二）校际整合与共享

目前，我国中小学的科研因受重视及理解程度不同，存在一定的校际差异。校际间的整合、共享与协同，能够充分发挥教师的科研优势，通过不同学校间的教师组合，形成相关的项目研究小组，按项目主题组织不同学校的教师以校际合作学习小组的形式完成项目研究，能够很好地实现校内和校外的交流与协作。通过校际互动，让科研资源充分流动起来，让教师间相互学习、相互借鉴，真正促进教师的科研素养提升与思维转化。

中小学科研资源的校际整合与共享首先要坚持互惠互利的原则，在资源利用的过程中，有的校际联动方资源整合后获益大，有的获益小，这就要求在资源整合过程中遵循互惠互利的原则，协商解决受益问题，如不能做到利益均摊，要在其他方面予以补偿，使校际联动在总体上均有利可得。其次，要坚持效率优先的原则。要使校际联动资源的整合发挥最大效应，在满足校际联动基本需要的基础上，要为受益多、效率高的校际联动项目配置更多的资源，保障校际联动更好发展的需要。

中小学科研资源的校际整合与共享从广义上说分为三类：人力、物力、财力。因此校际联动资源整合也即人力资源整合、物力资源整合、财力资源整合，除此之外还包括校际联动无形资源的整合，所有的资源整合均需要在以法律协定为前提的条件下进行。校际联动资源整合中的法律协定是指校际联动中各种资源要严格遵循协议的相关规定进行整合，不符合协议或不在协议范围内的资源整合不具有法律效应。校际联动资源的整合不仅是把人、财、物等资源简单相加，而且还要考虑整合后存在的风险及要承担的责任，这就要求必须以法律协定为准绳，在整合中遇到问题时做到有法可依、有法可循、依法办事。

1. 人力资源整合

人力资源整合是资源整合的重要组成部分，是指对参与校际联动实施与发展的人才整合，就中小学科研而言，主要是从事课题研究及科研管理的相关人员。这些人员具有极大的弹性和创造力，只有根据校际联动的需要，最广泛地调动教师的积极性，发挥人力资源最大的主观能动性，才能激励教师自我发展。建立科学有效的科研激励机制，将激励因素贯穿于各项政策和制度之中，是中小学科研发展战略目标实现的有力保障。激励机制可以从以下几方面着手。

目标激励，建立科学的教师评价体系，通过职称评聘中的科研导向、设立专项奖励基金等措施，达到激发教师科研积极性的目的。协作激励，在大科学背景下，科研的发展需要跨学科、跨地区、大规模、长期性的联合与协作，原有的"小农式""小课题组"式的科研越来越难以适应时代的要求，这就要求科研人员要有一种协调合作的良好品德与精神，把协作研究作为衡量科研工作绩效的条件之一。协助科研人员建立科研团队，提倡多学科、跨学科联合开展学术交流，鼓励学术交流与市场、生产紧密结合，并通过学术报告、成果转让、学术讨论、现场展示、信息发布、合作洽谈等形式加强与社会和企业的联系。评价激励，完善科研成果评价体系，区别不同评价对象，倡导质量为先，通过给科研人员的科研成果以不同的奖罚，形成一定落差，强化刺激，提高科研人员的科研积极性。[①]

2. 物力资源整合

物力资源整合是指投入校际联动中的基础设施、图书和实验仪器等设备资源的整合。物力资源的整合能够解决中小学基础设施紧缺和不足的问题，满足学校科研发展的需要。在基础设施方面，以资源丰富的中小学为依托，把相似的资源集中调配，这样既可以降低购买和添置基础设施的费用，还可以加速资源的利用效率。在图书资源方面，校际联动的图书馆应向联动方开放，建立规范的图书管理系统，使更多的图书资源投入到教学、科研中。实验仪器设备方面，应多层次利用仪器，发挥仪器的不同功效。

3. 财力资源整合

财力资源整合是指中小学投入校际联动的资金整合，主要是国家和地方政府的财政拨款、校际联动科研项目基金、社会捐助等。整合的资金用于校际联动项目的实施。每一笔资金在使用前，要经过可行性分析论证，保证资金的合理运用并实现预期目标。整合资金的分配要依据参与教师人数、校际联动项目数、校际联动项目结构等综合素质进行核定。在校际联动取得一定效果后，再根据投入校际联动量、业绩和贡献的不同，对资源的利用率进行合理评估，给予恰当的分配。校际联动要制定统一的校际联动财务制度，由校际联动委员会掌控联动经费，对各项校际联动事业的发展进行调控。财务监督也是财力整合的必备部分，以便为准确、科学地使用资金提供坚实的基础。

此外，还有一些无形资源需要整合，主要是指中小学在科研方面的信息资源、社会地位、校园文化、科研管理、师生素质等，将这些无形资源加以整合，有利于发挥校际联动整体的潜在能力，实现校际联动目标。无形资源的整合需要学校间加强交流，通过开展会议、领导层次互相学习、开设网络交流平台，建立学术、行政、知识、信息交流系统，实行以知识创新为核心的校际联动文化建设，培养师生的创新能力和集体凝聚力。

---

① 刘攀:《中小学科研管理的困境与对策研究》,《现代教育科学》, 2017 年第 1 期。

（三）校外资源整合与共享

校外资源的整合与共享主要来自教育行政部门、高校与学术机构、专业资源部门等。教育行政部门是学校科研工作的上级管理机构，直接决定着区域科研资源的流向及使用。高校与学术机构是中小学科研工作的共同体，中小学的专家资源主要来自于这些机构。专业资源部门因面向中小学开展专业的科研服务，也是中小学科研工作必不可少的合作伙伴，例如负责区域教研、课题、教师培训的相关机构。

1. 充分利用教育行政部门的资源

教育行政部门作为学校的上级管理机构，其决策和导向直接影响到学校教育科研的实效性。因此，学校要积极争取教育行政部门的相关支持，寻求科研导向和评价机制的支持；争取更多的教育科研投入，教育科研经费虽不是制约教育科研向纵深发展的第一因素，却可成为学校教育科研发展的促进因素，各级教育行政部门要想方设法为教育科研争取更多的经费投入，完善中小学的科研奖励机制；引进更多的优质教育资源，充实教育科研队伍，教育行政部门可以从更宏观的角度来审视地区教育科研的发展，确保科研投入，培训一批批教育科研骨干，发挥其以点带面的作用，促进地区之间的有效交流与合作，引进和吸收更多的优质教育资源，扩充本地教育科研实力；牵头促成高校等专职教育研究机构与中小学的合作研究，提高中小学教师的科研素养。

2. 充分利用课题、政策及智力资源

在课题资源方面，学校要鼓励支持中小学教师从事学术研究，加强学术研究项目申报指导、管理和成果转化，以校内项目孵化为契机争取省市级以上科研项目支持。在资金资源方面，专门用于一线中小学教师科研能力培养、科学研究、学术交流、成果转化等领域。在政策资源方面，制定以学术科研为导向的学校教师业绩考核标准和晋级晋升标准，加强科研领域优秀教师的选树和宣传，每年评选一批教师的优秀科研成果并给予奖励。在智力资源方面，鼓励学校教师结合专业背景和研究兴趣组建研究团队，按照坚持原

则、选好领导、做好规划、建立规范的要求形成相对稳定的学术共同体，凝练研究方向、产出优秀科研成果。

不同于高校或专门科研院所学术专家的大型课题研究，中小学教师开展的研究是侧重于应用、实践和微观层次的小型研究，是以解决问题为目标的诊断性研究及实践者对自身实践情景和经验所做的多视角、多层次的分析和反思。对中小学教师的科研，学校应指派专人负责课题的申报、研究的实施，并紧紧围绕这些科研工作，引导教师灵活运用校内外合作资源，在自己的学科教学中，确立符合自己实际的子课题研究。以大带小，以点带面，点上生辉，遍地开花，有助于在全校范围内形成以重点课题为中心的教研网络，也有助于引导全体教师为重点课题的研究服务。此外，从单一学科的研究发展到学科之间综合关系的研究，也是一个很好的范例。同时，通过考评和激励机制，发挥教师在重点研究项目上的主体作用，能使教师在研究中提升专业价值。

3. 充分利用专业资源部门的资源

在很多区县教师进修学院或教育学院普遍设有分管学校科研工作的教科室和直接为学校教学服务的研修中心教研室。学校要充分利用好教师进修学院的相关资源，为学校科研发展提供更多的服务和指导。

一是争取更多专家资源，让专家深入学校第一线，为中小学提供定期指导。现在许多教师进修学院都建立了"三二分段制"，三天在基层学校，二天在学院总结经验。这些有效的措施可以使中小学接受更贴近的教育教学指导。

二是建立校际科研成果推广制度。科研成果推广力度不大是制约学校教育科研发展的重要因素。这个突出问题的解决一方面要从学校做起，从最基层开始辐射推广，另一方面，为促进科研成果的推广，避免教育资源的浪费，在区县层面建立一套成熟完善的科研成果推广制度也尤为重要。

三是学校科研能否落于实处，还要看校长是不是一位科研型的领导。校长对科研要有一个正确的定位，科研既不是高不可攀，也不会信手拈来，要实现教育科研与科学决策的有机结合。真正有效的科研要来源于学校的实际问题，旨在解决学校的实际问题。校长要着眼于培养一支科研型的教师队伍，激励教师群体在学习中研究，在研究中学习，教育科研与教学研究有机结合。

四、中小学科研资源与教育教学资源的相互转化

中小学科研资源与教学资源的转化问题，就是如何协调好、处理好教学与科研的关系问题。

（一）相互转化的前提：教育教学与科研的统整与融合发展

科学研究是指运用科学研究方法，对研究问题进行探究的过程。由此而产生的创造性成果即为科研成果。课堂教学则是在课堂上给学生传授知识，把知识讲解清楚，让学生能够完整地掌握知识体系，做到学以致用。如果说课堂教学是传授知识，注重学生知识系统化学习，那么科学研究则是引导学生探究知识，注重培养学生分析问题和解决问题的能力。科学研究向课堂教学实践转化，既包含科研成果向课堂教学资源的转化，也包括科学研究方法向课堂教学手段的转化。科学研究与课堂教学之间是相互促进和融合的关系。

1. 科学研究为课堂教学提供素材和手段

在课堂教学过程中，教师可以将科学研究的过程及使用的研究方法和学生分享，把科学研究方法传授给学生，将科学研究的成果作为参考资料供学生课后阅读，将科学研究的思维方式转化为教学手段，有效发挥科研对教学的促进作用，引导学生思考，培养学生分析问题和解决问题的能力，从而提高学生的创新性思维和创新性能力。

2. 课堂教学对科学研究具有促进作用

一方面，在课堂教学过程中，教师将科学研究成果及方法传授给学生时，往往可能产生新的火花，有助于教师对自己的科学研究进一步完善；另一方面，在课堂教学过程中，学生对教师的科学研究成果进行讨论与分析，教师与学生之间形成一个双向或多向互动，不仅可以激发学生的批判性思维

与创新火花，而且还能为教师的科学研究提供不同的分析视角，有利于拓宽教师的科学研究思路。

（二）相互转化的要点

科研与教学融合是现代中小学发展的内在要求。课堂教学是科研与教学融合的主阵地，科学研究丰富了课堂教学的内容与方法。科学研究与课堂教学的相互转化也是现代教育的必然要求。

1. 教育教学资源如何转化为科研资源

中小学教师的科研是以课堂为现场，以教学为中心，以学生为主体的。因此，科研资源的来源应该聚焦课堂、聚焦教学、聚焦学生，以及相关的延伸领域。

（1）在教材使用中发现并转化。教材是教师接触最多、最为熟悉的教学工具之一，对教材的研究和使用是必做的工作，因此也最能够从中发现问题、提出问题。比如，教材编纂上存在的问题，对这类问题可以指瑕；教材使用中存在的问题，对这类问题可以提出策略加以改进，等等。

（2）在教学设计中发现并转化。教学设计是课堂教学的前提，教学设计的质量在一定程度上决定了课堂教学的质量。教学设计中存在着许多值得研究的问题，比如如何进行学情分析，如何进行教学环节的设置，如何选择教学方法，如何进行板书设计，如何进行作业设计，如何进行教学设计的创新，等等，都值得不断探讨。

（3）在课堂教学中发现并转化。课堂教学中的问题，是课题研究中最贴近教师日常工作的，也应该是最值得教师关注的。这块阵地利用好了，教育教学也就有了保障。问题就存在于课堂教学过程之中，比如，课堂教学实施与教学设计之间总会有差距，差距在哪里，为什么会产生这样的差距，如何改变它？课堂教学实施过程中总会出现一些意想不到的事件，为什么会出现这样的事件，原因是什么，应该怎样预防或应对？所有这些都是需要研究的问题。

（4）在学生教育中发现并转化。这里的学生教育是广义上的，不仅指学科教育中对学生的知识传授、能力培养，也指学科教学之外对学生的教育改变和管理。比如如何改变学业成绩落后的学生，如何管理不遵守纪律的学生，如何教育屡教不改的学生，如何树立良好的班风，如何搞好班级管理活动，等等。

（5）在教学反思中发现并转化。在教育教学过程中，教师需要关注自身的专业发展与成长，教师专业发展与成长中存在的问题也可以成为课题研究的来源。教师在教育教学之后的反思中发现自己的问题，或者值得总结提炼的经验，同样可以成为研究的对象，成为研究的题目。

总之，中小学教师要在教学过程中多钻研大纲、教材和教法，在自己专长的领域中寻找科研突破口和深入点。教师要善于反向思维，敢于挑战权威，这也是寻找科研突破口的重要途径。平时还要多关注改革与发展动向，为科研做好前期准备。

2. 科研资源如何转化为教育教学资源

科研资源转化为教学资源主要是指教师通过多种形式和路径把科研成果、科研动向、科研方法以及科研设备等引入课程、融入教材、引进课堂，不断丰富、充实、完善教学资源，服务教学实践，为培养高素质创新型人才奠定坚实基础。

（1）推进科研资源向课程资源的转化，鼓励、支持和引导教师将科研成果尤其是关涉学科领域的最新科研成果及时转化为课程资源，完善课程体系，更新课程内容，提升课程质量，让课程建设始终走在学科专业前沿，使学生有机会获得和掌握课程最前沿的资讯与知识，以优质科研资源支撑高水平课程体系建设。

（2）促进科研资源向教学体系的转化，鼓励、激励教师将科研成果源源不断地转化为教材资源、案例资源、实验资源，融入教材、引入课堂、纳入教学，服务教育教学实践，充分发挥科研在培养学生创新思维与实践能力中的优势。

（3）推动科研资源向教学方式方法的转化，树立"寓教于研"理念，推动基于问题、案例、项目、体验的教学方式方法创新，倡导探究式、启发式、讨论式、案例式、参与式、体验式教学，让学生多接触科技前沿、多了解学科动向、多参与科研实践操作，推进课堂教学方式方法创新，重塑教学形态，增强教学的学术涵养，提高教学的鲜活力，多向度提升学生能力与水平。

（4）推动科研资源转化为优质教学硬件资源，推动科研平台向学生开放，依托科研平台搭建学生科学实践平台，增强学生创新精神和实践能力。

（5）推动科研资源与学生科研活动有效对接，结合科研训练、学科竞赛，支持学生在教师带领下参与科研活动，引导学生早进课题、早进团队，让学生亲身体验真实科研，直接触摸科技前沿、深入了解科研规律与方法、切实提升科研实践能力，达成"授之以渔"的教学效果。

附录 1　北京市中小学科研管理现状与改进调查问卷

校长、老师：

您好！

本问卷是为推进 2018 年北京教育学院院级重点关注课题"北京市中小学科研管理现状与改进实践研究"而设计的，旨在系统、深入地了解北京市中小学科研管理现状和校长、教师关于改进学校科研管理的需求和思路，为学校科研管理工作改进和品质提升提供基础和借鉴。

本问卷除了特别注明的"可多选"和"请选 3 项并排序"的题目外，其他都是单选题，请在题目后面的括号中或者表格中填写相应选项的字母。"可多选"的题目可以选择一个或者多个选项。请您仔细阅读问卷，根据您所在学校和您所了解的学校科研工作及其管理的实际情况，真实地回答每一个问题。

感谢您对调查的配合与支持！

北京教育学院中小学科研管理现状与改进实践研究课题组

2018 年 4 月

基本信息

● 您所在学校是：（　　　）

　　A. 小学

　　B. 中学（包括初中、高中和完中）

　　C. 一贯制学校

- 您的职位或者工作岗位：（　　　）

    A. 校长

    B. 副校长

    C. 中层干部（包括教研组长和年级组长）

    D. 教师

- 您所在学校的区域是：（　　　）

    A. 城区　　　　　　　　　B. 郊区

- 您所在学校是（中学填写）：（　　　）

    A. 普通学校　　　　　　　B. 市级示范学校

1. 您如何看待学校科研工作的定位？（　　　）

    A. 是学校一项常规工作

    B. 是支撑学校发展的重要工作

    C. 是学校发展中锦上添花的工作

    D. 对中小学而言可有可无

    E. 其他（请注明）

2. 您如何看待科研工作对学校发展的意义？（　　　）

    A. 很大　　　　B. 较大　　　　C. 一般　　　　D. 较小　　　　E. 很小

3. 您所在学校科研工作投入情况如何？（　　　）

    A. 很大　　　　B. 较大　　　　C. 一般　　　　D. 较小　　　　E. 很小

4. 您所在学校教师个人科研工作投入情况如何？（　　　）

    A. 很大　　　　B. 较大　　　　C. 一般　　　　D. 较小　　　　E. 很小

5. 您所在学校科研工作发展情况如何（　　　）

    A. 很好　　　　B. 较好　　　　C. 一般　　　　D. 较差　　　　E. 很差

6. 学校科研工作发展成效如何？（　　　）

    A. 很好　　　　B. 较好　　　　C. 一般　　　　D. 较差　　　　E. 很差

7. 您所在学校（校长）对科研的重视程度如何？（　　　）

    A. 非常重视　　B. 比较重视　　C. 一般　　　　D. 不大重视　　E. 很不重视

8. 您所在学校学科团队（教研组）对科研的重视程度如何？（　　　）

    A. 非常重视　　B. 比较重视　　C. 一般　　　　D. 不大重视　　E. 很不重视

9. 您所在学校教师个体对科研工作的重视程度如何？（　　　）

    A. 非常重视　　B. 比较重视　　C. 一般　　　　D. 不大重视　　E. 很不重视

10. 您如何看待科研工作对于学校发展的价值？请选 3 项并排序。

    A. 促进教学方式变革   B. 提升教师专业能力

    C. 促进学校整体发展   D. 明晰学校发展目标

    E. 发展学校特色   F. 提升学校育人质量

    G. 其他（请注明）

顺序	第 1 位	第 2 位	第 3 位
符号			

11. 您如何看待科研工作对教师学科教学实践的价值？请选 3 项并排序。

    A. 解决教学实践中存在的问题

    B. 优化教学环节和教学过程

    C. 深化教师对学科教学的理解

    D. 提升学科教学质量

    E. 促进教学方式变革

    F. 提升教师教学能力

    G. 其他（请注明）

顺序	第 1 位	第 2 位	第 3 位
符号			

12. 您如何看待科研工作对于教师专业发展的价值？请选 3 项并排序。

    A. 提升专业能力   B. 丰富专业知识

    C. 提升专业情意   D. 促使教师静下心来投入工作

    E. 提升研究能力   F. 有助于教师形成自己的教学风格

    G. 开拓教育视野和格局   H. 其他（请注明）

顺序	第 1 位	第 2 位	第 3 位
符号			

13. 您所在学校最近五年国家级规划课题申请和立项的情况如何？（   ）

    A. 每年都有   B. 大部分年度有

    C. 小部分年度有   D. 一直没有

14. 您所在学校最近五年市级规划课题申请和立项的情况如何？（　　　）

　　A. 每年都有　　　　　　　　B. 大部分年度有

　　C. 小部分年度有　　　　　　D. 一直没有

15. 您所在学校最近五年校级课题立项的情况如何？（　　　）

　　A. 每年都有　　　　　　　　B. 大部分年度有

　　C. 小部分年度有　　　　　　D. 一直没有

16. 您所在学校教师最近五年课题研究参与的情况如何？（　　　）

　　A. 几乎每位教师都参与　　　B. 大部分教师参与

　　C. 少部分教师参与　　　　　D. 几乎没有教师参与

17. 您所在学校教师最近五年课题研究推进的情况如何？（　　　）

（注：13、14、15 三道题都选 D 者不用填写）

　　A. 课题研究推进非常顺利　　B. 课题研究推进比较顺利

　　C. 课题研究推进不太顺利　　D. 课题研究推进很不顺利

18. 您所在学校教师最近五年课题研究结题的情况如何？（　　　）

（注：13-15 题都选 D 者不用填写）

　　A. 每个课题都能按时顺利结题

　　B. 大部分课题能够按时顺利结题

　　C. 小部分课题能够按时顺利结题

　　D. 所有课题几乎都不能按时顺利结题

19. 您所在学校课题研究成果质量的情况如何？（　　　）

（注：13-15 题都选 D 者不用填写）

　　A. 很好　　　　B. 较好　　　　C. 一般　　　　D. 较差　　　　E. 很差

20. 您所在学校课题研究成果实践转化应用的情况如何？（　　　）

（注：13-15 题都选 D 者不用填写）

　　A. 很好　　　　B. 较好　　　　C. 一般　　　　D. 较差　　　　E. 很差

21. 您所在学校科研机构设置的情况如何？（　　　）

　　A. 有专门管理科研工作的机构

　　B. 科研工作由学校其他常设机构管理

　　C. 没有管理科研工作的机构

　　D. 不清楚

　　E. 其他（请注明）

22. 您所在学校科研管理人员设置的情况如何？（　　　）

    A. 有专门管理人员　　　　　　　B. 有兼职管理人员

    C. 没有任何管理人员　　　　　　D. 不清楚

    E 其他（请注明）

23. 您所在学校科研经费配备的情况如何？（　　　）

    A. 学校有足够的专门的课题经费

    B. 学校有少量的专门的课题经费

    C. 学校没有专门的课题经费

    D. 学校有能够用于科研活动的常规经费

    E. 学校没有能够用于科研的经费

    F. 其他（请注明）

24. 您所在学校科研管理制度建设的情况如何？（　　　）

    A. 非常完备　　　　　　　　B. 比较完备　　　　　　　　C. 一般

    D. 不太完备　　　　　　　　F. 没有

25. 您所在学校三到五年科研规划的情况如何？（　　　）

    A. 有完备的科研规划　　　　　　B. 有基本的科研规划

    C. 有大致的科研规划　　　　　　D. 没有科研规划

26. 您所在学校三到五年科研规划是如何制定出来的？（　　　）

    A. 学校校长和各个学科教师代表共同参与制定

    B. 学校校长和少数教师共同参与制定

    C. 学校校长自己制定

    D. 学校校长邀请校外专家制定

    E. 不知道怎么制定出来的

    F. 学校校长、教师代表和院外专家共同参与制定

    G. 其他（请注明）

27. 您所在学校年度科研计划的情况如何？（　　　）

    A. 有完备的科研计划　　　　　　B. 有基本的科研计划

    C. 有大致的科研计划　　　　　　D. 没有科研计划

28. 您所在学校年度科研计划是如何制定出来的？（　　　）

    A. 学校管理层和各个学科教师代表共同参与制定

    B. 学校管理层和少数教师共同参与制定

C. 学校校长自己制定

D. 学校邀请校外专家制定

E. 不知道怎么制定出来的

F. 其他（请注明）

29. 您所在学校开展课题申报指导的情况如何？（　　　）

A. 组织全体教师课题申请培训和指导活动

B. 为准备申报课题的教师提供指导

C. 不组织指导，教师自己申报

D. 其他（请注明）

30. 您所在学校在教师评价中体现科研工作的情况如何？（　　　）

A. 科研工作作为教师评价的重要指标

B. 科研工作作为教师评价的一般指标

C. 科研工作不作为教师评价指标

D. 其他（请注明）

31. 您所在学校进行科研课题过程管理的情况如何？（　　　）多选

A. 组织课题开题活动

B. 组织课题结题活动或者结题研讨活动

C. 组织课题中期检查活动

D. 组织课题研究过程中的阶段研讨活动

E. 其他（请注明）

32. 您所在学校为教师开展课题研究提供支持的情况如何？（　　　）请选 3 项

A. 提供课题经费

B. 邀请相关专家指导课题研究

C. 提供外出学术交流和学习的机会

D. 组织校内课题研讨活动

E. 为教师展示课题研究成果提供平台

F. 其他（请注明）

33. 您所在学校教师开展课题研究的文献查阅和综述的能力如何？（　　　）

A. 很好　　　　B. 较好　　　　C. 一般　　　　D. 较差　　　　E. 很差

34. 您所在学校教师开展课题研究选题的能力如何？（　　　）

A. 很好　　　　B. 较好　　　　C. 一般　　　　D. 较差　　　　E. 很差

35. 您所在学校教师开展课题研究设计的能力如何？（　　　）

    A. 很好　　　　B. 较好　　　　C. 一般　　　　D. 较差　　　　E. 很差

36. 您所在学校教师进行课题研究推进的能力如何？（　　　）

    A. 很好　　　　B. 较好　　　　C. 一般　　　　D. 较差　　　　E. 很差

37. 您所在学校教师开展课题研究成果提炼与发表的能力如何？（　　　）

    A. 很好　　　　B. 较好　　　　C. 一般　　　　D. 较差　　　　E. 很差

38. 您所在学校教师开展课题研究成果实践转化的能力如何？（　　　）

    A. 很好　　　　B. 较好　　　　C. 一般　　　　D. 较差　　　　E. 很差

39. 您所在学校教师开展科研工作的整体能力如何？（　　　）

    A. 很好　　　　B. 较好　　　　C. 一般　　　　D. 较差　　　　E. 很差

40. 您所在学校提升教师科研能力所采取的主要举措有哪些？（　　　）请选 3 项

    A. 组织科研能力提升专项培训

    B. 开展课题研讨

    C. 举办专家学术讲座

    D. 到优秀学校进行专题考察学习

    E. 组织科研能力提升经验交流会

    F. 进行科研课题研究的全过程指导

    G. 其他（请注明）

41. 您所在学校教师急需提高的科研能力是什么？请选 3 项并排序

    A. 文献查阅、梳理和综述能力

    B. 研究选题能力

    C. 课题设计能力

    D. 课题研究推进能力

    E. 科研成果提炼与发表能力

    F. 科研成果实践转化能力

    G. 其他（请注明）

顺序	第 1 位	第 2 位	第 3 位
符号			

42. 您所在学校在科研管理机制方面存在的主要问题有哪些？请选 3 项并排序

    A. 缺乏科研管理机构　　　　B. 缺乏科研管理人员

C.科研管理制度不健全　　　　D.教师投身科研工作的积极性不高

E.缺乏科研经费　　　　　　　F.教师科研工作量无法计入工作量

G.评价导向不明确　　　　　　H.其他（请注明）

顺序	第 1 位	第 2 位	第 3 位
符号			

43.您所在学校在科研课题管理方面存在的主要问题有哪些？请选 3 项并排序

A.课题管理系统性不强　　　　B.没有建立课题管理台账

C.缺乏课题经费管理经验　　　D.缺乏课题研究过程管理

E.课题成果管理不力　　　　　F.教师参与课题管理积极性不高

H.其他（请注明）

顺序	第 1 位	第 2 位	第 3 位
符号			

44.优化学校科研及管理工作，最需要教育行政部门提供哪些支持？请选 3 项并排序

A.提供专项经费　　　　　　　B.提供学术研究资源

C.明确评价导向　　　　　　　D.提供科研管理人员编制

E.减轻教师工作负担　　　　　F.其他（请注明）

顺序	第 1 位	第 2 位	第 3 位
符号			

45.优化学校科研及管理工作，最需要业务部门提供哪些支持？请选 3 项并排序

A.提供科研工作培训　　　　　B.提供课题立项机会

C.组织科研工作交流研讨　　　D.指导课题研究过程

E.指导课题研究成果提炼　　　F.指导科研成果实践转化

G.其他（请注明）

顺序	第 1 位	第 2 位	第 3 位
符号			

请您检查是否做完所有题目，再一次感谢您认真填写问卷！

附录 2　北京市中小学科研管理现状与改进调研报告

一、调研的基本情况

（一）调研目的

为推进 2018 年北京教育学院院级重点关注课题"北京市中小学科研管理现状与改进实践研究"，系统、深入地了解北京市中小学科研管理现状和校长、教师关于改进学校科研管理的需求和思路，特面向北京市中小学校长和教师等工作人员开展本次调研，从而获取中小学校科研管理的真实、有效的信息，为学校科研管理工作改进和品质提升提供基础和借鉴。

（二）调研工具

本次调研采用问卷调查法，通过收集的问卷数据，对中小学校长和教师的科研现状以及校长和教师关于改进学校科研管理的需求与思路进行深入细致的量化分析，得到可量化的研究结果，进而为学校科研管理工作的改进和品质提升提供支持与服务。

1. 问卷设计思路及其结构

为了确保问卷设计的科学性和有效性，课题组专门成立了问卷编制小组。在文献研究分析的基础上，邀请专家充分讨论调研的核心内容，进而形成了问卷的整体框架，根据各维度和指标编写出具体题项，完成调查问卷初稿。随后，课题组对调查问卷进行了多次修改和预填，再经过专家论证后定稿，最后发放到各中小学校进行填写。

　　问卷结构主要包括学校基本信息和学校科研开展情况两个部分。学校基本信息为科研发展现状、填写人的岗位、学校所在地区和学校发展水平；学校科研开展情况主要从学校科研发展现状、科研管理现状、教师科研能力及提升、科研管理主要问题和需要及支持五个方面进行考察，具体如下表所示：

表 1　问卷框架结构

主要方面	涉及内容
科研发展现状	发展定位、基本判断、重视程度、价值判断、课题立项、课题研究过程、课题研究成果
科研管理现状	基本条件、科研规划与计划、管理内容、科研支持
教师科研能力及提升	教师科研能力现状、教师科研能力提升
科研管理主要问题	管理机制、课题管理、科研能力建设
需要及支持	学校内部、教育行政部门、培训和教研

2. 问卷题型

　　调研问卷包括单项选择题、多项选择和多向选择排序三类。单项选择题是从几个选项中选择一个最符合自身实际情况的选项，旨在明确针对调研问题的最重要信息，共包括 38 个题目（包括 4 道基本信息题目）。多项选择题是从多个选项中选择 1 个以上选项，旨在明确针对调研问题的多方面因素中的若干核心因素，共包括 3 个题目。多项选择排序题是从多个选项中选择 3 个选项，并对这 3 个选项的重要程度进行排序，旨在明确针对调研问题的多方面因素中的若干核心因素和最重要因素，共包括 8 个题目。

3. 数据处理

　　采取 SPSS 19.0 社会科学统计软件包和 Excel 2013 对调查问卷的各个题目进行描述统计分析，在数据分析的基础上撰写调研报告。

（三）调研对象

　　本次调查通过问卷星发放问卷，收回数据 640 份。为了保证数据的有效性，对连续选择 ABCDE 选项、问卷作答雷同和作答时间少于 180 秒的无效问卷进行筛选，还剩有效问卷 601 份，有效率达 93.9%。调研对象所在学段、填写人的岗位、学校所在地区和学校发展水平等具体情况如下表：

表2 学校基本信息表（1）

所在学段				中学的类型		
小学	中学（初、高中和完中）	一贯制学校	合计	普通学校	市级示范学校	合计
330	212	59	601	137	75	212
54.9%	35.3%	9.8%	100%	64.62%	35.38%	100%

表3 学校基本信息表（2）

学校的区域			职位或者工作岗位				
城区	郊区	合计	校长	副校长	中层干部（教研和年级组长）	教师	合计
247	354	601	37	127	233	204	601
41.1%	58.9%	100%	6.2%	21.1%	38.8%	33.9%	100%

（四）调研实施过程

调研主要分四个阶段进行。

第一阶段：调研问卷和访谈提纲研制、确定访谈人员。专门成立调查问卷组、访谈组、数据处理组、文本分析组等。

第二阶段：大规模测试，调查问卷的实施在网络上进行。

第三阶段：数据处理和统计分析。采用 SPSS 19.0 社会科学统计软件包对各个题目进行描述和推断统计分析，在数据分析的基础上撰写调研报告。

第四阶段：调研报告撰写。跟进数据分析结果，撰写调研报告，提交中小学科研管理情况的调研报告及相关的改进建议。

二、调研结果的基本分析与差异分析

（一）中小学科研发展现状

科研发展现状主要从学校的发展定位、基本判断、重视程度、价值判断、课题立项、课题研究过程和课题研究成果等维度进行考察。

1. 发展定位

（1）学校科研工作的定位。

有 65.7% 的教师认为学校科研工作是支撑学校发展的重要工作，还有 25.6% 的教师认为科研工作是学校一项常规工作，从职位或工作岗位上看，卡方检验发现不同职位或工作岗位的教师群体在学校科研工作定位的认识上差异显著（χ^2=40.653，df=12，P<0.01）。持此观点的校长（91.9%）或副校长（78.7%）的比例明显高于中层干部和教师，还有一部分中层干部（32.2%）和教师（28.4%）群体认为科研工作是学校的一项常规工作，具体信息如下表所示：

表 4　不同职位或工作岗位的群体认为的学校科研工作的定位

职位或工作岗位	学校一项常规工作	支撑学校发展	学校发展中锦上添花	可有可无	其他	合计
校长	3	34	0	0	0	37
	8.1%	91.9%	.0%	.0%	.0%	100.0%
副校长	18	100	9	0	0	127
	14.2%	78.7%	7.1%	.0%	.0%	100.0%
中层干部	75	143	11	3	1	233
	32.2%	61.4%	4.7%	1.3%	.4%	100.0%
教师	58	118	22	6	0	204
	28.4%	57.9%	10.8%	2.9%	.0%	100.0%
合计	154	395	42	9	1	601
	25.6%	65.7%	7.0%	1.5%	.2%	100.0%

同样用卡方检验，发现在学段、学校所在区域和中学类型三个方面都没有显著差异，不再一一呈现。

（2）教师个体科研工作定位。

有 64.1% 的教师认为科研工作对学校发展的意义很大，还有 27.8% 的教师认为意义较大，从学段来看，卡方检验发现各学段之间的评价差异显著（χ^2=22.23，df=8，P<0.01），所有学段的群体均认为科研工作对学校发展意义大，但是，中学段的群体认为科研工作对学校发展意义一般的比例达到了 11.8%，显著高于小学和一贯制学校。具体信息如下表所示：

表5 不同学段学校认为的科研工作对学校发展的意义

学段	很大	较大	一般	较小	很小	合计
小学	210	101	18	0	1	330
	63.6%	30.6%	5.5%	.0%	.3%	100.0%
中学	132	51	25	1	3	212
	62.3%	24.2%	11.8%	.5%	1.4%	100.0%
一贯制学校	43	15	0	1	0	59
	72.9%	25.4%	.0%	1.7%	.0%	100.0%
合计	385	167	43	2	4	601
	64.1%	27.8%	7.2%	.3%	.7%	100.0%

同样用卡方检验，发现在不同职位或工作岗位、学校所在区域和中学类型三个方面都没有显著差异，结果不再一一呈现。

2. 基本判断

主要从学校科研工作投入情况、教师个人科研工作投入情况、学校科研工作发展情况和学校科研工作发展成效如何等几个方面进行考察。

（1）学校科研工作投入情况。

有76.1%的学校对科研工作的投入大，其中31.8%的学校投入很大。从学校所在区域来看，卡方检验发现城区学校和郊区学校之间有显著差异（χ^2=12.76，df=4，$P<0.05$），城区学校对科研工作投入很大的比例显著高于郊区学校，具体信息如下表所示：

表6 不同区域的学校科研工作投入情况

学校所在区域	很大	较大	一般	较小	很小	合计
城区	93	110	41	3	0	247
	37.7%	44.5%	16.6%	1.2%	.0%	100.0%
郊区	98	156	89	7	4	354
	27.7%	44.1%	25.1%	2.0%	1.1%	100.0%
合计	191	266	130	10	4	601
	31.8%	44.2%	21.6%	1.7%	.7%	100.0%

同样用卡方检验，发现在不同学段、职位或工作岗位和中学类型三个方面都没有显著差异，结果不再一一呈现。

（2）教师个人科研工作投入情况。

大部分教师个人在科研工作上都有一定的投入，有 64% 的教师个人科研工作投入大，其中投入很大的仅有 22.1%，还有 30.9% 的教师个人科研工作投入一般。从职位或工作岗位上看，卡方检验发现学校中不同职位或工作岗位的教师对个人科研工作投入情况的认识上差异显著（$\chi^2=21.82$，$df=12$，$P<0.05$），校长和教师群体对个人科研工作的投入显著高于副校长和中层干部。具体信息如下表所示：

表7　不同职位或工作岗位的群体认为的教师个人科研工作投入情况

职位或工作岗位	很大	较大	一般	较小	很小	合计
校长	6	19	12	0	0	37
	16.2%	51.4%	32.4%	.0%	.0%	100.0%
副校长	17	56	47	6	1	127
	13.4%	44.1%	37.0%	4.7%	.8%	100.0%
中层干部	47	104	71	8	3	233
	20.2%	44.6%	30.5%	3.4%	1.3%	100.0%
教师	63	73	56	11	1	204
	30.9%	35.8%	27.4%	5.4%	.5%	100.0%
合计	133	252	186	25	5	601
平均	22.1%	42.0%	30.9%	4.2%	.8%	100.0%

同样用卡方检验，发现在学段、学校所在区域和中学类型三个方面都没有显著差异，结果不一一呈现。

（3）学校科研工作发展情况。

大部分学校科研工作发展情况都还好，其中有 33.9% 的学校科研工作发展情况很好，还有 21.3% 的学校科研工作发展情况一般。从职位或工作岗位上看，卡方检验发现在学校中不同职位或工作岗位的教师在学校科研工作发展情况的认识上差异显著（$\chi^2=23$，$df=12$，$P<0.05$），校长和教师认为学校科研工作发展情况很好的比例显著高于副校长和中层干部。具体信息如下表所示：

表 8　不同职位或工作岗位的群体认为的学校科研工作发展情况

职位或工作岗位	很好	较好	一般	较差	很差	合计
校长	7	23	6	1	0	37
	18.9%	62.2%	16.2%	2.7%	.0%	100.0%
副校长	32	60	34	1	0	127
	25.2%	47.2%	26.8%	.8%	.0%	100.0%
中层干部	79	104	48	1	1	233
	34.0%	44.6%	20.6%	.4%	.4%	100.0%
教师	86	78	40	0	0	204
	42.2%	38.2%	19.6%	.0%	.0%	100.0%
合计	204	265	128	3	1	601
	33.9%	44.1%	21.3%	.5%	.2%	100.0%

同样用卡方检验，发现在学段、学校所在区域和中学类型三个方面都没有显著差异，结果不一一呈现。

（4）学校科研工作发展成效。

大部分（76%）学校认为所在学校的科研工作发展成效都还好，其中有 33.1% 的学校科研工作发展成效很好，还有 23% 的学校科研工作发展成效一般。从职位或工作岗位上看，卡方检验发现在学校中不同职位或工作岗位教师对学校科研工作发展成效的认识上差异显著（$\chi^2=24.79$，$df=12$，$P<0.05$），教师中认为学校科研工作发展成效很好的比例显著高于校长和副校长，而校长中认为学校科研工作发展成效较好的比例显著高于教师。具体信息如下表所示：

表 9　不同职位或工作岗位的群体认为学校的科研工作发展成效

职位或工作岗位	很好	较好	一般	较差	很差	合计
校长	5	24	8	0	0	37
	13.5%	64.9%	21.6%	.0%	.0%	100.0%
副校长	29	59	37	2	0	127
	22.8%	46.5%	29.1%	1.6%	.0%	100.0%
中层干部	80	99	51	2	1	233
	34.3%	42.5%	21.9%	.9%	.4%	100.0%

职位或工作岗位	很好	较好	一般	较差	很差	合计
教师	85	76	42	1	0	204
	41.7%	37.2%	20.6%	.5%	.0%	100.0%
合计	199	258	138	5	1	601
	33.1%	42.9%	23.0%	.8%	.2%	100.0%

同样用卡方检验，发现在学段、学校所在区域和中学类型三个方面都没有显著差异，结果不一一呈现。

3. 重视程度

主要从学校（校长）对科研的重视程度、学科团队（教研组）对科研的重视程度和教师个体对科研工作的重视程度三个方面进行考察。

（1）学校（校长）对科研的重视程度。

有89.3%的学校重视科研，其中非常重视的学校（校长）的比例达到55.9%。从中学类型上看，不同类型中学对科研的重视程度没有显著差异，但卡方检验发现在不同学段、学校中不同职位或工作岗位教师和不同区域的学校对学校科研工作的重视程度有显著差异。从学段上看（χ^2=16.51，df=6，$P<0.05$），小学对科研工作非常重视的比例明显高于中学和一贯制学校的比例，具体信息如下表所示：

表10 不同学段的学校（校长）对科研的重视程度

学段	非常重视	比较重视	一般	不大重视	合计
小学	205	96	28	1	330
	62.1%	29.1%	8.5%	.3%	100.0%
中学	104	78	29	1	212
	49.0%	36.8%	13.7%	.5%	100.0%
一贯制学校	27	27	4	1	59
	45.8%	45.8%	6.8%	1.7%	100.0%
合计	336	201	61	3	601
	55.9%	33.4%	10.1%	.5%	100.0%

同样，卡方检验发现在学校中不同职位或工作岗位教师认为学校对科研的重视程度有显著差异（χ^2=17.63，df=9，$P<0.05$），校长和教师认为学校非常重视科研工

作的比例明显高于副校长，具体信息如下表所示：

表11 不同职位或工作岗位教师认为学校（校长）对科研的重视程度

职位或工作岗位	非常重视	比较重视	一般	不大重视	合计
校长	26	10	1	0	37
	70.3%	27.0%	2.7%	.0%	100.0%
副校长	54	55	17	1	127
	42.5%	43.3%	13.4%	.8%	100.0%
中层干部	129	81	22	1	233
	55.4%	34.8%	9.4%	.4%	100.0%
教师	127	55	21	1	204
	62.2%	27.0%	10.3%	.5%	100.0%
合计	336	201	61	3	601
	55.9%	33.4%	10.1%	.5%	100.0%

同样，卡方检验发现不同区域的学校（校长）有显著差异（χ^2=24.48，df=3，$P<0.01$），城区的学校（校长）非常重视科研工作的比例明显高于郊区学校（校长）的比例，具体信息如下表所示：

表12 不同区域的学校（校长）对科研的重视程度

学校所在区域	非常重视	比较重视	一般	不大重视	合计
城区	167	62	18	0	247
	67.6%	25.1%	7.3%	.0%	100.0%
郊区	169	139	43	3	354
	47.7%	39.3%	12.2%	.8%	100.0%
合计	336	201	61	3	601
	55.9%	33.4%	10.2%	.5%	100.0%

（2）学科团队（教研组）对科研的重视程度。

有81.7%的学校中的学科团队（教研组）对科研重视，其中，非常重视的学科团队（教研组）的比例达到了42.3%。从不同学段和中学类型上看，学科团队（教研组）对科研的重视程度没有显著差异，但卡方检验发现不同职位或工作岗位教师认为学校学科团队对科研工作的重视程度有显著差异（χ^2=28.85，df=12，$P<0.05$），

认为非常重视科研工作的教师比例明显高于校长和副校长的比例，具体信息如下表所示：

表13 不同职位或工作岗位教师认为学科团队对科研工作的重视程度

职位或工作岗位	非常重视	比较重视	一般	不大重视	很不重视	合计
校长	9	23	5	0	0	37
	24.3%	62.2%	13.5%	.0%	.0%	100.0%
副校长	36	61	27	3	0	127
	28.3%	48.0%	21.3%	2.4%	.0%	100.0%
中层干部	106	86	34	6	1	233
	45.5%	36.9%	14.6%	2.6%	.4%	100.0%
教师	103	67	32	2	0	204
	50.5%	32.8%	15.7%	1.0%	.0%	100.0%
合计	254	237	98	11	1	601
	42.3%	39.4%	16.3%	1.8%	.2%	100.0%

同样，卡方检验发现不同区域的学科团队（教研组）对科研重视程度有显著差异（χ^2=24.48，df=3，$P<0.01$），城区学校的学科团队（教研组）非常重视科研工作的比例明显高于郊区学校的学科团队（教研组）的比例，具体信息如下表所示：

表14 不同区域学科团队（教研组）对科研工作的重视程度

学校所在区域	非常重视	比较重视	一般	不大重视	很不重视	合计
城区	119	98	27	3	0	247
	48.2%	39.7%	10.9%	1.2%	.0%	100.0%
郊区	135	139	71	8	1	354
	38.1%	39.3%	20.0%	2.3%	.3%	100.0%
合计	254	237	98	11	1	601
	42.3%	39.4%	16.3%	1.8%	.2%	100.0%

（3）教师个体对科研工作的重视程度。

大部分（72.8%）学校中教师个体对科研工作比较重视，其中有32.4%的教师个体对科研工作发展非常重视，还有 23.1% 的教师个体对科研工作发展重视程度一般。从职位或工作岗位上看，卡方检验发现在学校中不同职位或工作岗位教师个体对学校科研工作的重视程度上差异显著（χ^2=29.07，df=12，$P<0.05$），教师群体中认为教师个体非常重视学校科研工作的比例显著高于校长和副校长的比例，具体信息如下表所示：

表 15　不同职位或工作岗位的教师认为教师个体对科研工作的重视程度

职位或工作岗位	非常重视	比较重视	一般	不大重视	很不重视	合计
校长	8	18	8	3	0	37
	21.6%	48.7%	21.6%	8.1%	.0%	100.0%
副校长	25	54	41	7	0	127
	19.7%	42.5%	32.3%	5.5%	.0%	100.0%
中层干部	76	93	57	6	1	233
	32.6%	39.9%	24.5%	2.6%	.4%	100.0%
教师	86	78	33	7	0	204
	42.2%	38.2%	16.2%	3.4%	.0%	100.0%
合计	195	243	139	23	1	601
	32.5%	40.4%	23.1%	3.8%	.2%	100.0%

同样用卡方检验，发现在学段、学校所在区域和中学类型三个方面都没有显著差异，结果不一一呈现。

4. 价值判断

价值判断主要从科研工作对于学校发展的价值、对于学科教学发展的价值以及对于教师发展和教学改进的价值等几个方面进行考察。

（1）科研工作对于学校发展的价值。

各学校认为科研工作对于学校发展的最大价值是提升教师专业能力，其次是促进教学方式变革，而对于促进学校整体发展、明晰学校发展目标、发展学校特色和提升学校育人质量等方面也有一定的价值。具体信息如下表所示：

表 16   科研工作对于学校发展的价值

	第一	第二	第三	入选次数	加权次数
促进教学方式变革	299	94	60	453	4.92
提升教师专业能力	197	288	70	555	5.75
促进学校整体发展	60	124	262	446	4.12
明晰学校发展目标	6	17	21	44	0.41
发展学校特色	13	29	67	109	1.00
提升学校育人质量	26	49	121	196	1.80
合计	601	601	601	1803	18

注：用"科研工作对于学校发展的价值"为例解释说明，加权次数表示每个选项被排序和选择的重要性，分别统计每个选项被排为第一、第二和第三的频次，除以每个选项的入选次数得到被选择的加权次数。以下所有排序题都是如此计算。

用卡方检验发现，科研工作对于学校发展的最大价值是提升教师专业能力在不同学段、职位或工作岗位、学校所在区域和中学类型四个方面都没有显著差异。结果不再一一呈现。

（2）科研工作对于学科教学发展的价值。

各学校认为科研工作对于学科教学发展的最大价值是解决教学实践中存在的问题，其次是深化教师对学科教学的理解及优化教学环节和教学过程，对于提升学科教学质量、促进教学方式变革和提升教师教学能力等方面也有一定的价值。具体信息如下表所示：

表 17   科研工作对于学科教学发展的价值

	第一	第二	第三	入选次数	加权次数
解决教学实践中存在的问题	336	63	55	454	5.00
优化教学环节和教学过程	67	185	47	299	3.02
深化教师对学科教学的理解	94	149	154	397	3.86
提升学科教学质量	27	87	127	241	2.24
促进教学方式变革	40	73	104	217	2.06
提升教师教学能力	37	44	114	195	1.82
合计	601	601	601	1803	18

用卡方检验发现，科研工作对于学科教学发展的最大价值是解决教学实践中存

在的问题在不同学段、职位或工作岗位、学校所在区域和中学类型四个方面都没有显著差异。

（3）科研工作对于教师发展和教学改进的价值。

各学校认为科研工作对于教师发展和教学改进的最大价值是提升专业能力，其次是提升研究能力和丰富专业知识，在有助于教师形成自己的教学风格、提升专业情意、促使教师静下心来投入工作和开拓教育视野和格局方面也有一定价值。具体信息如下表所示：

表 18　科研工作对于教师发展和教学改进的价值

	第一	第二	第三	入选次数	加权次数
提升专业能力	368	82	61	511	6.46
丰富专业知识	53	159	54	266	3.10
提升专业情意	13	40	92	145	1.56
促使教师静下心来投入工作	9	34	36	79	0.88
提升研究能力	104	176	91	371	4.34
有助于教师形成自己的教学风格	22	69	142	233	2.51
开拓教育视野和格局	32	41	125	198	2.15
其他	6	3	3	12	0.14
合计	607	604	604	1815	21

用卡方检验发现，科研工作对于教师发展和教学改进的最大价值是提升专业能力在不同学段、职位或工作岗位、学校所在区域和中学类型四个方面都没有显著差异。

5. 课题立项

课题立项情况主要通过国家级课题立项情况、市级课题立项情况和校本课题立项情况等三个方面进行考察。

（1）国家级课题立项情况。

每年都有国家级课题立项的学校占 36.1%，大部分年度有的学校占 25.6%，还有 19.0% 的学校小部分年度有立项，而一直都没有国家级课题立项的学校占 19.3%。从职位或工作岗位上看，用卡方检验发现不同职位或工作岗位教师认为的国家级课题立项情况有显著差异（$\chi^2=47.40$，$df=9$，$P<0.01$），此次调研的教师群体认为学校每

年都有国家级课题立项的比例显著高于校长和副校长群体所在学校的比例，具体信息如下表所示：

表19 不同职位或工作岗位的群体认为国家级课题立项情况

职位或工作岗位	每年都有	大部分年度有	小部分年度有	一直没有	合计
校长	8	6	10	13	37
	21.6%	16.2%	27.1%	35.1%	100.0%
副校长	24	38	25	40	127
	18.9%	29.9%	19.7%	31.5%	100.0%
中层干部	93	56	40	44	233
	39.9%	24.0%	17.2%	18.9%	100.0%
教师	92	54	39	19	204
	45.1%	26.5%	19.1%	9.3%	100.0%
合计	217	154	114	116	601
	36.1%	25.6%	19.0%	19.3%	100.0%

同样用卡方检验发现，在学段和学校所在区域两个方面都没有显著差异，但卡方检验发现不同类型的中学间差异显著（$\chi^2=10.42$，$df=3$，$P<0.05$），市级示范中学每年都有国家级课题立项的比例显著高于普通中学的比例，具体信息如下表所示：

表20 不同类型的中学国家级课题立项情况

学校的类型	每年都有	大部分年度有	小部分年度有	一直没有	合计
普通学校	41	38	32	26	137
	29.9%	27.7%	23.4%	19.0%	100.0%
市级示范学校	35	24	10	6	75
	46.7%	32.0%	13.3%	8.0%	100.0%
合计	76	62	42	32	212
	35.8%	29.3%	19.8%	15.1%	100.0%

（2）市级课题立项情况。

每年都有市级课题立项的学校占43.8%，大部分年度有的学校占29.8%，还有

22.0% 的学校小部分年度有立项，而一直都没有市级课题立项的学校仅占 4.5%。从职位或工作岗位上看，用卡方检验发现不同职位或工作岗位教师认为的市级课题立项情况有显著差异（χ^2=47.09，df=9，$P<0.01$），此次调研里教师和中层干部两个群体所在学校每年都有市级课题立项的比例显著高于校长和副校长群体的比例，具体信息如下表所示：

表 21　不同职位或工作岗位的群体认为市级课题立项情况

职位或工作岗位	每年都有	大部分年度有	小部分年度有	一直没有	合计
校长	6	17	12	2	37
	16.2%	46.0%	32.4%	5.4%	100.0%
副校长	33	43	41	10	127
	26.0%	33.9%	32.2%	7.9%	100.0%
中层干部	112	69	40	12	233
	48.0%	29.6%	17.2%	5.2%	100.0%
教师	112	50	39	3	204
	54.9%	24.5%	19.1%	1.5%	100.0%
合计	263	179	132	27	601
	43.8%	29.8%	22.0%	4.5%	100.0%

同样用卡方检验发现，在学段和学校所在区域两个方面都没有显著差异，但卡方检验发现不同类型中学之间差异显著（χ^2=10.42，df=3，$P<0.05$），市级示范中学每年都有市级课题立项的比例显著高于普通中学的比例，具体信息如下表所示：

表 22　不同类型的中学市级课题立项情况

学校的类型	每年都有	大部分年度有	小部分年度有	一直没有	合计
普通学校	53	41	36	7	137
	38.7%	29.9%	26.3%	5.1%	100.0%
市级示范学校	45	23	7	0	75
	60.0%	30.7%	9.3%	.0%	100.0%
合计	98	64	43	7	212
	46.2%	30.2%	20.3%	3.3%	100.0%

（3）校本课题立项情况。

每年都有校本课题立项的学校占 64.6%，大部分年度有的学校占 24.1%，还有 10.3% 的学校小部分年度有立项，而一直都没有校本课题立项的学校仅占 1.0%。用卡方检验发现不同区域的学校校本课题立项情况有显著差异（χ^2=17.89，df=3，P<0.01），城区学校每年都有校本课题立项的比例显著高于郊区学校的比例，具体信息如下表所示：

表 23　不同区域学校校本课题立项情况

学校所在区域	每年都有	大部分年度有	小部分年度有	一直没有	合计
城区	183	47	16	1	247
	74.1%	19.0%	6.5%	.4%	100.0%
郊区	205	98	46	5	354
	57.9%	27.7%	13.0%	1.4%	100.0%
合计	388	145	62	6	601
	64.6%	24.1%	10.3%	1.0%	100.0%

用卡方检验发现，在学段、职位或工作岗位两个方面都没有显著差异，结果不一一呈现。

6. 课题研究过程

课题研究过程从人员参与、研究推进情况和研究结题情况三个方面进行考察。

（1）人员参与。

有 50.6% 的学校大部分教师参与课题研究，只有 27.6% 的学校几乎每位教师都参与课题研究，还有 21.8% 的学校只有少部分教师参与课题研究。从学校所在区域上看，用卡方检验发现城区学校和郊区学校课题研究参与情况差异显著（χ^2=20.33，df=2，P<0.01），城区学校几乎每位教师都参与课题研究的比例显著高于郊区学校的比例，具体信息如下表所示：

表 24　不同区域学校课题研究教师参与情况

学校所在区域	几乎每位教师都参与	大部分教师参与	少部分教师参与	合计
城区	86	127	34	247
	34.8%	51.4%	13.8%	100.0%

学校所在区域	几乎每位教师都参与	大部分教师参与	少部分教师参与	合计
郊区	80	177	97	354
	22.6%	50.0%	27.4%	100.0%
合计	166	304	131	601
	27.6%	50.6%	21.8%	100.0%

用卡方检验发现，在学段和职位或工作岗位两个方面都没有显著差异，但卡方检验发现不同类型中学之间差异显著（$\chi^2=6.61$，$df=2$，$P<0.05$），市级示范中学的教师大部分参与课题研究的比例显著高于普通中学的比例，具体信息如下表所示：

表 25　不同类型的中学课题研究教师参与情况

学校的类型	几乎每位教师都参与	大部分教师参与	少部分教师参与	合计
普通学校	36	67	34	137
	26.3%	48.9%	24.8%	100.0%
市级示范学校	20	47	8	75
	26.7%	62.7%	10.6%	100.0%
合计	56	114	42	212
	26.4%	53.8%	19.8%	100.0%

（2）研究推进情况。

有 93.9% 的学校课题研究推进顺利，其中 38.1% 的学校课题研究推进非常顺利，仅有 5.6% 的学校不太顺利。从学校所在区域看，用卡方检验发现城区学校和郊区学校课题研究推进情况差异显著（$\chi^2=9.36$，$df=3$，$P<0.05$），城区学校课题研究推进非常顺利的比例显著高于郊区学校的比例，具体信息如下表所示：

表 26　不同区域学校课题研究推进情况

学校所在区域	非常顺利	比较顺利	不太顺利	很不顺利	合计
城区	86	113	5	0	204
	42.1%	55.4%	2.5%	.0%	100.0%
郊区	97	155	22	2	276
	35.1%	56.2%	8.0%	.7%	100.0%
合计	183	268	27	2	480
	38.1%	55.9%	5.6%	.4%	100.0%

用卡方检验发现，在学段和职位或工作岗位两个方面都没有显著差异，但卡方检验发现不同类型中学之间差异显著（$\chi^2=17.89$，$df=8$，$P<0.05$），市级示范学校的课题研究推进非常顺利的比例显著高于普通中学的比例，具体信息如下表所示：

表27　不同类型的中学课题研究推进情况

学校的类型	非常顺利	比较顺利	不太顺利	合计
普通学校	32	71	8	111
	28.8%	64.0%	7.2%	100.0%
市级示范学校	28	39	2	69
	40.6%	56.5%	2.9%	100.0%
合计	60	110	10	180
	33.3%	61.1%	5.6%	100.0%

（3）研究结题情况。

有 56.5% 的学校每个课题研究能够按时顺利结题，39.0% 的学校大部分课题研究能够按时顺利结题，仅有 4.6% 的学校小部分课题研究能够按时顺利结题。从学段上看，用卡方检验发现不同学段的学校课题研究结题情况差异显著（$\chi^2=13.93$，$df=6$，$P<0.05$），小学每个课题研究能够按时顺利结题的比例显著高于中学和一贯制学校的比例，具体信息如下表所示：

表28　不同学段近五年课题研究能够按时顺利结题情况

学段	每个课题	大部分课题	小部分课题	所有课题	合计
小学	161	82	10	0	253
	63.6%	32.4%	4.0%	.0%	100.0%
中学	85	84	10	1	180
	47.2%	46.6%	5.6%	.6%	100.0%
一贯制学校	25	21	1	0	47
	53.2%	44.7%	2.1%	.0%	100.0%
合计	271	187	21	1	480
	56.4%	39.0%	4.4%	.2%	100.0%

用卡方检验发现，在不同职位或工作岗位、学校所在区域和中学类型三个方面都没有显著差异，结果不一一呈现。

7. 课题研究成果

（1）课题研究成果质量情况。

有43.1%的学校课题研究成果质量很好，44.6%的学校课题研究质量较好，仅有12.3%的学校课题研究成果质量一般。从职位或工作岗位上看，用卡方检验发现不同职位或工作岗位教师的市级课题立项情况有显著差异（$\chi^2=18.81$，$df=9$，$P<0.05$），此次调研学校的教师和中层干部两个群体中课题研究成果质量很好的比例显著高于校长和副校长群体的比例，具体信息如下表所示：

表29 不同职位或工作岗位的教师群体研究成果质量情况

职位或工作岗位	很好	较好	一般	较差	合计
校长	4	18	2	0	24
	16.7%	75.0%	8.3%	.0%	100.0%
副校长	29	44	10	1	84
	34.5%	52.4%	11.9%	1.2%	100.0%
中层干部	80	83	24	1	188
	42.6%	44.1%	12.8%	.5%	100.0%
教师	94	69	21	0	184
	51.1%	37.5%	11.4%	0	100%
合计	207	214	57	2	480
	43.1%	44.6%	11.9%	.4%	100.0%

用卡方检验发现，在学段和学校所在区域两个方面都没有显著差异，但卡方检验发现不同类型中学之间差异显著（$\chi^2=6.14$，$df=2$，$P<0.05$），市级示范中学的课题研究成果质量很好的比例显著高于普通中学的比例，具体信息如下表所示：

表30 不同类型的中学课题研究成果质量情况

学校的类型	很好	较好	一般	合计
普通学校	39	49	23	111
	35.1%	44.2%	20.7%	100.0%
市级示范学校	31	33	5	69
	44.9%	47.8%	7.3%	100.0%
合计	70	82	28	180
	38.9%	45.5%	15.6%	100.0%

（2）课题研究成果的实践转化情况。

有 82.7% 的学校课题研究成果的实践转化很好或比较好，还有 16.0% 的学校课题研究成果的实践转化情况一般，仅有 1.3% 的学校课题研究成果的实践转化情况较差。从职位或工作岗位上看，用卡方检验发现不同职位或工作岗位群体的学校课题研究成果的实践转化情况有显著差异（$\chi^2=23.75$，$df=9$，$P<0.01$），此次调研学校的教师和中层干部两个群体中学校课题研究成果实践转化很好的比例显著高于校长和副校长群体的比例，具体信息如下表所示：

表 31　不同职位或工作岗位群体的课题研究成果实践转化情况

职位或工作岗位	很好	较好	一般	较差	合计
校长	3	17	4	0	24
	12.5%	70.8%	16.7%	.0%	100.0%
副校长	22	44	17	1	84
	26.2%	52.4%	20.2%	1.2%	100.0%
中层干部	73	81	30	4	188
	38.8%	43.1%	16.0%	2.1%	100.0%
教师	90	67	26	1	184
	48.9%	36.4%	14.2%	.5%	100.0%
合计	188	209	77	6	480
	39.2%	43.5%	16.0%	1.3%	100.0%

用卡方检验发现，在学段、学校所在区域和中学类型三个方面都没有显著差异，结果不一一呈现。

（二）中小学科研管理现状

1. 基本条件

（1）科研管理机构设置情况。

有 59.6% 的学校有专门管理科研工作的机构，31.8% 的学校科研工作由学校其他常设机构管理，而没有管理科研工作的机构的学校占 6.3%，还有 2.4% 的学校不太清楚。从学段上看，用卡方检验发现不同学段的学校科研管理机构设置情况有显著差异（$\chi^2=36.25$，$df=8$，$P<0.01$），中学和一贯制学校两个学段的学校有专门管理机构的比例显著大于小学的比例。具体信息如下表所示：

表 32　不同学段的学校科研管理机构设置情况

学段	有专门管理科研工作的机构	科研工作由学校其他常设机构管理	没有管理科研工作的机构	不清楚	其他	合计
小学	169	131	25	5	0	330
	51.2%	39.7%	7.6%	1.5%	.0%	100.0%
中学	147	47	11	7	0	212
	69.3%	22.2%	5.2%	3.3%	.0%	100.0%
一贯制学校	42	13	2	1	1	59
	71.2%	22.0%	3.4%	1.7%	1.7%	100.0%
合计	358	191	38	13	1	601
	59.5%	31.8%	6.3%	2.2%	.2%	100.0%

用卡方检验发现不同职位或工作岗位群体的学校科研管理机构设置情况有显著差异（$\chi^2=25.75$，$df=12$，$P<0.05$），校长、中层干部和教师三个群体的学校有专门管理机构的比例显著大于副校长所在学校的比例。具体信息如下表所示：

表 33　不同职位或工作岗位群体的学校科研管理机构设置情况

职位或工作岗位	有专门管理科研工作的机构	科研工作由学校其他常设机构管理	没有管理科研工作的机构	不清楚	其他	合计
校长	23	13	1	0	0	37
	62.2%	35.1%	2.7%	.0%	.0%	100.0%
副校长	62	55	9	1	0	127
	48.8%	43.3%	7.1%	.8%	.0%	100.0%
中层干部	141	73	16	2	1	233
	60.5%	31.3%	6.9%	.9%	.4%	100.0%
教师	132	50	12	10	0	204
	64.7%	24.5%	5.9%	4.9%	.0%	100.0%
合计	358	191	38	13	1	601
	59.5%	31.8%	6.3%	2.2%	.2%	100.0%

用卡方检验发现不同类型中学学校科研管理机构设置情况差异不显著，而不同区域的学校科研管理机构设置情况有显著差异（$\chi^2=13.73$，$df=4$，$P<0.05$），城区学

校有专门管理机构的比例显著大于郊区学校的比例。具体信息如下表所示：

表34　不同区域的学校科研管理机构设置情况

学校所在区域	有专门管理科研工作的机构	科研工作由学校其他常设机构管理	没有管理科研工作的机构	不清楚	其他	合计
城区	161	75	7	3	1	247
	65.2%	30.4%	2.8%	1.2%	.4%	100.0%
郊区	197	116	31	10	0	354
	55.6%	32.8%	8.8%	2.8%	.0%	100.0%
合计	358	191	38	13	1	601
	59.5%	31.8%	6.3%	2.2%	.2%	100.0%

（2）科研管理人员配备情况。

大部分（97.2%）学校有专门的科研管理人员或兼职管理人员，仅有1.0%的学校没有任何管理人员。从学段上看，用卡方检验发现不同学段的学校科研管理人员配备情况有显著差异（χ^2=34.07，df=8，$P<0.01$），中学和一贯制学校两个学段的学校有专门管理人员的比例显著大于小学的比例。具体信息如下表所示：

表35　不同学段的学校科研管理人员配备情况

学段	专门管理人员	兼职管理人员	没有任何管理人员	不清楚	其他	合计
小学	157	164	4	5	0	330
	47.6%	49.7%	1.2%	1.5%	.0%	100.0%
中学	137	69	2	4	0	212
	64.6%	32.6%	.9%	1.9%	.0%	100.0%
一贯制学校	43	14	0	1	1	59
	72.9%	23.7%	.0%	1.7%	1.7%	100.0%
合计	337	247	6	10	1	601
	56.0%	41.1%	1.0%	1.7%	.2%	100.0%

用卡方检验发现不同职位或工作岗位群体的学校科研管理人员配备情况有显著差异（χ^2=41.56，df=12，$P<0.01$），中层干部和教师两个群体的学校有专门管理人员的比例显著大于校长和副校长所在学校的比例。具体信息如下表所示：

表 36　不同职位或工作岗位群体的学校科研管理人员配备情况

职位或工作岗位	专门管理人员	兼职管理人员	没有任何管理人员	不清楚	其他	合计
校长	17	20	0	0	0	37
	45.9%	54.1%	.0%	.0%	.0%	100.0%
副校长	50	77	0	0	0	127
	39.4%	60.6%	.0%	.0%	.0%	100.0%
中层干部	146	81	3	2	1	233
	62.6%	34.8%	1.3%	.9%	.4%	100.0%
教师	124	69	3	8	0	204
	60.8%	33.8%	1.5%	3.9%	.0%	100.0%
合计	337	247	6	10	1	601
	56.0%	41.1%	1.0%	1.7%	.2%	100.0%

用卡方检验发现不同区域的学校科研管理人员配备情况差异不显著，而不同类型学校科研管理机构人员配备情况有显著差异（$\chi^2=17.33$，$df=3$，$P<0.01$），市级示范学校有专门管理人员的比例显著大于普通中学的比例。具体信息如下表所示：

表 37　不同类型学校科研管理人员配备情况

学校的类型	有专门管理人员	有兼职管理人员	没有任何管理人员	不清楚	合计
普通学校	78	57	0	2	137
	56.9%	41.6%	.0%	1.5%	100.0%
市级示范学校	59	12	2	2	75
	78.6%	16.0%	2.7%	2.7%	100.0%
合计	137	69	2	4	212
	64.7%	32.5%	.9%	1.9%	100.0%

（3）学校科研经费配备情况。

51.9% 的学校有足够的专门的课题经费，22.8% 的学校有少量的专门的课题经费，没有专门的课题经费的学校占 10.1%。用卡方检验发现，在学段、职位或工作岗位、学校所在区域和中学类型四个方面学校科研经费配备情况都没有显著差异，结果不一一呈现。具体信息如下表所示：

表38　学校科研经费配备情况

	频次	百分比
学校有足够的专门的课题经费	312	51.9%
学校有少量的专门的课题经费	137	22.8%
没有专门的课题经费	61	10.1%
学校有能够用于科研活动的常规经费	75	12.5%
学校没有能够用于科研的经费	9	1.5%
其他	7	1.2%
合计	601	100.0%

（4）科研管理制度建设情况。

大部分（78%）学校科研管理制度建设非常完备和比较完备，21.3%的学校科研管理制度建设一般。用卡方检验发现，在学段、职位或工作岗位、学校所在区域和中学类型四个方面科研管理制度建设情况都没有显著差异，结果不一一呈现。具体信息如下表所示：

表39　科研管理制度建设情况

	频次	百分比
非常完备	204	33.9%
比较完备	265	44.1%
一般	128	21.3%
不太完备	3	0.5%
没有	1	0.2%
合计	601	100.0%

2. 科研规划与计划

学校科研规划与计划主要从学校三到五年科研规划情况、如何做出科研规划、学年、学期科研计划情况和如何做出科研计划四个方面进行考察。

（1）三到五年科研规划情况。

有83.5%的学校有完备和基本的三到五年科研规划，还有2.8%的学校没有科研规划。用卡方检验发现不同职位或工作岗位群体的学校三到五年科研规划情况有显著差异（$\chi^2=21.78$，$df=9$，$P<0.01$），中层干部和教师两个群体认同学校有完备的

三到五年科研规划的比例显著大于校长和副校长所在学校的比例。具体信息如下表所示：

表 40　不同职位或工作岗位群体的学校三到五年科研规划情况

职位或工作岗位	有完备科研规划	有基本科研规划	有大致科研规划	没有科研规划	合计
校长	14	14	9	0	37
	37.8%	37.8%	24.4%	.0%	100.0%
副校长	42	56	24	5	127
	33.1%	44.1%	18.9%	3.9%	100.0%
中层干部	119	82	26	6	233
	51.0%	35.2%	11.2%	2.6%	100.0%
教师	111	64	23	6	204
	54.4%	31.4%	11.3%	2.9%	100.0%
合计	286	216	82	17	601
	47.7%	35.9%	13.6%	2.8%	100.0%

同样用卡方检验发现不同学段和不同区域的学校三到五年科研规划情况差异不显著，而不同类型学校三到五年科研规划情况差异显著（$\chi^2=8.34$，$df=3$，$P<0.05$），市级示范学校有完备三到五年科研规划的比例显著大于普通中学的比例。具体信息如下表所示：

表 41　不同类型学校三到五年科研规划情况

学校的类型	有完备科研规划	有基本科研规划	有大致科研规划	没有科研规划	合计
普通学校	53	56	20	8	137
	38.7%	40.9%	14.6%	5.8%	100.0%
市级示范学校	44	23	6	2	75
	58.6%	30.7%	8.0%	2.7%	100.0%
合计	97	79	26	10	212
	45.7%	37.3%	12.3%	4.7%	100.0%

（2）如何做出科研规划。

有 56.2% 的学校由校长和学科教师代表共同参与制定科研规划，有 19.6% 的学校由校长和少数教师代表共同参与制定，有少部分（10.8%）学校由校长、教师代表和校外专家共同参与制定，此外，还有一部分（9.2%）学校不知道怎么制定出科研规划的。用卡方检验发现不同职位或工作岗位群体的学校制定科研规划的方式有显著差异（χ^2=45.62，df=18，P<0.01），校长、中层干部和教师三个群体所在学校由校长和学科教师代表制定科研规划的比例显著大于副校长所在学校的比例。具体信息如下表所示：

表 42　不同职位或工作岗位群体的学校如何制定科研规划

职位或工作岗位	校长和教师代表	校长和少数教师	校长自己制定	校长邀请校外专家	不知道	校长、教师代表和校外专家	其他	合计
校长	25	8	1	0	0	3	0	37
	67.6%	21.6%	2.7%	.0%	.0%	8.1%	.0%	100.0%
副校长	53	36	1	2	7	23	5	127
	41.7%	28.3%	.8%	1.6%	5.5%	18.2%	3.9%	100.0%
中层干部	143	43	4	2	16	22	3	233
	61.3%	18.5%	1.7%	.9%	6.9%	9.4%	1.3%	100.0%
教师	117	31	2	3	32	17	2	204
	57.3%	15.2%	1.0%	1.5%	15.7%	8.3%	1.0%	100.0%
合计	338	118	8	7	55	65	10	601
	56.2%	19.6%	1.3%	1.2%	9.2%	10.8%	1.7%	100.0%

同样用卡方检验发现不同学段和不同类型的中学制定科研规划的方式差异不显著，而不同区域的学校制定科研规划的方式差异显著（χ^2=13.18，df=6，P<0.05），城区学校由校长和学科教师代表共同参与制定科研规划的比例显著大于郊区学校的比例。具体信息如下表所示：

表 43　不同区域学校科研规划情况

学校所在区域	校长和教师代表	校长和少数教师	校长自己制定	校长邀请校外专家	不知道	校长、教师代表和校外专家	其他	合计
城区	147	36	4	5	19	33	3	247
	59.5%	14.6%	1.6%	2.0%	7.7%	13.4%	1.2%	100.0%

学校所在区域	校长和教师代表	校长和少数教师	校长自己制定	校长邀请校外专家	不知道	校长、教师代表和校外专家	其他	合计
郊区	191	82	4	2	36	32	7	354
	54.0%	23.2%	1.1%	.6%	10.2%	9.0%	2.0%	100.0%
合计	338	118	8	7	55	65	10	601
	56.2%	19.6%	1.3%	1.2%	9.2%	10.8%	1.7%	100.0%

（3）学年、学期科研计划情况。

有85.2%的学校有完备的或者基本的科研计划，仅有3.5%的学校没有科研计划。用卡方检验发现不同职位或工作岗位群体的学校制定科研规划的方式有显著差异（χ^2=34.88，df=12，P<0.01），中层干部和教师两个群体的学校有完备的学期和学年科研计划情况的比例显著高于副校长和校长所在学校的比例。具体信息如下表所示：

表44　不同职位或工作岗位群体的学校学期和学年科研计划情况

职位或工作岗位	有完备科研计划	有基本科研计划	有大致科研计划	没有科研计划	合计
校长	18	14	5	0	37
	48.6%	37.9%	13.5%	.0%	100.0%
副校长	47	57	22	1	127
	37.0%	44.9%	17.3%	.8%	100.0%
中层干部	140	63	22	8	233
	60.0%	27.0%	9.4%	3.4%	100.0%
教师	122	51	19	12	204
	59.8%	25%	9.3%	5.9%	100%
合计	327	185	68	21	601
	54.4%	30.8%	11.3%	3.5%	100.0%

同样用卡方检验发现，在学段、学校所在区域和中学类型三个方面都没有显著差异，结果不一一呈现。

（4）如何做出科研计划。

有56.2%的学校由学校管理层和各个学科教师代表共同参与制定科研计划，很少部分的学校是由校长自己（1.3%）或邀请校外专家制订，此外，还有9.2%不知道是怎么制订的。用卡方检验发现不同职位或工作岗位群体的学校制订科研计划的方式有显著差异（$\chi^2=45.62$, $df=18$, $P<0.01$），校长、中层干部和教师三个群体的学校由管理层和各个学科教师代表制订的比例显著高于副校长所在学校的比例。具体信息如下表所示：

表45　不同职位或工作岗位的群体如何做出科研计划

职位	管理层和各个学科教师代表	管理层和少数教师	校长自己制订	邀请校外专家制订	不知道怎么制订出来的	其他	合计
校长	25	8	1	0	0	3	37
	67.6%	21.6%	2.7%	.0%	.0%	8.1%	100.0%
副校长	53	36	1	2	7	28	127
	41.8%	28.3%	.8%	1.6%	5.5%	22.0%	100.0%
中层干部	143	43	4	2	16	25	233
	61.3%	18.5%	1.7%	.9%	6.9%	10.7%	100.0%
教师	117	31	2	3	32	19	204
	57.3%	15.2%	1.0%	1.5%	15.7%	9.3%	100.0%
合计	338	118	8	7	55	75	601
	56.2%	19.6%	1.3%	1.2%	9.2%	12.5%	100.0%

用卡方检验发现，不同学段和不同类型的中学制订科研计划的方式差异不显著，而不同区域的学校制订科研计划的方式差异显著（$\chi^2=13.18$, $df=6$, $P<0.05$），城区学校由校长和学科教师代表共同参与制定科研计划的比例显著大于郊区学校的比例。具体信息如下表所示：

表46　不同区域学校科研计划情况

学校所在区域	管理层和各个学科教师代表	管理层和少数教师	校长自己制订	邀请校外专家制订	不知道怎么制订出来的	其他	合计
城区	147	36	4	5	19	36	247
	59.5%	14.6%	1.6%	2.0%	7.7%	14.6%	100.0%
郊区	191	82	4	2	36	39	354
	54.0%	23.1%	1.1%	.6%	10.2%	11.0%	100.0%
合计	338	118	8	7	55	75	601
	56.2%	19.6%	1.3%	1.2%	9.2%	12.5%	100.0%

3. 管理内容

学校科研管理的内容主要从课题申报指导情况、课题管理情况和教师评价导向情况三个方面进行介绍。

（1）课题申报指导情况。

57.2% 的学校会组织全体教师课题申请培训和指导活动，35.8% 的学校会为准备申报课题的教师提供指导，还有 6.8% 的学校不组织指导，而让教师自己申报。用卡方检验发现，从不同学段、不同职位或工作岗位、学校所在不同区域和不同类型的中学等方面考察发现学校在课题研究申报指导上均没有显著差异，结果不再一一呈现。

表 47 学校研究选题申报指导情况

	频次	百分比
组织全体教师课题申请培训和指导活动	344	57.2%
为准备申报课题的教师提供指导	215	35.8%
不组织指导，教师自己申报	41	6.8%
其他	1	0.2%
合计	601	100.0%

（2）课题管理情况。

学校进行科研课题过程管理采取最多的举措包括组织课题开题活动（87.7%）和组织课题结题活动或者结题研讨活动（79.2%），其次还会组织课题中期检查活动（66.3%）和组织课题研究过程中的阶段研讨活动（64.5%），具体信息如下表所示：

表 48 学校进行科研课题过程管理的情况

	频次	百分比·总人次	百分比·选择人数
组织课题开题活动	527	28.1%	82.7%
组织课题结题活动或者结题研讨活动	507	27.1%	84.4%
组织课题中期检查活动	424	22.6%	70.5%
组织课题研究过程中的阶段研讨活动	413	22.0%	68.7%
其他	3	0.2%	0.5%
合计	1874	100.0%	311.8%

注：以"学校进行科研课题过程管理情况"为例说明百分比·总人次和百分比·选择人数的计算过程。百分比·总人次28.1%=527/1874，即有527人选择了这一项，除以总人次，所以累计加之和是28.1%；而百分比·选择人数87.7%=527/601，即有527人选择了这一项，除以有效参选人数，所以累计加之和是大于100%；下同。

（3）教师评价导向情况。

53.4%的学校会把科研工作作为教师评价的重要指标，40.1%的学校会把科研工作作为教师评价的一般指标，还有6.2%的学校不把科研工作作为教师评价指标。用卡方检验，从不同学段、不同职位或工作岗位、学校所在不同区域和不同类型的中学等方面考察发现学校在教师评价导向上均没有显著差异，结果不再一一呈现。

表49 学校的教师评价导向情况

	频次	百分比
科研工作作为教师评价的重要指标	321	53.4%
科研工作作为教师评价的一般指标	241	40.1%
科研工作不作为教师评价指标	37	6.2%
其他	2	0.3%
合计	601	100.0%

4. 科研支持

学校为教师开展课题研究提供的最主要支持是邀请相关专家指导课题研究（81.3%）和组织校内课题研讨活动（72.2%）两项，其次是提供外出学术交流和学习的机会（69.4%）、提供课题经费（63.3%）和为教师展示课题研究成果提供平台（60.6%）。具体信息如下表所示：

表50 学校为教师开展课题研究提供的支持

	频次	百分比·总人次	百分比·选择人数
提供课题经费	405	18.2%	63.3%
邀请相关专家指导课题研究	520	23.4%	81.3%
提供外出学术交流和学习的机会	444	20.0%	69.4%
组织校内课题研讨活动	462	20.8%	72.2%
为教师展示课题研究成果提供平台	388	17.5%	60.6%
其他	2	0.1%	0.3%
合计	2221	100.0%	347.0%

（三）中小学教师科研能力及其提升

1. 教师科研能力现状

学校教师的科研能力现状可以从文献查阅能力、研究选题能力、课题设计能力、研究推进能力、发表成果能力和成果转化能力几个方面进行考察。

（1）文献查阅能力

66.4% 的学校认为学校教师文献查阅和综述能力很好或比较好，29.3% 的学校认为学校教师的文献查阅和综述能力一般，从职位或工作岗位来看，卡方检验发现不同职位或工作岗位教师群体之间差异显著（$\chi^2=40.95$，$df=12$，$P<0.01$），教师和中层干部在学校教师文献查阅与综述方面自我评价很好的比例显著高于校长和副校长。具体信息如下表所示：

表 51　不同职位或岗位教师群体对学校教师文献查阅和综述能力的评价

职位或工作岗位	很好	较好	一般	较差	很差	合计
校长	3	16	17	1	0	37
	8.1%	43.2%	46.0%	2.7%	.0%	100.0%
副校长	14	55	51	6	1	127
	11.0%	43.3%	40.2%	4.7%	.8%	100.0%
中层干部	71	85	65	11	1	233
	30.5%	36.5%	27.9%	4.7%	.4%	100.0%
教师	72	83	43	6	0	204
	35.3%	40.7%	21.1%	2.9%	.0%	100.0%
合计	160	239	176	24	2	601
	26.6%	39.8%	29.3%	4.0%	.3%	100.0%

用卡方检验发现，从学段、学校所在区域和中学类型等方面考察，对学校教师的文献查阅和综述能力的评价都没有显著差异，结果不再一一呈现。

（2）研究选题能力。

70.9% 的学校认为学校教师研究选题能力很好或比较好，26.5% 的学校认为学校教师研究选题能力一般，从职位或工作岗位来看，卡方检验发现不同职位或工作岗位教师群体之间差异显著（$\chi^2=39.95$，$df=9$，$P<0.01$），教师和中层干部在研究选题上对学校教师评价很好的比例显著高于校长和副校长的比例。具体信息如下表所示：

表 52　不同职位或工作岗位教师群体对学校教师研究选题能力的评价

职位或工作岗位	很好	较好	一般	较差	合计
校长	3	16	18	0	37
	8.1%	43.2%	48.7%	.0%	100.0%
副校长	18	62	40	7	127
	14.2%	48.8%	31.5%	5.5%	100.0%
中层干部	74	96	58	5	233
	31.8%	41.2%	24.9%	2.1%	100.0%
教师	78	79	43	4	204
	38.2%	38.7%	21.1%	2.0%	100.0%
合计	173	253	159	16	601
	28.8%	42.1%	26.4%	2.7%	100.0%

用卡方检验发现，从学段、学校所在区域和中学类型等方面考察，对学校教师研究选题能力的评价都没有显著差异，结果不再一一呈现。

（3）课题设计能力。

70.1% 的学校认为学校教师的课题设计能力很好或比较好，27.1% 的学校认为学校教师课题设计能力一般，卡方检验发现不同职位或工作岗位的教师群体之间差异显著（$\chi^2=42.59$，$df=9$，$P<0.01$），教师和中层干部认为学校教师的课题设计能力比较好的比例显著高于校长和副校长群体的比例，具体信息如下表所示：

表 53　不同职位或工作岗位教师群体对学校教师课题设计能力的评价

职位或工作岗位	很好	较好	一般	较差	合计
校长	3	18	16	0	37
	8.1%	48.7%	43.2%	.0%	100.0%
副校长	17	58	45	7	127
	13.4%	45.7%	35.4%	5.5%	100.0%
中层干部	72	94	61	6	233
	30.9%	40.3%	26.2%	2.6%	100.0%
教师	82	77	41	4	204
	40.2%	37.7%	20.1%	2.0%	100.0%
合计	174	247	163	17	601
	29.0%	41.1%	27.1%	2.8%	100.0%

用卡方检验发现，从学段、学校所在区域和中学类型等方面考察，对学校教师课题设计能力的评价都没有显著差异，结果不再一一呈现。

（4）研究推进能力。

70.9% 的学校认为学校教师研究推进能力很好或比较好，27.1% 的学校认为学校教师研究推进能力一般，卡方检验发现不同职位或工作岗位上的教师群体认为学校教师的研究推进能力差异显著（$\chi^2=46.50$，$df=12$，$P<0.01$），教师和中层干部群体认为学校教师研究推进能力很好的比例显著高于校长和副校长群体的比例，具体信息如下表所示：

表 54　不同职位或工作岗位教师群体对学校教师研究推进能力的评价

职位或工作岗位	很好	较好	一般	较差	很差	合计
校长	3	19	15	0	0	37
	8.1%	51.4%	40.5%	.0%	.0%	100.0%
副校长	16	59	46	5	1	127
	12.6%	46.5%	36.2%	3.9%	.8%	100.0%
中层干部	69	106	55	3	0	233
	29.6%	45.5%	23.6%	1.3%	.0%	100.0%
教师	81	73	47	3	0	204
	39.7%	35.8%	23.0%	1.5%	0	100.0%
合计	169	257	163	11	1	601
	28.1%	42.8%	27.1%	1.8%	.2%	100.0%

用卡方检验发现，从学段、学校所在区域和中学类型等方面考察，对学校教师研究推进能力的评价都没有显著差异，结果不再一一呈现。

（5）发表成果能力。

67.7% 的学校认为学校教师开展课题研究成果提炼与发表的能力很好或比较好，还有 30.0% 的学校认为学校教师开展课题研究成果提炼与发表的能力一般，卡方检验发现不同职位教师群体对学校教师科研成果发表能力的评价差异显著（$\chi^2=49.25$，$df=9$，$P<0.01$），教师和中层干部群体认为学校教师研究成果发表能力很好的比例显著高于校长和副校长群体的比例，具体信息如下表所示：

表 55　不同职位教师对学校教师发表成果能力的评价

职位或工作岗位	很好	较好	一般	较差	合计
校长	3	13	20	1	37
	8.1%	35.1%	54.1%	2.7%	100.0%
副校长	17	52	50	8	127
	13.4%	40.9%	39.4%	6.3%	100.0%
中层干部	70	94	66	3	233
	30.0%	40.4%	28.3%	1.3%	100.0%
教师	76	82	44	2	204
	37.2%	40.2%	21.6%	1.0%	100.0%
合计	166	241	180	14	601
	27.6%	40.1%	30.0%	2.3%	100.0%

同样用卡方检验发现，从学段和学校所在区域两个方面考察，对学校教师科研成果发表能力的评价都没有显著差异，结果不再一一呈现。但从中学类型来看，卡方检验发现不同类型的中学之间差异显著（$\chi^2=9.02$，$df=3$，$P<0.05$），市级示范学校认为学校教师发表成果能力很好和比较好的比例显著高于普通中学，具体信息如下表所示：

表 56　不同类型学校对学校教师发表成果能力的评价

学校的类型	很好	较好	一般	较差	合计
普通学校	34	50	50	3	137
	24.8%	36.5%	36.5%	2.2%	100.0%
市级示范学校	25	36	13	1	75
	33.3%	48.0%	17.4%	1.3%	100.0%
合计	59	86	63	4	212
	27.8%	40.6%	29.7%	1.9%	100.0%

（6）成果转化能力。

大部分学校认为学校教师科研成果实践转化的能力很好和比较好，近三分之一的学校认为学校教师科研成果实践转化的能力一般，卡方检验发现不同职位或工作岗位的教师群体之间差异显著（$\chi^2=46.72$，$df=9$，$P<0.01$），教师群体认为学校教师

科研成果实践转化能力很好的比例显著高于其他群体，具体信息如下表所示：

表 57　不同职位教师群体对学校教师科研成果实践转化能力的评价

职位或工作岗位	很好	较好	一般	较差	合计
校长	2	18	16	1	37
	5.4%	48.7%	43.2%	2.7%	100.0%
副校长	17	49	56	5	127
	13.4%	38.6%	44.1%	3.9%	100.0%
中层干部	66	97	64	6	233
	28.3%	41.6%	27.5%	2.6%	100.0%
教师	82	73	47	2	204
	40.2%	35.8%	23.0%	1.0%	100.0%
合计	167	237	183	14	601
	27.8%	39.4%	30.5%	2.3%	100.0%

同样用卡方检验发现，从学段和学校所在区域两个方面考察，对学校教师科研成果转化能力的评价都没有显著差异，结果不再一一呈现。但从学校类型来看，卡方检验发现不同类型的中学之间差异显著（χ^2=11.93，df=3，$P<0.05$），市级示范学校认为学校教师科研成果转化能力很好和比较好的比例均显著高于普通学校，具体信息如下表所示：

表 58　不同类型学校对学校教师科研成果转化能力的评价

学校的类型	很好	较好	一般	较差	合计
普通学校	32	49	50	6	137
	23.3%	35.8%	36.5%	4.4%	100.0%
市级示范学校	29	31	15	0	75
	38.7%	41.3%	20.0%	.0%	100.0%
合计	61	80	65	6	212
	28.8%	37.7%	30.7%	2.8%	100.0%

（7）科研能力整体水平。

69.9% 的学校认为学校教师科研能力整体水平很好和比较好，28.5% 的学校认为学校教师科研能力整体水平一般，卡方检验发现不同职位或工作岗位的教师群体之间差异显著（$\chi^2=39.75$，$df=9$，$P<0.01$），教师群体认为学校教师科研能力整体水平很好的比例显著高于其他群体，具体信息如下表所示：

表 59　不同职位教师群体对学校教师科研能力整体水平的评价

职位或工作岗位	很好	较好	一般	较差	合计
校长	2	17	18	0	37
	5.4%	45.9%	48.7%	.0%	100.0%
副校长	18	59	47	3	127
	14.1%	46.5%	37.0%	2.4%	100.0%
中层干部	67	100	62	4	233
	28.8%	42.9%	26.6%	1.7%	100.0%
教师	80	77	44	3	204
	39.2%	37.7%	21.6%	1.5%	100.0%
合计	167	253	171	10	601
	27.8%	42.1%	28.4%	1.7%	100.0%

同样用卡方检验发现，从学段和学校所在区域两个方面考察，对学校教师科研能力整体水平的评价都没有显著差异，结果不再一一呈现。但从学校类型来看，卡方检验发现不同类型的中学之间差异显著（$\chi^2=11.04$，$df=3$，$P<0.05$），市级示范学校认为学校教师科研能力整体水平很好和比较好的比例均显著高于普通学校，具体信息如下表所示：

表 60　不同类型学校对学校教师科研能力整体水平的评价

学校的类型	很好	较好	一般	较差	合计
普通学校	36	48	49	4	137
	26.3%	35.0%	35.8%	2.9%	100.0%
市级示范学校	27	35	13	0	75
	36.0%	46.7%	17.3%	.0%	100.0%
合计	63	83	62	4	212
	29.7%	39.2%	29.2%	1.9%	100.0%

2.教师科研能力提升

（1）学校的主要举措。

学校提升教师科研能力所采取的最主要举措是开展课题研讨，其次采取比较多的举措有组织科研能力提升专项培训和举办专家学术讲座，还有一半多的学校会组织科研能力提升经验交流会。具体信息如下表所示：

表61　学校提升教师科研能力所采取的主要举措

	频次	百分比·总人次	百分比·选择人数
组织科研能力提升专项培训	466	20.0%	72.8%
开展课题研讨	528	22.6%	82.5%
举办专家学术讲座	478	20.5%	74.7%
到优秀学校进行专题考察学习	292	12.5%	45.6%
组织科研能力提升经验交流会	350	15.0%	54.7%
进行科研课题研究的全过程指导	218	9.3%	34.1%
其他	2	0.1%	0.3%
合计	2334	100.0%	364.7%

（2）最需要提升的能力。

各学校认为教师最急需提高的科研能力是课题设计能力和研究选题能力，其次是文献查阅、梳理和综述能力，还有课题研究推进能力、科研成果提炼与发表能力和科研成果实践转化能力，具体信息如下表所示：

表62　学校教师最急需提高的科研能力

	第一	第二	第三	入选次数	加权次数
文献查阅、梳理和综述能力	213	26	39	278	3.06
研究选题能力	156	165	22	343	3.65
课题设计能力	97	155	133	385	3.78
课题研究推进能力	61	110	119	290	2.80
科研成果提炼与发表能力	51	97	144	292	2.76
科研成果实践转化能力	23	48	144	215	1.95
合计	601	601	601	1803	18

用卡方检验发现，学校教师最急需提高的科研能力是课题设计能力和研究选题能力，在不同学段、不同职位或工作岗位、不同区域学校和中学类型四个方面都没有显著差异，结果不再一一呈现。

（四）中小学科研管理的主要问题

1. 管理机制

各学校认为学校在科研管理机制方面存在的最主要问题是教师科研工作量无法计入工作量，其次是教师投身科研工作的积极性不高，还有一些缺乏科研管理人员、科研管理制度不健全、评价导向不明确、缺乏科研经费和学校缺乏科研管理机构等问题，具体信息如下表所示：

表63　学校在科研管理机制方面存在的最主要问题

	第一	第二	第三	入选次数	加权次数
缺乏科研管理机构	100	30	24	154	1.92
缺乏科研管理人员	97	92	53	242	2.89
科研管理制度不健全	73	63	98	234	2.68
教师投身科研工作的积极性不高	123	126	104	353	4.14
缺乏科研经费	54	66	68	188	2.17
教师科研工作量无法计入工作量	128	140	107	375	4.40
评价导向不明确	20	81	144	245	2.65
其他	6	3	3	12	0.14
合计	601	601	601	1803	21

用卡方检验发现，学校在科研管理机制方面存在的最主要问题是教师科研工作量无法计入工作量，在不同学段、职位或工作岗位和中学类型四个方面都没有显著差异，结果不再一一呈现。而在不同区域学校上差异显著（χ^2=11.30，df=3，$P<0.05$），城区学校最主要的问题是科研工作量无法计入工作量，该比例显著高于郊区学校，具体信息如下表所示：

表64　不同区域学校科研工作量无法计入工作量的问题

	第一	第二	第三	合计
城区	62	60	51	173
	24.0%	23.3%	20.5%	67.8%
郊区	66	80	56	202
	17.8%	21.7%	15.7%	55.2%
合计	128	140	107	375
	20.3%	22.3%	17.7%	60.3%

用卡方检验发现，教师投身科研工作积极性不高的问题，在不同学段、不同职位或工作岗位、不同区域学校和中学类型四个方面都没有显著差异，结果不再一一呈现。

2. 课题管理

各学校认为学校在科研课题管理方面存在的最主要问题是缺乏课题研究过程管理和课题管理系统性不强，其次是教师参与课题管理积极性不高、没有建立课题管理台账、缺乏课题经费管理经验和课题成果管理不力等方面，具体信息如下表所示：

表65　学校在科研课题管理方面存在的最主要问题

	第一	第二	第三	入选次数	加权次数
课题管理系统性不强	202	73	99	374	3.91
没有建立课题管理台账	96	114	45	255	2.63
缺乏课题经费管理经验	65	87	96	248	2.42
缺乏课题研究过程管理	94	172	136	402	3.94
课题成果管理不力	34	76	95	205	1.95
教师参与课题管理积极性不高	105	76	127	308	3.04
其他	5	3	3	11	0.11
合计	601	601	601	1803	18

用卡方检验发现，学校在课题管理系统性不强的问题上，在不同学段、职位或工作岗位、不同区域学校和中学类型四个方面都没有显著差异，结果不再一一呈现。

（五）需要的支持

教师需要的支持从教师科研工作中需要的支持和对学校科研管理工作的建议两个方面进行考察

1.教育行政部门支持

各学校认为优化学校科研及管理工作，最需要教育行政部门提供学术研究资源，其次是提供专项经费，还需要明确评价导向、减轻教师工作负担和提供科研管理人员编制等方面的支持，具体信息如下表所示：

表 66 需要教育行政部门提供的支持

	第一	第二	第三	入选次数	加权次数
提供专项经费	248	53	61	362	3.93
提供学术研究资源	171	205	88	464	4.77
明确评价导向	48	152	154	354	3.36
提供科研管理人员编制	51	103	97	251	2.43
减轻教师工作负担	83	87	200	370	3.50
其他	0	1	1	2	0.00
合计	601	601	601	1803	18

用卡方检验发现，在需要提供学术研究资源上，不同区域学校之间差异显著（$\chi^2=10.92$，$df=3$，$P<0.05$），郊区学校对于学术研究资源的需求显著高于城区学校，具体信息如下表所示：

表 67 不同区域学校对于学术研究资源的需求情况

	第一	第二	第三	合计
城区	63	90	26	179
	25.5%	36.4%	10.5%	72.4%
郊区	108	115	62	285
	30.5%	32.5%	17.5%	80.5%
合计	171	205	88	464
	28.5%	34.1%	14.6%	77.2%

用卡方检验发现，在需要提供学术研究资源上，在不同学段、不同职位或工作岗位和学校类型等方面都没有显著差异，结果不再一一呈现。

2. 业务部门支持

各学校认为优化学校科研及管理工作，最需要业务部门指导课题研究过程和提供科研工作培训两个方面的支持，其次还需要提供课题立项机会、组织科研工作交流研讨和指导课题研究成果提炼等方面的支持，具体信息如下表所示：

表 68　需要业务部门提供支持的情况

	第一	第二	第三	入选次数	加权次数
提供科研工作培训	284	34	24	342	4.42
提供课题立项机会	129	127	25	281	3.45
组织科研工作交流研讨	42	100	118	260	2.90
指导课题研究过程	78	183	136	397	4.53
指导课题研究成果提炼	33	108	149	290	3.18
指导科研成果实践转化	35	47	149	231	2.50
其他	0	2	0	2	0.00
合计	601	601	601	1803	21

用卡方检验发现，需要业务部门为学校提供科研工作培训，在不同学段、职位或工作岗位、学校所在区域和中学类型四个方面都没有显著差异，结果不再一一呈现。

同样用卡方检验发现，指导课题研究过程的需求在学校所在区域和中学类型两个方面都没有显著差异，在不同学段之间差异显著（$\chi^2=13.3$，$df=6$，$P<0.05$），小学在指导课题研究过程上的需求显著高于中学，具体信息如下表所示：

表 69　不同学段的学校需要指导课题研究过程的情况

	第一	第二	第三	合计
小学	51	113	67	231
	15.5%	34.2%	20.3%	70%
中学	22	52	53	127
	10.4%	24.5%	25.0%	59.9%
一贯制学校	5	18	16	39
	8.5%	30.5%	27.1%	66.1%
合计	78	183	136	397
	13.0%	30.4%	22.6%	66%

同样用卡方检验发现，在不同职位教师群体之间差异显著（χ^2=17.97，df=9，P<0.05），教师群体对指导课题研究过程的需求显著高于校长群体，具体信息如下表所示：

表70　不同职位教师群体需要课题研究指导支持的情况

	第一	第二	第三	合计
校长	2	17	8	27
	5.4%	45.9%	21.6%	72.9%
副校长	15	44	28	87
	11.8%	34.6%	22.0%	68.4%
中层干部	32	74	40	146
	13.7%	31.8%	17.2%	62.7%
教师	29	48	60	137
	14.2%	23.5%	29.4%	67.1%
合计	78	183	136	397
	13.0%	30.4%	22.6%	66%

三、调研的基本结论

（一）中小学科研发展现状

1. 发展定位

学校科研定位：所有参与调研的教师中，超过一半以上（65.7%）的教师认为学校科研工作是支撑学校发展的重要工作，其中校长和副校长占了大部分，其余的教师认为学校科研工作是学校一项常规工作。不同学段、不同区域和不同类型中学的教师在此观点上没有显著差异。

教师个体科研工作定位：所有参与调研的教师中，有91.9%的教师认为科研工作对学校发展是有意义的，而且不同学段、不同职位教师群体、不同区域和不同类型中学的教师在此观点上没有显著差异。

2. 基本判断

学校科研工作投入：大部分（76.1%）学校对科研工作的投入大，只有很少学校在学校科研工作上投入较小，其中城区学校对科研工作投入显著高于郊区学校的投入。

学校个人科研工作投入：有64%的教师个人科研工作投入大，还有30.9%的教师个人科研工作投入一般大。其中，校长和教师群体对个人科研工作的投入显著高于副校长和中层干部。

学校科研工作发展：大部分学校科研工作发展情况不错，其中，有33.9%的学校科研工作发展情况很好，校长群体对学校科研工作发展的评价高于副校长和中层干部。

学校科研工作成效：所有的学校都认为学校科研工作是有成效的，大部分（76%）学校认为所在学校的科研工作发展成效不错，其中有33.1%的学校科研工作发展成效很好。

3. 重视程度

学校（校长）：整体上看，有89.3%的学校重视科研，其中，一半以上（55.9%）的学校（校长）非常重视科研工作。小学对科研工作的重视程度高于中学和一贯制学校；校长和教师对科研工作的重视程度要高于副校长和中层干部；城区的学校（校长）对科研工作的重视程度显著高于郊区学校（校长）。

学科团队（教研组）：有81.7%的学校中的学科团队（教研组）重视科研，其中，非常重视的学科团队（教研组）的比例高达42.3%。学校中有更多的教师认为所在学校的学科团队（教研组）很重视科研工作；城区学校的学科团队（教研组）比郊区学校的学科团队（教研组）更重视科研工作。

教师个体：整体上教师个体对科研工作的重视程度较高，其中，有32.4%的教师个体对科研工作发展非常重视，教师个体（80.4%）对学校科研工作的重视程度要显著高于校长（70.2%）和副校长（62.2%）。

4. 价值判断

学校发展：各学校认为科研工作对于学校发展的最大价值是提升教师专业能力，其次是促进教学方式变革和促进学校整体发展，且认为对于明晰学校发展目标、发展学校特色和提升学校育人质量等方面也有一定的价值。

学科教学：各学校认为科研工作对于学科教学发展的最大价值是解决教学实践中存在的问题，其次是深化教师对学科教学的理解以及优化教学环节和教学过程，对于提升学科教学质量、促进教学方式变革和提升教师教学能力等方面也有一定的价值。

教师发展和教学改进：各学校认为科研工作对于教师发展和教学改进的最大价值是提升专业能力，其次是提升研究能力和丰富专业知识，在有助于教师形成自己的教学风格、提升专业情意、促使教师静下心来投入工作和开拓教育视野和格局等方面也有一定价值。

5. 课题立项

国家级课题立项：有 36.1% 的学校每年都有国家级课题立项，有 25.6% 的学校大部分年度有，还有近 20% 的学校一直都没有国家级课题立项。此次调研中的教师群体所在学校每年都有国家级课题立项的比例显著高于校长和副校长群体所在学校的比例；市级示范学校每年都有国家级课题立项的比例显著高于普通学校。

市级课题立项：有 43.8% 的学校每年都有市级课题立项，有 29.8% 的学校大部分年度有，还有 22.0% 的学校小部分年度有立项，仅有 4.5% 的学校一直都没有市级课题立项。此次调研中，教师和中层干部两个群体所在学校每年都有市级课题立项的比例显著高于校长和副校长群体所在学校的比例；市级示范学校每年都有市级课题立项的比例显著高于普通学校。

校本课题立项：有 64.6% 的学校每年都有校本课题立项，有 24.1% 的学校大部分年度有，还有 10.3% 的学校小部分年度有立项，而一直都没有校本课题立项的学校仅有 1.0%。城区学校每年都有校本课题立项的比例显著高于郊区学校。

6. 课题研究过程

人员参与：整体上看，一半的学校（50.6%）中大部分教师参与课题研究，其中，有 27.6% 的学校几乎每位教师都参与课题研究。城区学校中教师在课题研究中的参与度显著高于郊区学校的教师；市级示范学校的教师在课题研究中的参与度显著高于普通学校的教师。

研究推进：有 93.9% 的学校课题研究推进顺利，其中 38.1% 的学校课题研究推进非常顺利，仅有 5.6% 的学校不太顺利。城区学校课题研究推进非常顺利的比例显著高于郊区学校的比例；市级示范学校的课题研究推进非常顺利的比例显著高于普通学校的比例。

研究结题：整体上看，大部分学校的研究课题按时结题率较高。有 56.5% 的学校每个课题研究能够按时顺利结题，39.0% 的学校大部分课题研究能够按时顺利结题，仅有 4.6% 的学校小部分课题研究能够按时顺利结题。小学每个课题研究能够按时顺利结题的比例显著高于中学和一贯制学校的比例。

7. 课题研究成果

成果质量：有 43.1% 的学校课题研究成果质量很好，44.6% 的学校课题研究成果质量较好，仅有 12.3% 的学校课题研究成果质量一般。教师和中层干部两个群体所在学校的课题研究成果质量显著高于校长和副校长群体所在学校。市级示范学校的课题研究成果质量显著高于普通学校。

成果转化能力：有 82.7% 的学校课题研究成果的实践转化很好或比较好，还有 16.0% 的学校课题研究成果的实践转化情况一般，仅有 1.3% 的学校课题研究成果的实践转化情况较差。教师和中层干部两个群体所在学校的课题研究成果实践转化很好的比例显著高于校长和副校长群体所在的学校。

（二）中小学科研管理现状

1. 基本条件

机构设置：整体上看，参与此次调研的很多学校设置了管理科研的工作机构，其中，59.6% 的学校设置了专门管理科研工作的组织机构，31.8% 的学校科研工作由学校其他常设组织机构管理，仅有 6.3% 的学校没有管理科研工作的组织机构。其中，中学和一贯制学校两个学段有专门科研管理组织机构的比例明显高于小学；城区学校有专门科研管理组织机构的比例显著高于郊区学校。

人员配备：97.2% 的学校有专门的科研管理人员或兼职管理人员，仅有 1.0% 的学校没有任何管理人员。中学和一贯制学校两个学段学校有专门管理人员的比例显著高于小学；中层干部和教师两个群体认为学校有专门管理人员的比例显著高于校长和副校长所在学校；市级示范学校有专门管理人员的比例显著高于普通学校。

经费配备：大部分学校有科研经费，51.9% 的学校有足够的专门的课题经费，22.8% 的学校有少量的专门的课题经费，还有 10.1% 的学校没有专门的课题经费。

制度建设：整体上看，学校基本上有科研管理制度，其中，大部分（78%）学校科研管理制度建设非常完备和比较完备，21.3% 的学校科研管理制度建设一般。

2. 科研规划与计划

三到五年规划：有 83.5% 的学校有完备和基本的三到五年科研规划，还有 2.8%

的学校没有科研规划。中层干部和教师两个群体认为学校有完备三到五年科研规划的比例显著高于校长和副校长所在学校；市级示范学校有完备三到五年科研规划的比例显著高于普通学校。

制定科研规划：有67%的学校的科研规划是由校长与各学科教师代表或者少数教师代表共同参与制定，还有一部分（9.2%）学校不知道怎么制定科研规划。城区学校由校长和学科教师代表共同参与制定科研规划的比例显著高于郊区学校的比例。

学年学期科研计划：有85.2%的学校有完备的或者基本的科研计划，仅有3.5%的学校没有科研计划。中层干部和教师两个群体认为学校有完备的学期和学年科研计划情况的比例显著高于副校长和校长所在学校的比例。

制订学年学期科研计划：有75.8%的学校的学年学期科研计划是由校长与各学科教师代表或者少数教师代表共同参与制订，很少部分的学校（1.3%）是由学校校长或邀请校外专家制订的，还有12.5%的学校是通过其他方式制订的科研计划。城区学校由校长和学科教师代表共同参与制订科研计划的比例显著高于郊区学校的比例。

3. 管理内容

课题申报指导：90%以上的学校会组织教师课题申报的培训或者为申报课题的教师提供指导，仅有6.8%的学校不组织指导，而让教师自己申报。

课题管理：大多数学校都会组织课题开题活动（82.3%）和组织课题结题活动或者结题研讨活动（79.2%），还有一半以上的学校会组织课题中期检查活动（66.3%）和组织课题研究过程中的阶段研讨活动（64.5%）。

教师评价导向：90%以上的学校会把科研工作纳入学校教师评价体系中，且已经有53.4%的学校把科研工作作为教师评价的重要指标，仅有6.2%的学校的科研工作不作为教师评价指标。

（三）中小学教师科研能力及其提升

1. 教师科研能力现状

文献查阅能力：95.7%的学校认为教师具有文献查阅和综述的能力，其中，66.4%的学校认为学校教师文献查阅和综述能力很好或比较好。教师和中层干部在学校教师文献查阅与综述方面自我评价很好的比例显著高于校长和副校长的比例。

研究选题能力：70.9%的学校认为学校教师研究选题能力很好或比较好，26.5%

的学校认为学校教师研究选题能力一般。教师和中层干部在研究选题上对学校教师评价很好的比例显著高于校长和副校长的比例。

课题设计能力：70.1% 的学校认为学校教师的课题设计能力很好或比较好，27.1% 的学校认为学校教师课题设计能力一般，教师（40.2%）和中层干部（30.9%）认为学校教师的课题设计能力比较好的比例显著高于校长和副校长群体的比例。

研究推进能力：70.9% 的学校认为学校教师研究推进能力很好或比较好，27.1% 的学校认为学校教师研究推进能力一般，教师和中层干部群体认为学校教师研究推进能力很好的比例显著高于校长和副校长群体的比例。

发表成果能力：67.7% 的学校认为学校教师开展课题研究成果提炼与发表的能力很好或比较好，还有 30.0% 的学校认为学校教师开展课题研究成果提炼与发表的能力一般，教师和中层干部群体认为学校教师研究成果发表能力很好的比例显著高于校长和副校长群体的比例，市级示范学校认为学校教师发表成果能力很好和比较好的比例显著高于普通学校的比例。

成果转化能力：大部分学校认为学校教师开展课题研究成果实践转化的能力很好（27.8%）和比较好（39.4%），近三分之一（30.4%）的学校认为学校教师开展课题研究成果实践转化的能力一般，教师群体认为学校教师课题研究成果实践转化能力很好的比例显著高于其他群体，市级示范学校认为学校教师科研成果转化能力很好和比较好的比例显著高于普通学校的比例。

科研能力整体水平：69.9% 的学校认为学校教师科研能力整体水平很好（27.8%）和比较好（42.1%），28.5% 的学校认为学校教师科研能力整体水平一般，教师群体认为学校教师科研能力整体水平很好的比例显著高于其他群体，市级示范中学认为学校教师科研能力整体水平很好和比较好的比例均显著高于普通中学。

2. 教师科研能力提升

学校的主要举措：最主要的举措是开展课题研讨（82.5%），其次是组织科研能力提升专项培训（72.8%）和举办专家学术讲座（74.4%），还有一半多（54.7%）的学校会组织科研能力提升经验交流会。

最需要提升的能力：所有学校教师最急需提高的科研能力是课题设计能力和研究选题能力，其次是文献查阅、梳理和综述能力，还有课题研究推进能力、科研成果提炼与发表能力和科研成果实践转化能力。

（四）中小学科研管理面临的问题

管理机制：学校在科研管理机制方面存在的最主要问题有教师科研工作量无法计入工作量，其次是教师投身科研工作的积极性不高，还有一些缺乏科研管理人员、科研管理制度不健全、评价导向不明确、缺乏科研经费和缺乏科研管理机构等问题。城区学校中科研工作量无法计入工作量的问题显著高于郊区学校的比例。

课题管理：学校在科研课题管理方面存在的最主要问题是缺乏课题研究过程管理和课题管理系统性不强，其次是教师参与课题管理积极性不高、没有建立课题管理台账、缺乏课题经费管理经验和课题成果管理不力等。

（五）中小学提升科研工作需要的支持

需要行政部门支持：学校科研及管理工作最需要教育行政部门提供学术研究资源，其次是提供专项经费，还需要明确评价导向、减轻教师工作负担和提供科研管理人员编制等方面的支持。郊区学校对于学术研究资源的需求显著高于城区学校。

需要业务部门支持：优化学校科研及管理工作，最需要业务部门指导课题研究过程和提供科研工作培训两个方面的支持，其次还需要提供课题立项机会、组织科研工作交流研讨和指导课题研究成果提炼等方面的支持。小学在指导课题研究过程上的需求显著高于中学，教师群体在指导课题研究过程上的需求显著高于校长群体。

四、相关建议

（一）学校管理层面

学校管理层要不断完善学校科研管理体系，建立健全相关管理机构和体制，明确教师科研的评价导向，尽可能把教师科研工作量计入工作量，鼓励教师们在课堂之外的时间积极投入到教育科研工作中，进而提升教育教学质量，提升学校办学水平。

（二）学校科研管理各个层面

建立健全学校教师课题管理的体制与机制，加强科研课题的系统性，通过各种方式鼓励学校教师参与课题管理，定期邀请专家对课题管理团队进行培训。同时，加强对学校教师进行课题研究各个过程的指导，提高学校科研整体水平。

（三）教师个体层面

教师要主动参与学校科研课题研究，参加学校或科研机构等举办的培训活动，提高开展课题研究的积极性，在教育研究课题中，不断实践，在提高科研水平的同时，也提高自己的教育教学水平。